365 Atividades Infantis SEM TV

Steve & Ruth Bennett

365
Atividades Infantis
SEM TV

Tradução:
Regina Drummond

MADRAS®

Do original: *365 TV-free activities you can do with your child.*
© Steve J. Bennett e Ruth I. Loetterle Bennett.
Publicado por Adams Media Corporation.
260 Center Street, Holbrook, MA 02343
Tradução autorizada do inglês.
© 2017, Madras Editora Ltda.

Editor:
Wagner Veneziani Costa

Tradução:
Regina Drummond

Produção e Capa:
Equipe Técnica Madras

Revisão:
Rita Sorrocha
Matheus Rodrigues de Camargo
Leticia Silva

Dados Internacionais de Catalogação na Publicação (CIP)
(Câmara Brasileira do Livro, SP, Brasil)

Bennett, Steven J.
365 atividades infantis sem RV/Steve & Ruth Bennett; tradução Regina Drummond.
– São Paulo: Madras, 2017.
Título original: 365 TV-free activities you can do with your child.
ISBN 978-85-370-0562-0

1. Brincadeiras 2. Jogos 3. Recreação em família
1. Bennett, Ruth. II. Título.

10-00823 CDD-790.191

Índices para catálogo sistemático:
1. Atividades infantis: Recreação 790.191

Proibida a reprodução total ou parcial desta obra, de qualquer forma ou por qualquer meio eletrônico, mecânico, inclusive por meio de processos xerográficos, incluindo ainda o uso da internet, sem a permissão expressa da Madras Editora, na pessoa de seu editor (Lei nº 9.610, de 19.2.98).

Todos os direitos desta edição, em língua portuguesa, reservados pela

MADRAS EDITORA LTDA.
Rua Paulo Gonçalves, 88 – Santana
CEP: 02403-020 – São Paulo/SP
Caixa Postal: 12183 – CEP: 02013-970 – SP
Tel.: (11) 2281-5555 – Fax: (11) 2959-3090
www.madras.com.br

Índice

1. O Mundo em Sua Casa
2. Linguagem de Sinais 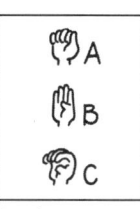
3. Alfabeto dos Animais 
4. Alfamist 
5. Ambidestro 
6. Anagramas 
7. Pegadas de Animais 
8. Grupos de Animais 
9. O Reino Animal 
10. Teatro de Animais 
11. Um Formigueiro 
12. Qualquer Outro Nome 
13. O Atlas da Aventura 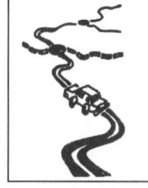
14. Dicionário de Conversa Fiada 
15. De Trás para a Frente 
16. O Equilíbrio Perfeito 
17. Vôlei com Bexiga 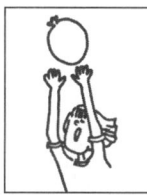
18. Panquecas em Baixo Relevo 
19. Jogo Básico dos Sacos de Feijão 
20. Sacos de Feijão Olímpicos

21. A Hora de Dormir dos Animais
22. O Bingo das Crianças (maiores) 
23. O Maior e o Menor 
24. Biografia Não Autorizada 
25. Guia de Cego 
26. A Marca do Corpo 
27. Carro de Caixa 
28. Chuva de Ideias I 
29. Chuva de Ideias II 
30. Explodindo a Caixa 
31. Bolha de Basquete 
32. Hotel dos Insetos 
33. Cartões de Visita 
34. Teleférico 
35. Bingo das Capitais 
36. Mudando de Nome 
37. Carreira 
38. Folhas de Cenoura 
39. Folhas de Aipo 
40. Uma Cidade de Caixas 
41. Corrente de Desenhos 
42. Corrente de Gargalhadas 
43. Corrente de Histórias 
44. Calculadora de Damas 
45. O Ônibus Mágico

Índice   VII

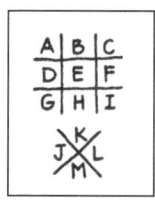

46. Pé-de-Galinha

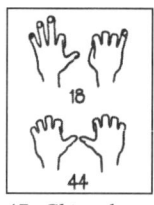

47. *Chisanbop*

48. Campeonato de Arrumação dos Brinquedos

49. Aprendendo as Horas

50. Viajantes sem Rumo

51. Coleção de Moedas

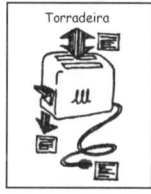

52. Manual de Instruções

53. Manchas Coloridas

54. O Sensor das Cores

55. Misturador de Cores

56. Columbus

57. Ofertas do Dia

58. Concentração

59. Cartões Personalizados

60. Escrevendo com Biscoitos

61. Cópia com Lápis de Cor

62. Jogos de Lápis de Cor

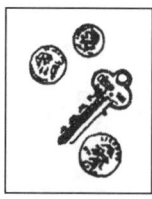

63. Lápis de Cor e Texturas

64. Noves Muito Loucos

65. Loucuras Olímpicas

66. Monstros Fabulosos

67. Criptogramas

68. Jogos com Dinheiro

69. Camisetas Exclusivas

70. O Dia em Que Eu Nasci

71. Um Dia na Vida de...
72. Descreva, se For Capaz 
73. Recados para a Família 
74. Dicionário Falsificado 
75. Caçadores de Ossos de Dinossauros 
76. Desfile de Dinossauros 
77. Cenas do Passado 
78. Letras Feitas à Mão 
79. O Consultório do Doutor 
80. Uma Questão de Lugar 
81. Aviso para Portas 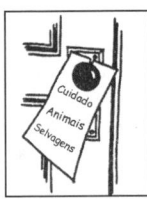
82. Pontos, Pontos, Pontos 
83. Desenhar uma Refeição 
84. Fórmulas Matemáticas Secretas 
85. Flanelógrafo (simples) 
86. Casa de Cartas (simples) 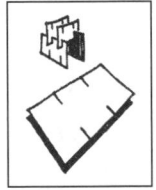
87. Vitamina Extra (simples) 
88. Coma Direito 
89. O *Show* dos Ovos 
90. A Oitava Dobra 
91. A Dança do Elefante 
92. Um Rádio Enorme 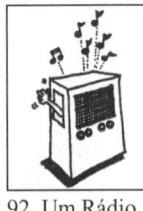
93. O Livro dos Recordes da Família 
94. O Calendário da Família 
95. O Brasão da Família

Índice IX

96. A Bandeira da Família
97. O Jornal da Família 
98. A História da Família 
99. A Árvore Genealógica da Familia 
100. Desenhos do Pé 
101. Criaturas Fantásticas 
102. O Banco 
103. Guia da Cidade 
104. Língua-de-Trapo 
105. Feira de Ciências 
106. Fantoches de Dedos 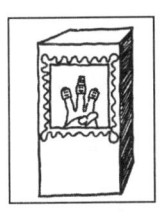
107. Impressões Digitais 
108. A Dança das Cores 
109. Um Livro com Movimento 
110. Flores Secas 
111. Siga a Seta 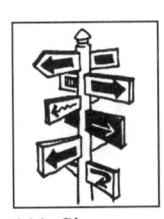
112. Cara de Comida 
113. Coroas e Braceletes da Mata 
114. Jogo com o Dicionário 
115. Teste de Geografia 
116. Blocos Gigantes 
117. O Dado Gigante 
118. Livros de Gigante 
119. Batalha Naval 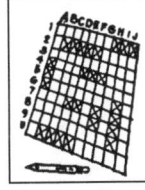
120. A Caixa de Costura da Minha Avó

121. Quem Sou Eu?	122. Anatomia de um Gafanhoto	123. Cabelos Verdes	124. Jogo na Grade	125. Lista de Compras
126. Coisa de Gente Grande	127. Adivinhe o Que Eu Tenho Aqui	128. Meio a Meio	129. Teatro de Sombras	130. O Truque do Chapéu
131. Faça do Seu Jeito	132. Uma Canção do Coração	133. Coisas Pesadas	134. Olá	135. Esconderijos
136. Ovos Enfeitados	137. Um Planetário em Casa	138. Painéis Artesanais	139. Palavras Homônimas	140. Um Detetive em Nossa Casa
141. Casa de Cartas	142. Casa de Cubos	143. Uma Fábrica Feita em Casa	144. Pesquisas de Opinião	145. A Língua do Pê

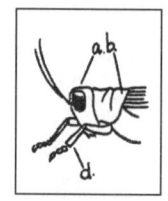

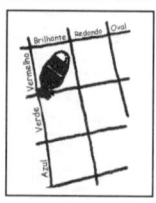

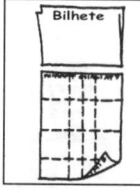

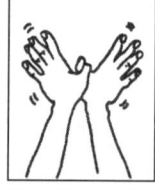

Índice XI

146. O Vendedor de Sorvete
147. Cozinha Improvável 
148. Jogo de Cartas Inventado 
149. Surpresa! 
150. Um Safári Dentro de Casa 

151. Corrida das 500 Bexigas 
152. Loucuras com Letrinhas
153. Orquestra Instantânea 
154. Manual de Instruções 
155. Capitais do Mundo 

156. Notícias do Mundo
157. Invente um Animal 
158. Eu Tenho uma Lista 
159. Corridas Malucas 
160. Receita de Argila da Judy 

161. Picolés Deliciosos
162. Robô Júnior 
163. Na Hora Certa  
164. O (A) Guardador(a) de Garrafas e Latas 
165. Um Banco Especial

166. Festas das Crianças
167. O Circo das Crianças 
168. Vamos Acampar? 
169. Cozinha Fina 
170. Descobertas na Cozinha

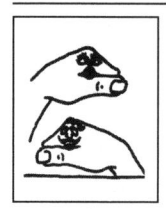

XII   *365 Atividades Infantis sem TV*

171. Cabeça-de-Nó	172. Folhas Secas	173. Brincando com as Cartas	174. Barraca de Limonada	175. Trocando as Letras
176. Letras e Números	177. Biblioteca da Alegria	178. Leitura Labial	179. O Bingo dos Pequenos	180. Caixa de Areia na Sala
181. Cartão de Macarrão	182. Peixe Magnético	183. Esculturas Magnéticas	184. Caixa de Correio	185. Fazendo Pássaros
186. Fazendo um Livro	187. Gravação de Músicas	188. Um Mapa Muito Especial	189. Feijãozinho Olímpico	190. Mapeamento do Mundo
191. Campeonato de Bolas de Gude	192. Máscaras e Capacetes	193. Memória Afiada	194. Um Novo Esporte	195. Espelho, Espelho Meu

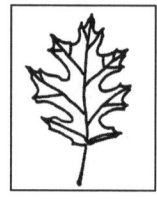

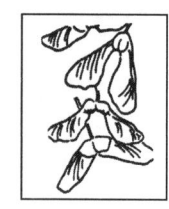

Índice XIII

196. Para Lembrar
197. Mamãe e Papai Vão Trabalhar 
198. Bolhas-Monstro 
199. Código Morse 
200. A Dança das Cadeiras 
201. Para o Meu Melhor Amigo 
202. Novidade à Mesa 
203. Pistas Misteriosas 
204. Jogo dos Nomes 
205. Variações do Nome 
206. Um Mostruário Natural 
207. Preencha os Espaços 
208. Guia Turístico do Bairro 
209. Alfabeto Numérico 
210. Os Caçadores de Números 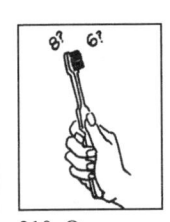
211. Corrida com Obstáculos (dentro de casa) 
212. A História do Mundo 
213. A velha e Boa Amarelinha 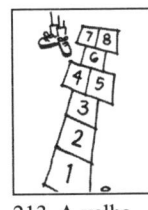
214. Papel Artesanal 
215. Escrita à Moda Antiga 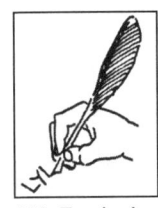
216. Papel Enrolado 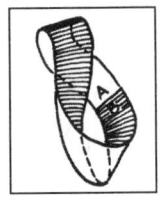
217. Novidade 
218. Móbile Natural 
219. Orientação 
220. Torta de Verão

221. Palíndromo
222. Avião de Papel 
223. Cesta de Papel 
224. Papel em Cadeia 
225. Recortes em Papel 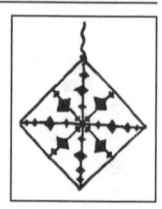
226. Chapéu de Papel 
227. Helicóptero de Papel 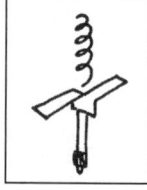
228. Máscaras de Veneza 
229. Papel, Tesoura, Pedra 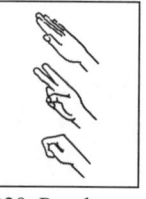
230. Papel Machê 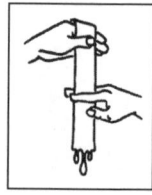
231. Paraquedas 
232. Adivinhação 
233. Amigos por Correspondência 
234. Filatelia 
235. Código do Telefone 
236. Memória Fotográfica 
237. Estúdio de Fotografia 
238. Banco do Porquinho 
239. Pingue-Pongue 
240. A Rosa-dos-Ventos 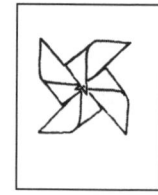
241. Pescaria 
242. Basquete de Meia 
243. Entrega de Pizzas 
244. Gravura Secreta 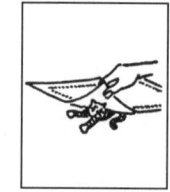
245. Móbile dos Planetas

246. Mapa das Plantas	 247. Massa para Modelar	 248. Massa para Modelar (avançado)	 249. O Escritório das Crianças	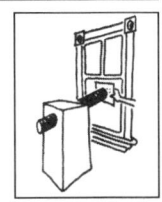 250. Observatório
 251. Casinha de Palitos	 252. O Retratista	253. Correio	 254. Cabeça de Batata	 255. Carimbo de Batata
 256. Corrida com Saco	 257. Potes e Panelas	 258. Deliciosos Biscoitos	259. Menu Maravilhoso	 260. O Arco-Íris Maluco
 261. Conte-*me* uma História	 262. Uma Carta Gravada	263. No Restaurante	 264. Outro Jogo-da-Velha	 265. Escrita ao Contrário
266. O Jogo das Rimas	 267. Maracás de Arroz	 268. Algarismos Romanos	 269. Coisas da Terra	 270. Copiando as Folhas

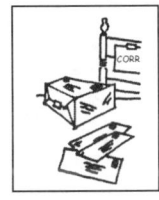

271. Corda de Pular
272. Regras para o Dia 
273. Jogo de Dardos sem Riscos 
274. Pintura com Areia 
275. Esconde-Esconde das Sardinhas 
276. Gincana 
277. Mistura Fina! 
278. Investigação! 
279. Aperto de Mão Secreto 
280. Palavra Secreta 
281. Autorretrato 
282. O Que Você Vê? 
283. Uma Frase por Dia 
284. Cartões Costurados 
285. Casa Verde 
286. Minha Guitarra 
287. O Truque da História 
288. Jogo Silencioso 
289. Silhuetas 
290. Código de Linguagem 
291. Pequenos Navios 
292. O Mundo do Nariz 
293. Todos os Números 
294. Paisagem de Inverno 
295. Futebol de Meia

Índice   XVII

296. Fantoches de Meia	297. Astronauta	298. Barcos Velozes	299. Corrida de Colher	300. Colher no Nariz
301. Pintura com *Spray*	302. Patrulha da Primavera	303. Germinação	304. Múltiplos de 5	305. Eletricidade Estática
306. Brincadeira de Estátua	307. Esculturas de Canudinho	308. Novos usos para as Cestinhas	309. Serpentina	310. Estêncil de Isopor
311. Sombras ao Sol	312. Banho de Espuma	313. Supermemória	314. Hockey para Dois	315. Pandeiro Feito em Casa
316. Telefone sem Fio	317. O Que Está Faltando?	318. Dez Dicas	319. Boliche Maluco	320. Aqui É o Piloto Falando

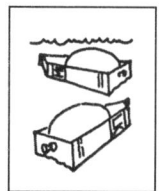

XVIII *365 Atividades Infantis sem TV*

321. Três Pernas

322. A Luta dos Polegares

323. Fantasia de Tigre

324. Horários Malucos

325. Braço Mecânico

326. Trava-Línguas

327. Os Palitos Arquitetos

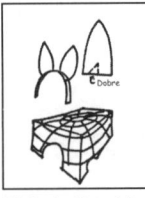

328. A Corrida

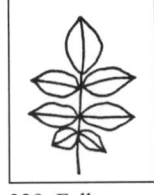

329. Folhas e Mais Folhas

330. Meu Zoo

331. A Casinha de Brinquedos

332. Os Fabricantes de Brinquedos

333. Os Patrulheiros do Lixo

334. Já Chegou?

335. O Mapa do Tesouro

336. Tradição Tribal

337. Vinte Perguntas

338. O Ovo Inquebrável

339. Mundo Submerso

340. Bonecos Domésticos

341. Jogo com Velcro

342. Substantivos e Verbos

343. Clínica Veterinária

344. Frascos e Copos

345. Bonecos de Papel com Perninhas

Índice   XIX

346. A Argola Certeira

347. Água Colorida

348. Estação do Tempo

349. Pintura da Mão

350. Palavras Esquisitas

351. Animais Muito Elegantes

352. O Que Estou Desenhando?

353. O que Aconteceu Naquele Dia?

354. E se...?

355. O que está Diferente em Mim?

356. Que Barulho É Esse?

357. Minha Rua

358. Qual Fileira Tem Mais?

359. Vida Selvagem

360. Carrilhão de Vento

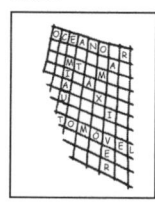

361. Palavras Cruzadas

362. Mapa dos Animais Selvagens

363. Carta ao Presidente

364. Meu Marciano Favorito

365. Televisão Particular

Prefácio

Há cinco anos atrás, se alguém nos tivesse dito que, quando tivéssemos quarenta e poucos anos, dedicaríamos nosso tempo a procurar novos jeitos de escrever sobre como se divertir com tubos de papelão, folhas de alumínio reciclado e sacolas de papel, teríamos dito àquela pessoa que ela estava louca – mas foi justamente o que aconteceu.

O sucesso da primeira edição americana deste livro é particularmente gratificante, porque retifica a nossa crença de que:

1. *É possível* vencer a tevê ensinando às crianças como ficarem entretidas consigo mesmas, usando tão somente a sua criatividade sem limites.
2. Por mais extraordinário que isto possa soar, as crianças querem brincar com a pessoa que pode saltar sobre grandes edifícios e colocar o mundo em ordem – ou seja, você!
3. Adultos podem reaprender a brincar e a usufruir dos grandes benefícios de voltar a ser criança.
4. É realmente a *qualidade*, não a quantidade de tempo que você gasta com os seus filhos que conta. Dez minutos maravilhosos aqui, vinte minutos maravilhosos lá, são eles que farão a diferença.

Para a nossa vida doméstica, também, esta nova edição marca um momento especial. Escrevemos o original para ver se conseguíamos planejar atividades tão diferentes, divertidas e desafiadoras que dispensassem regulamentos para o tempo dedicado à televisão. Cinco anos se passaram e ainda não temos esse tipo de preocupação, e nossa vida doméstica permanece totalmente sem televisão. Nossa tevê ainda fica trancada no armário 98% do tempo, e nossos filhos vivem vidas plenas e criativas, aprendendo sobre o mundo com os seus próprios sentidos, por meio dos livros e da escola, enriquecidos por grandes conversas com os amigos e a família. Melhor do que tudo, "estou aborrecido" raramente é ouvido na nossa casa.

Atendendo a pedidos, acrescentamos novas atividades específicas para crianças maiores. Elas o ajudarão a ser um melhor educador em casa e desafiarão seus filhos a exibir os conhecimentos de história, geografia e outros assuntos, a exercitar a destreza na leitura e a usar a criativa habilidade na solução de problemas.

Novamente, queremos pedir a vocês que nos enviem suas sugestões para melhorar este livro. Nós todos compartilhamos um grande interesse em ajudar nossos filhos a diminuir o tempo que passam diante da televisão e podemos aprender uns com os outros como fazer da infância uma etapa significativa da vida, tal como era antes.

Agora, deixe-me ver, se conectarmos este tubo com aquele pedaço de feltro...

Steve e Ruth Bennett

Agradecimentos

Frequentemente, as pessoas nos perguntam como arranjamos tantas ideias para atividades que pai, mãe e filhos gostariam de desenvolver em vez de ficarem assistindo à televisão. Para dizer a verdade, tivemos muita ajuda, tanto da família quanto dos amigos. Em primeiro lugar – e mais importante – queremos agradecer aos nossos filhos Noah e Audrey, por terem atuado como nossos consultores na refinada arte de brincar, especialmente para esta revisão do livro.

Stacey Miller nos deu o título, antes dos publicitários, consultores editoriais e outros membros do nosso ativo time. Obrigado pela ajuda e pela inspiração, seu meninão! Nosso editor da primeira edição, Brandon Toropov, foi também uma grande fonte de ideias. (Brandon, pedimos desculpas mais uma vez pela pizza que quase pôs um fim prematuro à sua carreira.) Seu sucessor, Ed Walters, juntou-se a nós na segunda rodada e guiou o livro durante a sua produção. Bob Adams foi fundamental para fazer deste livro um sucesso. Obrigado também a todo o pessoal da Adams Media, que espalhou exemplares por todos os lados e chamou a atenção nacional para a importância de diminuirmos o tempo que gastamos diante da televisão.

Outras pessoas também desempenharam importantes papéis neste projeto. Mike Snell – fonte de ótimas atividades para as crianças desenvolverem com a família – ofereceu muitas sugestões divertidas e inteligentes. Um abraço, Mike. Arch Loetterle, Susan (Loetterle) Lozinyak e Lynn Loetterle também contribuíram com muitas ideias e correções (para não mencionar o inestimável cuidado com as crianças).

Nosso agradecimento também a Vicky Benedict por revelar as fórmulas secretas para certas misturas muito loucas; a Mary Ehlers e Susan Ferguson por compartilharem conosco os seus segredos; a Daniel Charrette por explicar como se faz um hotel para insetos; a Judith Burros por nos mostrar como se faz massa de argila, e a Marion Wingfield por nos ensinar como transformar uma sacola de papel em uma roupa igualzinha a um elefante.

Muitas outras pessoas ajudaram a tornar o nosso trabalho mais refinado ou brindaram conosco quando atingimos a linha de chegada: Peter Kinder, David e Emily Hawkinds, Gleen Smith, Anne James, Gail Norcross, Jan

Litwin, Caroline Chauncey, Richard Thal, Lynn Gervens, Richard Freierman e Kerri Collins.

Finalmente, queremos agradecer a todos que, pacientemente, esperaram que nos reintegrássemos ao mundo civilizado, enquanto fazíamos experiências enrolando tubos de rolo de papel higiênico, transformando a nossa cozinha em laboratório de cientista maluco e encontrando a melhor maneira de fazer do nosso sofá um ônibus mágico.

Introdução:
Da qualidade do tempo e do jogo

Se você for como muitos pais e mães de hoje, certamente acha que seus filhos deveriam ver menos televisão. Você também gostaria, provavelmente, de substituir um pouco do tempo que as crianças gastam assistindo à televisão, por um tempo de melhor qualidade junto à família.

Este livro pode lhe ajudar a atingir os dois objetivos, ao mostrar jogos e atividades que requerem pouca ou nenhuma preparação, embora promovam entretenimento e diversão que, de outro modo, seriam gastos diante da telinha. Com um ano de atividades sem televisão nas mãos, você pode confiantemente oferecer aos seus filhos alternativas excitantes para programas de valor questionável e um desfile infinito de comerciais.

Apesar de termos incluído uma variedade de brincadeiras e atividades dentro e fora de casa – e aliando a isso a mudança de tempo e das estações do ano –, muitas delas podem ser desenvolvidas na sua sala de visitas ou cozinha, bastando um planejamento mínimo. Pelo menos foi o que nos ensinou nosso filho Noah, tornando mais excitantes as atividades sem televisão com travesseiros, potes e panelas; nossa filha Audrey, a caçula, nos ensinou como uma caixa de papelão pode ser divertida.

As atividades se dividem nas seguintes categorias: Artes e Ofícios, Criatividade, Jogos de Fantasia, Coisas de Comer, Atividades em Grupo, Brincadeiras Dentro de Casa, Matemática e Números, Memória, Atividades para Crianças Maiores, Atividades ao Ar Livre, Reciclagem de Materiais, Ciência, Atividades Físicas, Fábrica de Brinquedos, Palavras e Linguagem e Apenas o Seu Tempo. Use a classificação que se encontra no final do livro, para selecionar as atividades do agrado de vocês.

Colocamos maior ênfase em atividades fáceis e que requeiram o mínimo de energia de sua parte. Muitas podem ser verdadeiros salva-vidas para quando você estiver cansado demais para pensar, apesar de desejar oferecer aos seus filhos uma qualidade de tempo em vez de deixá-los com a "babá eletrônica". Prepare uma lista das suas atividades prediletas sem televisão e coloque junto dos seus telefones de emergência!

Para outras atividades que requeiram materiais específicos, procuramos selecionar itens que sempre possam ser encontrados debaixo do seu nariz – na cozinha ou despensa. O que nos leva à proxima seção: o que recolher para usar nos jogos.

Centro de suprimentos para as atividades sem televisão

Todo tipo de embalagens, potes e caixas de papelão podem se transformar em uma infinidade de brinquedos ou ser usados nas atividades sem televisão. Muitas pessoas acharão satisfatório este aspecto ecológico. De fato, estas atividades são uma maneira excelente de trazer de volta o uso de materiais que não podem ser reciclados do jeito convencional.

Abaixo estão relacionadas as coisas que você poderia guardar:

- ➢ *Caixas:* embalagens de todo tipo, ou seja, papelão ou papel-cartão, usadas para transportar ou enfeitar (presentes, cremes e perfumes, cereais, etc). Use-as para fazer de tudo, desde painéis a brinquedos.

- ➢ *Tubos de rolo de papel higiênico:* um dos mais subestimados e, de fato, mais valiosos itens do seu *kit* de utensílios para as atividades sem televisão. Você os encontrará relacionados na lista de material de vários objetos nas próximas páginas.

- ➢ *Embalagens de leite:* devidamente lavadas e secadas, podem ser usadas para fazer desde um dado gigante até uma cidade inteira.

- ➢ *Embalagens plásticas e tampas:* você pode usar embalagens de iogurte, queijos e outras para colocar tinta ou moldes de papel machê. As tampas podem ser mostradores e botões para painéis. Embalagens de leite podem ser ótimos cofrinhos para guardar moedas economizadas, entre outras utilidades.

- ➢ *Tampas de soda e garrafas de água:* são perfeitas para maçanetas e botões de controle para naves espaciais, máquinas do tempo e outros veículos comuns.

- ➢ *Sacolas de papel:* como os tubos de rolo de papel higiênico, as sacolas de papel, pouco valorizadas, têm uma série de possíveis utilidades, desde máscaras e capacetes espaciais até tanques para peixes magnéticos.

- ➢ *Algodão de vidro de vitaminas:* importantíssimo para se fazer os cabelos das bonecas, fumaça de vulcão e outras coisas do gênero.

> *Papel de presente, alumínio e tubos usados:* muitas atividades deste livro oferecem a oportunidade de decorar brinquedos artesanais e itens dos jogos. Este material é perfeito para essas propostas.

> *Caixas de ovos, folhas e pedaços compactos de isopor:* estes itens servem principalmente como moldes em inúmeras atividades sem televisão e podem ser usados.

> *Pedaços e folhas de papel:* as costas de um papel usado podem ter um bom proveito. (Seus filhos não vão sair por aí exibindo os detalhes do seu imposto de renda, é claro, mas a maioria dos papéis não tem tanta importância assim.) Você também pode contatar gráficas e pedir as sobras de papel ou o que eles não usam mais.

> *Malas diretas e catálogos:* uma fonte riquíssima de gravuras, fotos e desenhos, usados nos mais variados jogos. E, o melhor: são de graça!

> *Revistas*: todas elas contêm gravuras que podem ser usadas nas atividades sem televisão, seja como cenas de fundo, em primeiro plano ou como decoração.

Assim que você incorporar as atividades sem televisão no seu dia a dia, começará a ver o "lixo" com outros olhos: ele passará a ser uma sucata maravilhosa que não deve ser descartada, pois é com ela que você faz os seus tesouros.

Finalmente, algumas atividades exigem uma certa recomendação que ganhou aqui um símbolo especial. Insistimos que você use baterias recarregáveis: cada bateria que você joga fora é a cápsula de um pequeno lixo tóxico, esperando para explodir e despejar detritos químicos em sua propriedade. Faça um favor para o planeta e compre as recarregáveis.

Resultados seguros

Nenhuma atividade sem televisão exige materiais perigosos, pouco usuais ou que utilizem instrumentos perigosos, apesar de várias requererem o uso de tesouras e facas para cortar as embalagens. Algumas envolvem cozinhar ou assar os ingredientes. Achamos que, já que o livro é destinado aos adultos, eles usarão o seu bom senso para lidar com esses possíveis perigos.

(Atividades que envolvam materiais em pedaços pequenos, bexigas, tesouras e o fogão estão marcadas com o emblema do "Lembrete de Segurança", apenas para lembrá-lo de que exigem mais cuidado do que o normal.)

Eis algumas sugestões seguras para você poder pensar no assunto antes de mergulhar nele de cabeça:

- Quando for pedido para providenciar materiais para decoração, escolha as tintas, marcadores e canetas feitos à base de água. Eles são mais seguros para você e seus filhos nesse momento e ainda melhores para o meio ambiente, quando forem jogados fora.
- Um grande número de colas não tóxicas pode ser encontrado nas lojas especializadas. Quando pedimos para você usar cola, dê preferência a elas. Em nenhuma circunstância você deve usar cola-cimento. Ela é muito perigosa para as crianças, e até mesmo os adultos devem usá-la com atenção.
- Quando pedimos latas vazias, tenha o cuidado de cortar as sobras. A mesma recomendação serve para o arame dos cabides: dobre as pontas para dentro, de maneira que eles não possam machucar ninguém.
- Quando estiver envolvido em um projeto, fiscalize os menores que estejam olhando, no que se refere a facas, tesouras e itens pequenos. Da mesma forma, muitas atividades pedem pedaços ou tiras de plástico. Bexigas também são perigosas: quando mordidas, podem explodir e machucar a boca das crianças menores.

Acima de tudo, exercite o seu bom senso quando desenvolver as atividades. O jogo deve ser agradável e relaxante tanto para você quanto para seus filhos.

Como desenvolver as atividades sem televisão com o seu filho

Algumas atividades deste livro ensinam como fazer brinquedos ou iniciar os jogos com as crianças; em seguida, você pode voltar para os seus afazeres normais ou para o seu escritório. Quase todas, porém, sugerem uma interação envolvendo você e as crianças.

Eis algumas sugestões que vão aumentar a qualidade dos jogos e dar-lhe um suporte para trabalhar as atividades sem televisão com grupos de crianças:

- Considere a idade e as habilidades das crianças em relação às atividades propostas. Se o nível for muito alto, seu filho ficará frustrado. Comece devagar, cumprimente-o pelos sucessos e, então, sugira algo mais difícil.
- Siga o fluxo. Dizer isso é manjado, mas verdadeiro. As regras das atividades sem televisão são realmente para deixar o jogo fluir. Seja flexível e deixe o seu filho dirigir o *show*. Na verdade, você deve estimular seus filhos a inventar as suas próprias versões, pois isto lhes dá mais criatividade e autoconfiança.
- Não estimule a competitividade com jogos voltados para a vitória. As crianças pequenas, principalmente, costumam jogar de um jeito

muito cooperativo. Curta isso você também e favoreça esse espírito como puder. Por exemplo, se muitas crianças estão jogando um determinado jogo, faça com que o objetivo seja vencer o relógio, não uma à outra. Ou estabeleça como prêmio de vitória o direito de escolher as regras para o próximo jogo, ou pensar uma coisa maluca para os outros fazerem.

Como colocar a telinha lá longe

Só porque comprou este livro, você acha que está na hora de doar a sua televisão para a ciência?

Não necessariamente. A solução está mais para o controle do que para a erradicação. Determine o que e quanto tempo as crianças devem assistir televisão e leve isso a sério. Alguns pais e mães que conhecemos têm apenas uma regra básica: as crianças precisam pedir permissão para ligar a tevê. Outros simplesmente a deixam de lado e só permitem que seja ligada em ocasiões especiais.

Se o seu filho está habituado a uma certa dose diária de televisão, não é justo apenas apertar o botão de desligar: você o estará punindo com razões acima da compreensão dele. Com exceção de parar de fumar, muitas coisas na vida são melhores quando feitas em "banho-maria". O melhor jeito é gradualmente tirar dele um pouco do tempo dedicado à tevê, até que o próprio desejo de assisti-la tenha o seu nível reduzido.

Se, por exemplo, quatro horas no sábado de manhã é o normal na sua casa, comece reduzindo para 3 horas e meia; depois, para 3 e assim por diante. Coloque a mudança num contexto positivo – mais diversão e alegria no lugar de menos tevê. E use este livro como uma ponte para atingir o seu objetivo. Folheie-o com a criança e veja quais as ilustrações que prendem mais a atenção dela. Em seguida, converse sobre as atividades que vocês vão desenvolver naquele dia, amanhã e na semana que vem. Você certamente vai perceber que seu filho ficará cada vez menos resistente à mudança e mais aguçado para inventar jogos e atividades do jeito dele. Logo, o botão de ligar a tevê e os do controle remoto começarão a ficar cheios de pó.

Apesar de não podermos citar estudos científicos provando que reduzir a televisão ao mínimo torna as crianças mais felizes e ajustadas, é garantido apostar que a melhoria na qualidade do tempo que você passar com seus filhos tornará toda a família mais feliz. É por isso que faz sentido dizer que a família que joga unida permanece unida.

Steve Bennett
Ruth Loetterle Bennett

O Mundo em Sua Casa

Se você e seu filho não puderam viajar para visitar a Feira do Mundo, o que você acha de trazê-la para a sua sala de visitas?

Escolha um país ou região para cada pessoa da família representar na Primeira Feira do Mundo. A ela caberá um posto de venda – uma mesa e uma cadeira – montado com antecedência na sala de visitas e deve agir como um legítimo representante do lugar.

Estimule os participantes a pesquisar sobre o país que representam, para poderem preparar cartazes, colagens e histórias ilustradas sobre o que há de mais importante no local, atualmente e no passado, contando a sua história, por exemplo.

Vocês podem preparar coisas para vender para os "visitantes", tais como lembrancinhas, roupas, livros, jornais, guias, camisetas, cartões postais, moedas comemorativas, etc. Preparem comidas típicas, ofereçam aulas da língua nativa e providenciem todas as informações necessárias para os turistas em potencial conhecerem e amarem o país.

Quando tudo estiver pronto, convidem os amigos para dar uma volta ao mundo na Feira e explorar as novidades – tudo isso sem sair de casa!

Material necessário

✓ Livros para pesquisa

Linguagem de Sinais

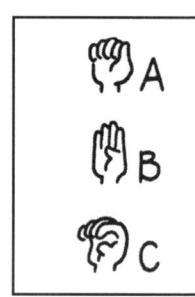

Material necessário

✓ Apenas o seu tempo

Você pode pensar que esse alfabeto de sinais é uma linguagem que tem maior interesse para as crianças maiores, mas nós temos visto crianças de 4 anos que o utilizam muito bem. É muito divertido ser capaz de soletrar o próprio nome usando as mãos – e saber como se conversa com outras pessoas que conhecem a linguagem dos sinais.

Alfabeto dos Animais

Material necessário

✓ Papel-cartão

✓ Lápis de cor ou canetas hidrocor

✓ Tesouras sem ponta

Para ver os animais, você não precisa ir ao Zoo – basta criar um na sala da sua casa.

Corte quadradinhos de papel-cartão e peça para a criança escrever letras do alfabeto separadas em cada um deles. Em seguida, embaralhe a pilha de letras e faça-a escolher uma. Ela deverá, então, relacionar os animais cujo nome começa com aquela letra. Escreva-os em uma folha de papel e peça para a criança escolher outra letra e assim por diante, até que vocês tenham percorrido todo o alfabeto.

Variação: escolha uma letra e diga à criança que desenhe ou procure fotos ou desenhos dos animais cujo nomes começam com a letra em questão. Você pode providenciar revistas, livros, enciclopédias, dicionários e similares como fonte de material.

Você também pode fazer os quadrados bem grandes, de modo a caber neles uma foto ou desenho do animal. Se você está procurando por animais, pode ainda folhear um livro ou dois numa livraria, acrescentando à lista animais diferentes como, por exemplo, o *aye-aye*, um primata raro encontrado em Madagáscar, o cuscus, um parente do canguru, ou o *wagtail*, um pássaro da América do Norte.

Alfamist

Material necessário

✓ Caneta
✓ Papel

Você consegue escrever com um acdmooprtu? Você sabe como andar numa abcceiilt? Já comeu em um aaeenrrsttu?

Essa mistura de palavras não é sem sentido – ela é o Alfamist. Para fazer um, pegue uma palavra qualquer e coloque as letras que ela contém em ordem alfabética. Desse modo, maçã vai ser aãçm, cachorro acchoorr e assim por diante.

Se os seus filhos tiverem alguma habilidade para soletrar, certamente adorarão construir um Alfamist. A verdadeira diversão desse jogo, porém, vem *depois* que o Alfamist fica pronto. Dois jogadores levarão o tempo que for preciso para preparar boas misturas de palavras; então, eles deverão trocar as listas e, com um tempo predeterminado, tentarão descobrir a palavra original. (Você pode calcular o tempo-limite de acordo com as habilidades das crianças e oferecer dicas escritas ou faladas, conforme o caso.)

Em tempo: você sabia que acdmooprtu é computador, abcceeiilt é bicicleta e aaeenrrsttu é restaurante, não é?

Ambidestro

(Ou: duas mãos valem mais que uma)

Quando você diz que uma pessoa é ambidestra, você está usando duas antigas palavras latinas que sugerem que a pessoa tem "duas mãos direitas". Para ser justo, poderíamos dizer isso com outras palavras – sugerindo, por exemplo, que a pessoa tem "duas mãos esquerdas".

Nesta atividade, a criança precisa desenhar ou escrever com a outra mão, quer dizer, com aquela que ela normalmente não usa para isso. Este exercício é fascinante, porque mostra claramente como o cérebro usa o "piloto automático" na maior parte do tempo. Quando a criança usa a outra mão, realmente tem de pensar sobre cada traço ou letra que faz – e, após alguns minutos, pode ficar muito cansativo.

Você tem coragem de experimentar? Faça isso e mostre para os seus filhos o que é capaz de realizar com a mão esquerda! Você também pode fazer uma demonstração de como comer uma torta de bananas com a colher na outra mão!

Material necessário

✓ Lápis ou caneta
✓ Papel

Anagramas

Material necessário

✓ Apenas o seu tempo

Um anagrama é uma versão misturada de uma palavra ou frase. A frase "América vê amor" é um anagrama de "Iracema vê Roma", porque todas as letras que são encontradas na primeira frase estão também na segunda.

É muito divertido fazer um anagrama com o nome das crianças; elas só precisam ter alguma habilidade para soletrar e, logo, um nome vira outro.

Você pode tentar fazer anagramas com o nome e o sobrenome dos seus filhos. E, assim que as crianças forem ficando boas nisso, podem inventar ainda mais, usando, por exemplo, todos os seus nomes.

O mais interessante do anagrama é que você pode fazer vários com um mesmo nome. Qualquer expressão que soe engraçada pode acabar significando alguma coisa.

(Veja também as atividades 4, 152 e 176.)

Pegadas de Animais

As crianças podem fazer facilmente os seus próprios rastros misteriosos e ainda liderar uma expedição para elucidar o mistério.

Você pode criar as marcas dos pés com muitos tipos de material. Pedaços de isopor ou madeira funcionam muito bem. Desenhe a pegada no papel: você pode fazer pés com teias, com dedos exagerados ou garras, patas de vários animais ou apenas inventar uma forma maluca.

Se quiser realmente se divertir, vá a uma biblioteca e consulte um guia ou livro sobre animais. Recorte as pegadas (lembre-se de que recortar é uma atividade que exige maturidade), depois, coloque duas tiras feitas de couro, ou um cordão ou elástico para amarrar as pegadas nos sapatos das crianças. Não as faça grandes demais, senão as crianças não conseguirão caminhar com elas (é claro que você vai mantê-las longe de escadas ou similares).

Próximo passo: fazer as pegadas do lado de fora de casa ou em lugares amplos como parques, jardins e praças. Se você tiver um grupo de crianças para brincar, uma delas pode ser o animal que vai deixar as pegadas e as outras, os caçadores.

A propósito: temos uma política sobre a captura de animais imaginários – somente devem ser usados meios não violentos e eles devem ser devolvidos à sua vida normal assim que forem capturados.

Material necessário

✓ Pedaço de madeira ou isopor

✓ Material para amarrar

✓ Algo cortante (para uso de um adulto)

Lembrete de Segurança

Objetos Cortantes

Grupos de Animais

Material necessário

- ✓ Revistas ou cartões com fotos de animais
- ✓ Um fichário com cartões

Muitas pessoas sabem que chamamos um grupo de peixes de cardume e um grupo de ovelhas de rebanho. No entanto, quem sabe como é o coletivo de gatos, ou de borboletas ou de tantos outros animais conhecidos e comuns?

Eis aqui uma atividade interessante que ensinará aos seus filhos maiores o coletivo dos animais.

Nas fichas, escreva as seguintes palavras: rebanho, manada, cardume, vara, enxame, alcateia, bolada, constelação, ninhada, arquipélago, matilha. Cada um deles é um coletivo. Se você tiver fotos, desenhos ou gravuras desses animais, melhor ainda. Coloque as fichas com os coletivos e os desenhos virados para cima e mostre às crianças como combiná-las, colocando uma ficha com o animal e a outra com o coletivo, uma de frente para a outra.

As respostas corretas são: rebanho é coletivo de ovelhas; manada, de bois ou elefantes; cardume, de peixes; vara, de porcos; enxame, de abelhas; alcateia, de lobos; bolada, de dinheiro; constelação, de estrelas; ninhada, de filhotes; arquipélago, de ilhas; matilha, de cães.

O coletivo de gatos, como você já adivinhou, é cambada, e o de borboletas é panapaná.

O Reino Animal

Seus filhos, naturalmente, sabem a diferença entre um elefante e uma cobra. Mas será que eles sabem o que realmente separa os ratos dos sapos? Eis alguns fatos para divertir as crianças.

Mamíferos: os bebês ficam na barriga da mãe antes de nascer e elas produzem leite para alimentá-los; muitos têm o corpo coberto por pelos; têm o sangue morno, quer dizer, o seu corpo mantém a mesma temperatura, independentemente do frio que estiver fazendo do lado de fora.

Répteis: têm o sangue frio, quer dizer, a temperatura do corpo deles é próxima da temperatura do lado de fora; têm uma casca seca cobrindo o corpo, sendo que alguns têm escamas; a maioria vive na terra (exceto os jacarés e família) e deposita seus ovos na terra.

Anfíbios: assim como os répteis, têm o sangue frio; começam a vida na água e, depois de adultos, estabelecem-se na terra (parte deles precisa respirar, mas fica na água). Sua pele é úmida e seus ovos são depositados na água.

Prepare uma lista de animais e veja se seus filhos conseguem classificá-los entre mamíferos, répteis e anfíbios.

Aliás, você diria que a salamandra é um réptil ou um anfíbio?

Material necessário

✓ Apenas o seu tempo

Teatro de Animais

Material necessário

✓ Papel-cartão ou papelão

✓ Desenhos ou figuras de animais

Com esta atividade, você pode criar uma verdadeira cena de selva com animais que se movem.

Pegue uma folha de papel-cartão ou papelão, marque o meio e dobre as duas pontas laterais voltadas para dentro, ou seja, você deverá dobrá-la em três partes, sendo a do meio a maior, de modo que ela possa se manter de pé. Escolha um "ecossistema" e seus filhos vão desenhar as plantas, o solo, o céu – todos os aspectos, exceto os animais. Em seguida, desenhe ou cole figuras de animais no papel-cartão ou papelão e recorte-os.

Agora, corte retângulos estreitos e compridos do mesmo material rígido e cole cada um nas costas de cada animal. Assim que seus filhos decidirem em que local do ecossistema cada animal deverá ficar, faça ali uma fenda. Se o animal for se mover apenas um pouquinho, faça uma abertura pequena; se ele desejar que o animal tenha a possibilidade de mover-se mais, faça a abertura mais larga (ver a ilustração).

Coloque o palco na beirada da mesa, de modo que as tiras possam ficar atrás. Seus filhos podem inventar uma história e mover os animais do jeito apropriado. Não deixe que as crianças dominem toda a cena – troque de lugar com elas, para que você também possa contar a sua história de animais!

Um Formigueiro

Esta atividade mostra como preparar um formigueiro com itens que qualquer um tem em casa.

Tudo o que você precisa é de um tubo de plástico (garrafa grande de refrigerante de 2 litros, por exemplo) limpo e espaçoso e um outro menor, que também pode ser um copo, desde que caiba dentro do tubo, deixando um espaço de alguns centímetros entre os dois.

Encha o espaço entre os dois tubos de plástico com lama e tampe. Pegue algumas formigas do jardim e coloque lá dentro, deixando buraquinhos no alto para o ar entrar. Se você conseguir trazer uma rainha – ela é maior do que as outras – melhor ainda, pois você tornará a vida do seu formigueiro mais longa.

De vez em quando, jogue lá dentro pedacinhos de doce, açúcar, geleia ou cereal. Em poucas semanas, você poderá ver uma porção de túneis no alto.

Quando as crianças se cansarem de observar o formigueiro, elas deverão devolver as formigas para o seu hábitat natural, de onde foram pegas. Esta é uma boa maneira de mostrar respeito por *todos* os seres do planeta.

(Veja também a atividade 32.)

Material necessário

✓ Dois potes

✓ Terra

✓ Formigas

✓ Geleia, cereal ou açúcar para as formigas

Qualquer Outro Nome

Material necessário

✓ Apenas o seu tempo

De quantos nomes de mulher você consegue se lembrar cuja primeira letra seja T? Este é o tipo de problema que você vai ter de encarar quando começar a jogar este jogo feito especialmente para dois participantes.

Primeiro, decida se vai usar nomes de mulher ou de homem; então, comece com a letra A. Designe um dos participantes para ser o marcador. Ele ou ela deve, então, escrever as letras do alfabeto e marcar com um traço cada nome que for dito. Por exemplo, a primeira pessoa diz "Andréa", a segunda, "Antônia", a primeira, "Alessandra", a segunda, "Angélica" e assim por diante.

O jogo continua até que um dos participantes se atrapalhe – você pode instituir um tempo-limite, digamos, de 30 segundos, se quiser.

Quando o último nome com aquela letra for dito, conte os pontos. Anote-os para comparar com a próxima rodada, de modo que você possa comemorar os novos recordes – e ter um objetivo para buscar para cada letra.

Parece fácil, mas você ficará surpreso com o desafio que a atividade de lembrar um nome após o outro pode vir a ser. A propósito, além de Xavier e Xisto, qual o outro nome de que você consegue se lembrar para a letra X?

O Atlas da Aventura

Provavelmente você nunca vai confiar em um mapa ou atlas com mais de dez anos de idade durante uma viagem, mas certamente se divertirá muito em uma atividade sem televisão com ele.

Selecione dois pontos no mapa – digamos, duas cidades grandes. Peça, então, aos seus filhos, para acompanharem com um lápis de cor ou canetas hidrocor a estrada principal que as liga no mapa. Explique antes os nomes das cidades e os estados onde elas ficam. Peça às crianças mais velhas que localizem: a estrada mais longa (ou a mais curta); uma estrada que não atravesse nenhum rio; o caminho que usará apenas estradas pequenas (o que vai exigir uma explicação sobre a cor das estradas no mapa); ou talvez todos os caminhos que passam por essas cidades.

Experimente usar a própria cidade onde você mora como ponto de partida e, então, vá a uma cidade onde morem parentes ou amigos como segundo ponto. Você ainda pode usar cidades que tenha visitado ou por onde tenha passado nas férias.

Explique às crianças que você reservou este mapa ou atlas velho para brincar e que apenas em livros especiais pode-se escrever.

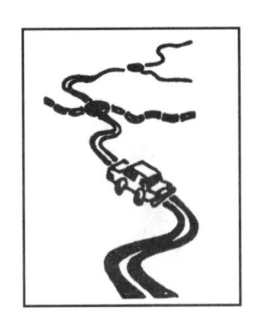

Material necessário

✓ Um atlas velho ou mapa

✓ Lápis de cor ou canetas hidrocor

Dicionário de Conversa Fiada

Material necessário

✓ Um pequeno fichário ou bloco de notas

✓ Lápis

Seus filhos já inventaram palavras? Nosso filho definiu "caça-monstros" assim: "Uma caixa muito especial, sem fundo nem paredes, usada para pegar animais especiais, um monstro, e o monstro é do tamanho da nossa casa, que não tem braços nem pernas".

Cada vez que você ouvir algo assim como a "caça-monstros", anote no fichário. Você também pode inventar palavras sem sentido e pedir que seu filho as defina. Quando for possível, peça a ele que desenhe o que acabou de explicar. Vocês podem fazer um fichário juntos ou comprá-lo pronto na papelaria. Não se esqueça das divisórias.

Outra ideia é montar um arquivo com uma pasta-catálogo e escrever pequenas "entradas" para as páginas, separando-as em ordem alfabética. À medida que o dicionário for crescendo, folheie as definições e peça às crianças que inventem histórias baseadas naquelas ideias ou palavras. Muitas vezes, elas irão mais além, inventando definições alternativas ou um uso novo para aquela palavra.

Mantenha os ouvidos afiados para palavras novas e penetre na nova linguagem de seus filhos – agora, por exemplo, que tal procurar o verdadeiro significado da palavra "pudichã"?

E o que você acha que esta frase quer dizer: "A moça era muito tímida e pudichã". Ou: "Meu gato maganão foi ao vet"?

De Trás para a Frente

Talvez seus filhos sejam bons em soletrar as palavras, mas o que dizer de fazê-lo ao contrário?
Neste jogo, criado especialmente para crianças com alguma habilidade para soletrar, o objetivo é adivinhar o que aqueles estranhos sons de palavras ao contrário realmente significam... Primeiro do que os outros, é claro!
Convide seus filhos para examinar em volta, na sala onde vocês estão. Eles deverão escolher um objeto e, então, sem contar a ninguém o que é, dizer o nome dele com as letras ao contrário. Você pode ajudá-los, se for necessário, principalmente na hora de pronunciar a palavra ao contrário. Anote-a, se quiser, mas não mostre aos outros participantes o que está escrito. Depois, os outros jogadores vão fazer o mesmo: escolher um objeto e falar o nome ao contrário, um de cada vez, enquanto os outros tentarão adivinhar, apenas pelo som, qual foi o objeto escolhido.
É difícil – e divertido! Cada jogador tem um minuto para adivinhar. Você pode marcar o tempo no relógio; se quiser tornar a brincadeira melhor ainda, um cronômetro de verdade vai trazer mais emoção. Quem acertar o nome do objeto será o próximo a escolher um e falar o nome ao contrário para os outros adivinharem.
Ofereça esta atividade na próxima vez em que você estiver procurando algo interessante e divertido para fazer com os seus filhos!

Material necessário

✓ Apenas o seu tempo

Material opcional

✓ Papel
✓ Caneta

O Equilíbrio Perfeito

Material necessário

✓ Réguas

Será que seus filhos conseguem equilibrar uma régua na posição vertical na palma da mão?

É divertido tentar. Mostre para eles como localizar o centro de gravidade da régua, colocando-a, cuidadosamente, num certo lugar da palma da mão. Isso deve ser feito em pequenos e delicados ajustes – um deslocamento mais brusco e você se verá andando pela sala toda na tentativa de equilibrar a sua régua. O que – você pode pensar – não é uma ideia assim tão má... Quando for a vez das crianças, abra um espaço seguro à volta e deixe que elas se movam como bem entenderem.

Depois que elas estiverem dominando o jeito simples de equilibrar a régua na palma da mão, você pode introduzir maiores desafios. Apenas fique por perto para monitorar as atividades.

Esta atividade é excelente para estimular a coordenação mão-olho. E, quem sabe, você não estará despertando alguém para a carreira de malabarista?

(Veja também as atividades 344 e 358.)

Vôlei com Bexiga

Um jogo de vôlei é, certamente, a última coisa que você deseja na sua sala de visitas... A não ser que a bola seja uma bexiga.

Você pode, facilmente, transformar qualquer sala em uma quadra de vôlei. Deixe um espaço livre no meio ou no canto da sala, coloque duas cadeiras de costas, uma de cada lado, e amarre o cordão ligando uma na outra: eis a quadra e a rede.

Encha uma bexiga e tudo estará pronto para a ação. Se quiser que pareça ainda mais real, decore a sala com bandeirolas, fios, etc. Como apenas duas crianças vão jogar, de cada vez, as outras que estiverem assistindo podem ser a torcida.

Todo bom jogador deve usar um par de olhos, um nariz e uma boca. Estimule seus filhos a criarem as suas próprias regras; de qualquer maneira, é para brincar, portanto, ninguém precisa ser duro. Seja criativo. Invente funções e trabalhos especiais para as crianças.

Este jogo, que deve sempre ser supervisionado por um adulto, só é limitado pela sua imaginação – e o tamanho da sua sala de visitas, é claro! De qualquer maneira, é melhor que seja jogado por crianças maiores; as menores não devem brincar com bexigas, por causa do risco de se sufocarem.

Material necessário

- ✓ 2 ou 3 metros de cordão
- ✓ Duas cadeiras
- ✓ Uma bexiga (grande)

Material opcional

- ✓ Material decorativo

Lembrete de Segurança

Bexiga

Panquecas em Baixo Relevo

Material necessário

✓ Ingredientes para panquecas

Lembrete de Segurança

Fogão

Quem disse que fazer panquecas é chato? Com esta atividade você pode oferecer não apenas divertimento, mas também nutrição.

Lembre-se de que cozinhar é uma atividade que exige maturidade. Mantenha as crianças longe de superfícies quentes. Pegue uma receita de panquecas e coloque na panela uma pequena quantidade da massa com o formato de letras, animais (fáceis de fazer como golfinhos e baleias), carinhas, carros, flores ou quaisquer outras formas que você for capaz de "desenhar" antes que a massa comece a fritar. Assim que a forma dos desenhos começar a se firmar, cubra-os com uma boa colherada de massa no alto, suficiente para fazer uma panqueca. Sacuda-a quando a panqueca começar a ficar firme e você verá o desenho que fez em relevo no alto, com uma linha branca demarcando. Como alternativa, você também pode fazer a panqueca toda no formato do objeto.

É claro que tudo que você desenhar deve ser ao contrário – muito importante para letras como R ou E.

Use as panquecas para escrever o nome das crianças; para grupos, sugira que adivinhem e descrevam os objetos que está fazendo – quem acertar, come a panqueca. E nunca mais o café da manhã será o mesmo em sua casa!

Jogo Básico dos Sacos de Feijão

Esta é uma variação de um jogo que muitas crianças conhecem. Pegue metade de uma xícara de feijão cru e coloque num saquinho. Tire o ar de dentro do saco, mas deixe espaço suficiente para os grãos se moverem quando sacudidos. Feche a boca do saco com um cordão ou um nó e, depois, coloque-o na ponta de uma meia velha (no local onde ficam os dedos). Feche a boca da meia com um cordão e corte todos os excessos de material. Você precisará fazer dois sacos de feijão para esta brincadeira.

Prepare uma corrida de obstáculos com cadeiras, mesas e outros objetos de decoração da sala. E vocês já podem começar a brincar.

Uma pessoa será a "coisa"; ela e mais um outro participante do jogo vão colocar o saco de feijão no alto da cabeça como se fosse um chapéu. O objetivo é que a "coisa" alcance e pegue (toque) o outro participante – sem deixar cair o saco de feijão. Para a pessoa que está sendo caçada, o objetivo é andar pelos obstáculos sem ser tocada ou sem deixar o saco de feijão cair.

Este jogo oferece um número enorme de variações – apenas use o seu saco de feijão.

Material necessário

✓ Feijões crus
✓ Sacos
✓ Meias
✓ Fios

Lembrete de Segurança

Supervisionar Atentamente

Sacos de Feijão Olímpicos

Material necessário

✓ Quatro ou mais saquinhos de feijão
✓ Fita adesiva
✓ Um pote grande

Se você já fez os seus sacos de feijão (veja atividade 19), sem dúvida já descobriu que são brinquedos versáteis e maravilhosos. Agora, queremos ensinar mais alguns jogos com sacos de feijão, que vão testar a destreza e a pontaria dos seus filhos. O número dos sacos de feijão necessários depende do número de crianças que vão brincar.

Primeiro, jogue um saco de feijão no chão. A uma certa distância (que vai variar de acordo com a idade das crianças) deste saco, cada um deverá atirar o seu saco de feijão para ver quem consegue chegar mais perto do saco do chão, *sem tocá-lo*. O vencedor será o que conseguir jogar o seu saco de feijão mais perto do outro.

Como alternativa, trace uma linha no chão, a uma certa distância dos jogadores. Quem conseguir jogar o saco de feijão mais perto da linha sem que ele caia em cima dela será o vencedor.

E ainda tem o basquete de sacos de feijão. Pegue um pote largo e coloque-o no chão, no meio da cozinha ou da sala, como a "cesta". Marque a distância em que os participantes devem se posicionar para atirar o saco de feijão no pote. O ideal é começar de perto e ir gradativamente aumentando a distância, dependendo da idade e da habilidade dos seus filhos.

A Hora de Dormir dos Animais

Os bichos de pelúcia dos seus filhos têm se queixado de dores nas costas pela manhã? Estão mal-humorados quando acordam? Se a resposta for sim, esta atividade vai ajudá-los.

Primeiro, as crianças devem escolher alguns dos seus bichos prediletos. Pegue, então, uma caixa em que caibam todos, para ser convertida em uma cama confortável. Em seguida, arranje uma roupa de cama bonita e macia para colocar na cama deles: toalhas velhas, jornais ou, se a cama for pequena, algodão (você pode usar aquele algodão que vem dentro dos vidros de remédios e pílulas de vitamina).

Agora, as crianças vão colocar os animais para dormir. Quem sabe, cantar uma música para eles ou ler uma história... Seus filhos podem inventar uma história ou "ler" o seu livro predileto.

Para assegurar uma noite tranquila e agradável para os bichos, coloque a caminha deles perto da cama das crianças – apenas para o caso de algum deles ficar com medo no meio da noite ou precisar de um abraço gostoso.

Material necessário

✓ Uma caixa onde caibam vários bichos de pelúcia

✓ Travesseiros, toalhas, jornais ou algodão

Bingo das Crianças (maiores)

Material necessário

- ✓ Papelão ou papel duro
- ✓ Lápis ou canetas
- ✓ Tesouras sem ponta

Eis um jogo que delicia as crianças que já têm alguma habilidade com as palavras.

Cada participante do jogo precisa ter uma cartela de bingo, que pode ser feita com pedaços de papelão ou papel endurecido. (Não se esqueça de providenciar tesouras sem ponta, se seus filhos forem capazes de cortar o papelão). Com linhas, divida as cartelas em cinco ou seis quadrados. Deixe que cada criança escreva uma letra em cada um dos quadrados. As letras devem ser escolhidas ao acaso.

Em seguida, faça um estoque de letras em quadradinhos de papel-cartão. Você pode cortar os quadradinhos e pedir às crianças que escrevam uma letra em cada um. Preste atenção se elas realmente escreveram todas as letras. Como alternativa, você pode recortar letras de revistas e jornais e colá-las nos quadradinhos de papelão ou papel-cartão. Coloque-as todas dentro de um saco.

Um dos participantes será a pessoa que vai "cantar" a letra, quer dizer, tirar uma letra de dentro do saco – uma por uma – e dizer qual é, sempre sacudindo bem para elas ficarem misturadas. Isso será feito repetidas vezes. Em cada uma delas, os participantes cobrirão os quadrados da sua cartela com um marcador. Quando todos os quadrados da cartela tiverem sido cobertos, ela estará pronta, e o jogador deverá gritar "Bingo!" – e também fazer uma frase, com cada uma das letras marcadas começando uma palavra, por exemplo: MCVPJA pode ser "A menina da casa verde pulou da janela amarela". (Veja também a atividade 179.)

O Maior e o Menor

Frequentemente, as crianças prestam mais atenção aos detalhes do que os adultos. Se você estiver procurando um jeito de checar a capacidade de observação dos seus filhos, eis uma boa oportunidade.

Oriente-os a fazer uma pesquisa pela casa, em busca dos maiores e menores itens em várias categorias. Livros, por exemplo: as crianças devem procurar por toda a casa e contar em que lugares eles se encontram, assim como dar a descrição detalhada do menor e do maior livro da casa. Experimente fazer o mesmo com os potes e as panelas da cozinha, os vasos e as plantas, para dizer apenas algumas possibilidades.

Grupos de crianças podem ser divididos em times: especialistas em coisas grandes e especialistas em coisas pequenas, por exemplo. Os times podem, depois, trocar as funções e comparar as anotações que fizeram.

Estabeleça um recorde para as coisas que cada um pode encontrar. E, quando sua casa ganhar mais itens novos, tente a atividade novamente, para ver se as crianças ainda conservam os seus "olhos de águia"!

Material necessário

✓ Papel e lápis

Lembrete de Segurança

Partes Pequenas

Biografia Não Autorizada

Material necessário

✓ Livros para pesquisa

Você acha que seu filho tem chances de vir a trabalhar com livros de referência? Eis um jeito de ter uma ideia.

Seu filho escolhe um personagem sobre o qual esteja, por exemplo, estudando na escola: um inventor famoso, os presidentes ou outras figuras públicas. Depois, deverá escrever uma biografia, incluindo fatos e datas: onde e quando o escolhido nasceu, os grandes feitos, etc.

Quando a biografia estiver pronta, abram uma enciclopédia e leiam a "verdadeira" biografia. Vejam quantas similaridades você encontra entre a biografia oficial e a do seu filho. Se existirem muitas divergências, verifique em outros livros – nunca acredite que a enciclopédia está totalmente certa.

Agora, diga depressa: Thomas Edison inventou o gravador, a lâmpada elétrica ou a bola de pingue-pongue?

Consulte seu biógrafo não oficial para ter certeza!

Guia de Cego

Esta atividade é muito popular em exercícios de criatividade nos seminários – ela mantém a pessoa fora do modo "autopiloto". É divertida e nos ajuda a apreciar dignamente o grande dom que é a visão. Eis uma versão que você poderá fazer com os seus filhos.

Funciona assim: você venda os seus olhos e um dos participantes será como os "olhos" de vocês dois. (Preste atenção em manter-se longe das escadas ou de limites perigosos; esta atividade deve ser feita em um lugar seguro.)

A criança que faz os seus "olhos" deverá ajudá-lo a andar em volta da casa e a sentar-se, brincar de pegar, adverti-lo quando você estiver comendo e bebendo – neste caso, veja bem, não é para alimentá-lo como a uma criança, mas sim dizer onde está a colher, por exemplo, ou se a sua boca está suja.

Esta atividade é muito divertida quando a criança tenta descrever ações que são normalmente tidas como parte da vida da gente, por exemplo, usar o garfo, a faca e a colher para comer. E você pode ter certeza de que vai fazer a turma rir muito quando sentar-se à mesa com o resto de alguma coisa brilhando na ponta do nariz!

(Veja também as atividades 154, 178 e 288.)

Material necessário

✓ Pedaço de pano para vendar os olhos

✓ Utensílios domésticos

Lembrete de Segurança

Supervisionar Atentamente

A Marca do Corpo

Material necessário

- ✓ Um pedaço grande de papel
- ✓ Tesouras
- ✓ Lápis ou canetas
- ✓ Madeira compensada (fina)

Material opcional

- ✓ Fita adesiva
- ✓ Papéis coloridos
- ✓ Tinta

Peça para seu filho deitar-se sobre a folha grande de papel – uma folha de papel *kraft* pode ser perfeita. Com o lápis, trace a marca do corpo dele pelo lado de fora e, depois, recorte-a e cole-a no pedaço de madeira compensada (pode ser também isopor), daquelas usadas para colocar pôsteres.

Agora, pegue a figura solta do seu filho e enfeite-a com os lápis de cor, a tinta, os papéis coloridos e todo o material decorativo que tiver em mãos. Faça roupas e adereços para ela. Você pode desenhar de um jeito normal ou como se fosse uma caricatura, valorizando o ridículo ou o exagero. Pode também inventar coisas que ele não tem, acrescentando, por exemplo, um nariz enorme ou um sapato de palhaço, muitos números maior. A criança pode lhe ajudar, fazendo as roupas de papel ou tecido e colando-as na figura.

Use tudo que a sua imaginação mandar, inclusive *gliter* e detalhes como prendedores de cabelo e fitas. Se quiser, coloque fita adesiva para unir as peças – você pode comprá-las nas lojas especializadas. Cuide, apenas – se a criança for muito pequena –, para ela não colocar na boca esses pequenos adereços.

Para encerrar, vocês assinam a obra de arte e colocam a data – agora, ela está pronta para ser exibida para o mundo. (Por que não? Quem sabe ela até não vai participar da próxima exposição no MASP!?)

Carro de Caixa

Você não precisa esperar que seu filho esteja em idade de dirigir para fazer esta atividade.

Encontre uma caixa de papelão medindo mais ou menos 75 cm de largura por 45 de altura e profundidade. Feche as partes de cima e de baixo e passe uma fita adesiva. Faça um buraco grande em um dos lados, medindo mais ou menos a metade do comprimento e grande o suficiente para seu filho caber dentro – agora esta é a traseira. Em seguida, corte uma porta do outro lado, com a dobradiça virada para a frente. Dobre-a para a frente, conforme mostra a ilustração. Este é o painel. Amarre-o no capô. Finalmente, faça dois cortes, um de cada lado do carro, mais ou menos na metade da caixa, na parte de cima. Cole quatro círculos de papel nas laterais, como se fossem os pneus.

Agora, é a vez do seu filho enfeitar a caixa. Você pode ajudá-lo a desenhar botões e indicadores ou colar tampinhas de plástico no painel com fita adesiva. Corte em formato de X, depois encaixe o pegador de uma tampa de panela ou pote neste corte, para que o volante tenha movimento. Faça uma placa, coloque tampas no lugar dos faróis e, no final, encontre uma grade velha para colocar na frente.

Só falta seu filho entrar dentro do carrinho e colocar as mãos uma em cada buraco da lateral, levantá-lo do chão e sair andando por aí!

Material necessário

- ✓ Caixa de papelão
- ✓ Lápis, canetas

Material opcional

- ✓ Tampas de garrafas ou potes de plástico
- ✓ Folhas de papel
- ✓ Potes com tampa
- ✓ Uma grade velha
- ✓ Fita adesiva

Lembrete de Segurança

Objetos Pequenos

Chuva de Ideias I

Material necessário

✓ Apenas o seu tempo

Como os seus filhilhos resolvem seus problemas? Esta "chuva de ideias" foi feita para divertir e ajudá-lo a vislumbrar a maneira como eles pensam.

Primeiro, experimente algumas formas livres e criativas para solucionar problemas. Peça a eles que se imaginem em uma sala fechada, de onde querem sair para brincar. A maçaneta da porta está ao alcance da mão, mas a chave está em um porta-chaves alto demais. Como pegar a chave e sair? Você provavelmente vai ouvir respostas do tipo "Subo numa cadeira" ou "Chamo papai ou mamãe".

Agora, aumente o desafio. Diga a eles que a sala está praticamente vazia, tem apenas algumas varas, alguns fios e cordões e clipes para papel. Como eles poderiam usar esses elementos para pegar a chave? (Resposta possível: dobrar o clipe como se estivesse fazendo um anzol, colocar a linha na vara, o "anzol" na ponta e "pescar" a chave.)

Invente alguns elementos ao seu gosto. Tenha o cuidado de fazê-los simples e esteja preparado para muitas respostas "certas". A ideia é oferecer desafios à criança, não prepará-la para entrar mais cedo na universidade.

Chuva de Ideias II

Aqui apresentamos um par de chuvas de ideias mais avançado, para crianças maiores, que já têm o pensamento mais abstrato e racional.

Comece pedindo à criança para imaginar que uma bola de pingue-pongue caiu dentro de um pequeno cachimbo com um cano, que estava jogado na terra do jardim, e ficou entalada. É claro que o cano é estreito demais para permitir que a bolinha seja tirada com a mão. Perto do cachimbo estão uma caixa de cereais, alguns ímãs pequenos, um tubo de papelão, um pente e uma garrafa de suco de maçã. Como esses elementos poderiam ser usados para tirar a bolinha de pingue-pongue de dentro do cachimbo? (Resposta: ponha o suco dentro do tubo, assim a bolinha vai flutuar, e os outros itens não servem para nada.)

Se você e seus filhos quiserem um desafio verdadeiro, experimente esta variação de um clássico. Você e sua família estão viajando em uma estrada, pensando em acampar, quando encontram uma ponte baixa. Você para o carro e descobre que a ponte é pouquíssimos centímetros mais baixa do que o carro que viajam; portanto, não há como atravessá-la. Como você não pode contornar a ponte, como fazer para passar para o outro lado? (Resposta: tirar um pouquinho de ar dos pneus.)

Novamente, use a sua imaginação e invente algumas situações interessantes. A única regra é não sugerir nada que você mesmo não consiga resolver.

Material necessário

✓ Apenas o seu tempo

Explodindo a Caixa

Material necessário

✓ Apenas o seu tempo

Para ter pensamentos criativos você precisa explodir temporariamente os pequenos compartimentos que usa para organizar o mundo. Eis aqui uma atividade que permitirá ao cérebro das crianças perambular totalmente fora do convencional. É uma espécie de atividade de "salvamento", que você pode desenvolver a qualquer momento, em qualquer lugar da casa, com crianças (e mesmo adultos) de todas as idades.

Mostre um objeto da casa e pergunte para que ele é usado. Na cozinha, por exemplo, mostre uma espátula. Depois que as crianças falaram o uso convencional que se faz dela, pergunte para que mais ela poderia ser usada. Dependendo da idade, a criança pode dar respostas como: "Ela serve para fazer buracos" ou "Posso encher o meu balde de areia da praia com ela" ou "Posso recolher neve e fazer um boneco de neve" ou "Posso usá-la como raquete para jogar tênis" ou "Eu poderia usá-la para refletir o sol e pedir ajuda, se estivesse perdida numa ilha deserta".

Experimente outros utensílios da cozinha: colheres, garfos, pratos, batedor de ovos, etc. Cada cômodo da casa apresenta um potencial diferente.

Falando nessas coisas, você já pensou em usar o colchão da sua cama como proteção para a sua nave espacial contra os estragos que um meteoro poderia fazer?

Bolha de Basquete

Estamos gratos ao maior fã das bolhas, Norie Huddle, por nos oferecer esse jogo. Ele põe um novo tempero tanto no basquete quanto nas bolhas de sabão.

Siga as instruções para fazer uma Bolha-Monstro (198) e tenha uma bolha enorme flutuando. Em seguida, deixe o seu filho fazendo as suas bolhas de sabão perto do lugar onde está a sua. Claro que o único jeito de marcar pontos é defendendo as suas bolhas e impedindo-as de explodir. Isso significa exatamente lutar com garra contra aquelas que querem cair, devolvendo-as novamente para o ar com um sopro na direção inversa.

Esse processo não é fácil, mas é muito divertido!

Você ainda pode ajustar o tamanho do desafio colocando o pote com o líquido mais perto ou mais longe da criança, dependendo, claro, da idade e da habilidade para soprar as bolhas de volta para o ar.

Michel Jordan que se cuide!

Obs.: a mistura das bolhas de sabão não é apropriada para todas as superfícies, portanto, mantenha-a longe de pisos, carpetes e gramas.

Material necessário

✓ Bolhas-Monstro (ver atividade 198)

Lembrete de Segurança

Supervisionar Atentamente

Hotel dos Insetos

Material necessário

✓ Uma caixa de aveia

✓ Tela para a janela

✓ Atilho

Se você leu sobre como fazer um formigueiro (11), mas não mora em um lugar ideal para encontrar formigas, aqui está como fazer um "Hotel dos Insetos" – pois, como todos nós sabemos, insetos estão em toda parte.

Você e seus filhos podem fazer um hotel para os insetos com qualquer caixinha, mas o ideal é uma caixa de farinha de aveia. Use um atilho (aquela borracha de amarrar dinheiro) para segurar uma tela no alto da caixa, que servirá ao mesmo tempo de porta e janela. Você pode também fazer buracos para servirem de janela e colar telas para conter os hóspedes. Providencie folhas de plantas para eles e, então, parta com seus filhos para uma caçada aos insetos, com uma rede ou pote.

Talvez seja interessante vigiar os hóspedes, para que eles fiquem um dia ou dois, quando, então, deverão retornar ao seu lugar de origem. Tome cuidado com as misturas: você logo vai perceber que colocar juntos alguns insetos e aranhas, por exemplo, dará a estas uma vantagem injusta!

Fazer um hotel para os insetos dará aos seus filhos a oportunidade de apreciar melhor as criaturas pequenas que vivem no mundo, e se por acaso você tiver uma "insetofobia" que gostaria de superar, eis uma ideia excelente para iniciar o seu processo de cura.

Cartões de Visita

Você pode ajudar o seu filho a fazer o seu cartão de visitas pessoal – mesmo se o negócio que ele estiver promovendo precisar de uma porção de anos para sair do chão.

Use papel comum (ou compre um especial na papelaria) cortado no tamanho apropriado e uma máquina de escrever ou computador e impressora, ou, ainda, para fazer economia, uma caneta boa com tinta preta – neste caso, você precisará copiar o texto uma porção de vezes. Faça cartões de visita para ele, conforme instruções abaixo.

O resultado pode ser oferecido para todas as pessoas da família, os amigos, os compradores em potencial e outros contatos.

Eis um exemplo de texto para você apreciar:

Limão e Cia. Ltda.
Diego da Silva Só
Diretor
Rua das Laranjeiras, 150
Cep 01020-000 – São Paulo
Fone: (11) 1230 4567
e-mail: diego@limão.com.br

Material necessário

✓ Pequenos pedaços de papel

✓ Máquina de escrever, computador com impressora ou caneta

Teleférico

Material necessário

- ✓ Um tubo de rolo de papel higiênico
- ✓ Canudinhos
- ✓ Cordão
- ✓ Brinquedo pequeno
- ✓ Duas cadeiras

Material opcional

- ✓ Lápis de cor e canetas hidrocor

Lembrete de Segurança
Supervisionar Atentamente

Por que passar por todas as dificuldades de levar a família inteira para os Alpes ou para Campos do Jordão para ver os teleféricos subindo a montanha, se você pode ter um em operação diretamente na sala da sua casa?

Para fazer um bonde ou teleférico, cole um canudinho no rolo vazio de papel higiênico com cola ou fita adesiva. Eles devem ficar do mesmo tamanho. O rolo deve ser decorado com janelas e rostos de pessoas e o melhor é sugerir que seu filho faça esta atividade usando lápis de cor e canetinhas coloridas.

Passe um cordão dentro do canudinho e coloque as pontas amarradas uma em cada cadeira, que deverão estar separadas uns dois metros. Uma das pontas deve estar numa posição mais alta do que a outra, e o cordão deve estar bem esticado. Ponha um peso dentro do tubo – um brinquedo pequeno é suficiente. Leve o tubo para o ponto mais alto e solte-o para que ele escorregue até a posição inferior.

As crianças menores adorarão ver o "carro" movendo-se pelo fio de cima para baixo. Eles podem também brincar de transportar pequenos animais de brinquedo, carrinhos, etc. do alto até a "estação". Para as crianças maiores você poderá criar duas "linhas" e patrocinar uma corrida.

Bingo das Capitais

Este jogo lhe dará momentos deliciosos de diversão e estudo com os seus filhos maiores. Escreva o nome de cada capital em fichas bem pequenas, para que possam ser colocadas no Estado a que pertencem, em cima do mapa. Diga o nome de cada Estado, peça que as crianças o localizem no mapa e coloque a ficha com o nome da capital certa no seu Estado. Quando todos os Estados tiverem recebido a sua capital, comece um novo jogo de bingo com o nome dos Estados – as crianças deverão achar o nome da capital de cada um na pilha de fichas.

Material necessário

✓ Mapa do Brasil

✓ Três Fichas de papel (p/ fichário)

AC	Acre	Rio Branco	PE	Pernambuco	Recife
AL	Alagoas	Maceió	PI	Piauí	Teresina
AM	Amazonas	Manaus	PB	Paraíba	João Pessoa
AP	Amapá	Macapá	PR	Paraná	Curitiba
BA	Bahia	Salvador	RJ	Rio de Janeiro	Rio de Janeiro
CE	Ceará	Fortaleza	RN	Rio Grande do Norte	Natal
DF	Distrito Federal	Brasília	RO	Rondônia	Porto Velho
ES	Espírito Santo	Vitória	RR	Roraima	Boa Vista
GO	Goiás	Goiânia	RS	Rio Grande do Sul	Porto Alegre
MA	Maranhão	São Luís	SC	Santa Catarina	Florianópolis
MG	Minas Gerais	Belo Horizonte	SE	Sergipe	Aracaju
MS	Mato Grosso do Sul	Campo Grande	SP	São Paulo	São Paulo
MT	Mato Grosso	Cuiabá	TO	Tocantins	Palmas
PA	Pará	Belém			

Agora, sem olhar, qual é a capital da Paraíba?

Mudando de Nome

Material necessário

- ✓ Papel
- ✓ Lápis e canetas
- ✓ Jornais e fotos

Material opcional

- ✓ Quadros ou álbuns

    Selecione fotos interessantes ou divertidas nos jornais; depois, passe-as para as crianças. O trabalho delas será dar título ou inventar novas legendas para as fotos, agora sem título ou referência.

    É claro que você pode providenciar ajuda, recortando frases pré-escritas ou providenciando aquelas legendas engraçadas que, muitas vezes, acompanham as fotos após a revelação. De qualquer maneira, o jogo é muito divertido.

    Depois que o jogo acabar, você pode emoldurar as gravuras e fotos ou colocá-las num álbum, juntamente com seus novos títulos e legendas.

    Para a foto de um senador americano, uma jovem senhora, minha amiga, escreveu a seguinte legenda:

"Este homem trabalha em um armazém. Ele tem um trabalho importantíssimo, colocando a nossa comida em sacos."

Procure fotos e gravuras de:
- Animais
- Pessoas
- Automóveis
- Edifícios
- Casas
- Eventos esportivos
- Festas

Carreira

Quando perguntamos ao nosso filho o que ele queria ser quando crescesse, ele respondeu: "Um dinossauro". Agora, ele ficou mais realista e decidiu especializar-se em alimentar animais no zoo.

O que o *seu* filho quer ser quando crescer? Experimente esta atividade e descubra.

Relacione várias carreiras em uma coluna do lado esquerdo de uma folha de papel. Em seguida, leia-as uma por uma. Você pode escolher apenas carreiras que seu filho conheça. Agora, ele vai fazer um desenho ou descrição do que acha que faz a pessoa que tem aquela ocupação. Ajude-o com dicas. Você pode fazer um suporte, se necessário, para vários itens domésticos: uma caixa de correio, uma caixa de lanches, etc. Ao final da sessão, pergunte a ele qual o trabalho que lhe parece mais interessante e anote na coluna direita da folha de papel.

Experimente fazer essa atividade a cada seis meses e anote a data nas respostas, para que você possa comparar e acompanhar os interesses dele e ver o que mudou. Afinal, quem poderia imaginar que um filho ou filha que hoje faz cirurgia em cérebros pôde desejar, um dia, ser artista de circo?

Material necessário

✓ Papel e lápis

Folhas de Cenoura

Material necessário

- ✓ Folhas de cenoura
- ✓ Pires
- ✓ Água

Quando você faz uma salada, costuma jogar fora a parte de cima da cenoura, onde estão as folhas? Em caso afirmativo, você está perdendo uma excelente oportunidade de mostrar aos seus filhos como as plantas crescem.

Guarde esse toco (com a folhagem) e ensine as crianças a colocá-lo num pires que contenha apenas um pouco de água. Mantenha-a perto de uma janela e cuide para que o nível da água permaneça o mesmo. Marque a altura das folhas no primeiro dia. Após algum tempo, as crianças perceberão que a folhagem aumentou em altura – saiba que este é o caminho para ensinar uma rendosa carreira de plantador de folhagem de cenoura.

Se você plantar essa folhagem a cada dia, as crianças poderão perceber os resultados de um jeito fantástico: sete plantas apresentando um crescimento progressivo a cada dia da semana.

Nota: Você deve usar cenouras que não tenham tido as suas folhagens removidas inicialmente, o que significa que deve comprá-las frescas, em molhos e não em sacos.

(Veja também a atividade 269.)

Folhas de Aipo

Eis uma pequena experiência que vai deliciar os seus filhos, ao mesmo tempo que lhes ensina como os fluidos se movem pelo sistema vascular das plantas.

Encontre uma haste de aipo robusta, cheia de folhas. Dê à haste duas "pernas", quer dizer, rache a base ao meio e suba por alguns centímetros. Em seguida, coloque um pouco de água num copo e peça ao seu filho para colocar várias gotas de anilina para alimentos na água, colorindo-a de azul. No outro copo, faça a mesma coisa, agora, com a anilina vermelha. Coloque uma das "pernas" do aipo no copo com a água azul e a outra no copo com a anilina vermelha. Deixe que passem a noite ali.

Na manhã seguinte, seu filho ficará encantado ao perceber que metade das folhas está pintada de azul, enquanto a outra metade é vermelha! Explique que a anilina passa pelos pequenos tubos no caule do aipo e que esses tubos são usados para levar a água da raiz da planta para as folhas, enquanto ela cresce.

A propósito, você pode cortar a haste em forma de cruz, para mostrar exatamente como a cor vai para as folhas. Vendo e acreditando!

Material necessário

✓ Uma haste de aipo com folhas grandes

✓ Dois copos

✓ Anilina para comida (azul e vermelha)

Uma Cidade de Caixas

Material necessário

- ✓ Caixas vazias
- ✓ Papel
- ✓ Material para decoração
- ✓ Tesouras sem ponta

Material opcional

- ✓ Feltro
- ✓ Algodão
- ✓ Xícara
- ✓ Argila

Com caixas retangulares de papelão macio (caixas de cereais são ótimas) é possível construir uma verdadeira cidade de brinquedo.

Outras construções "pré-fabricadas" estão dentro da geladeira. Potes de creme e iogurte são ótimas casas, e embalagens de leite e suco são edifícios charmosos com telhadinhos empinados.

Para decorar as construções, envolva as caixas em sacos de papel, papel fantasia ou qualquer outro. Em seguida, desenhe janelas, portas e outros detalhes. Você também pode cortar as portas e janelas, deixando-as abertas. Preste atenção se os cortes que fizer são apropriados à idade das crianças, bem como para as suas habilidades, e supervisione sempre as atividades que envolvam objetos cortantes.

Seus jovens arquitetos podem começar o planejamento da cidade desenhando as ruas e os edifícios em um grande pedaço de papel, depois, colocando as caixas no mapa. Ajude-os a serem paisagistas, também, acrescentando arbustos de algodão, grama de feltro verde, luzes de mechas de algodão nas ruas e árvores feitas de xícaras, argila e lápis sem ponta.

Acrescente alguns automóveis e seus filhos estarão prontos para passar a noite na cidade.

Corrente de Desenhos

Material necessário

✓ Papel
✓ Lápis de cor
✓ Canetas coloridas

Esta atividade para dois ou mais participantes costuma gerar uma arte selvagem.

Comece desenhando uma linha ou forma em um pedaço de papel. Convide, então, a criança a continuar o desenho, fazendo uma outra linha ou forma do seu próprio gosto. Depois, é a sua vez, novamente. Continue assim, alternando desenhos, até que o quadro esteja completo. Experimente variar a cor a cada novo desenho, usando lápis ou canetas coloridas.

Para cada traço novo que vocês fazem, procurem descrever o que estão desenhando – como variação, um pode ir descrevendo o desenho que o outro está fazendo. Isso pode ser muito divertido, principalmente se um dos participantes estiver sentado do lado oposto do outro, pois vocês terão uma visão com uma perspectiva diferente.

Para entreter grupos de crianças, pegue uma folha de papel bem grande, de modo que os desenhos possam voltar ao ponto de partida ou se encontrar apenas no final, já que cada criança vai fazendo um desenho em um lugar do papel, e só mais tarde eles se encontrarão. Para grandes desenhistas, tenha à mão um estoque grande de papel.

Depois que vocês tiverem acabado de desenhar todos os traços e formas, podem voltar atrás e preencher os espaços vazios. Para encerrar, os artistas podem dar um nome à obra de arte.

Corrente de Gargalhadas

Material necessário

✓ Apenas o seu tempo

Você pode desencadear uma incontrolável corrente de risadas aí na sala de visitas da sua casa.

Para acender a fagulha da cadeia de risadas, você vai precisar de pelo menos três pessoas, grandes ou pequenas. Uma delas deve deitar-se no chão; esta é a primeira pessoa da corrente. A segunda coloca a sua cabeça na barriga da primeira, a terceira na barriga da segunda e assim por diante. A primeira pessoa diz "Ha", a segunda deve dizer "Ha, ha", a terceira, "Ha, ha, ha", e assim sucessivamente com todas as pessoas da corrente.

No final, uma coisa curiosa acontecerá: os "Ha, ha, ha" se transformarão em risadas genuínas – talvez uma onda depois da outra, ondas de incontroláveis gargalhadas.

Quando as coisas se acalmarem, experimente mudar a direção ou, para um teste de força de vontade, veja por quanto tempo cada pessoa consegue segurar a sua posição *sem* começar a rir. Alguém, inevitavelmente, não aguentará e as ondas de risadas vão explodir novamente no grupo!

Corrente de Histórias

Material necessário

✓ Apenas o seu tempo

Você pode fazer esta atividade a qualquer momento em que estiver buscando alguma coisa para entreter as crianças. Ela não requer muita energia. É chamada de corrente de histórias porque cada pessoa contribui com uma ideia para a história em criação – você pode brincar apenas com duas pessoas, se for o caso. Comece do jeito mais simples possível:
"Era uma vez...".
Se quiser algo mais dramático, diga:
"Em uma noite escura e chuvosa...".
As crianças deverão inventar a parte seguinte da história, continuando do jeito que quiserem, com as suas próprias ideias, até um certo ponto, quando, então, passam a palavra para o participante seguinte, que inventa mais um pedaço e para, para que o seguinte continue.
Crianças muito pequenas podem encontrar alguma dificuldade com o conceito, num primeiro momento, e assim você precisaria ser capaz de alimentar várias linhas da história. Alternativamente, você pode adaptar o tema ou o enredo dos livros prediletos delas, para que elas consigam acompanhar. Inclusive, se precisar ter o livro à mão, não tem problema nenhum em ler pedaços da história para elas continuarem.
Crianças maiores adorarão terminar as frases incompletas, tais como: "Numa noite escura e chuvosa, quando os relâmpagos cortavam o céu, um carro verde com...".
Grupos de crianças podem brincar e cada um vai levar a história para uma direção diferente.
Quem sabe não será possível escrever uma história de qualidade em grupo?

Calculadora de Damas

Material necessário

- ✓ Tabuleiro de damas
- ✓ Peças de damas
- ✓ Dados

Este jogo é excelente para as crianças que estão aprendendo a fazer contas, já que brinca com a adição. Comece com um tabuleiro de damas e oito peças, quatro de cada cor. Coloque todas as peças em uma única fileira, na margem do tabuleiro, quatro pretas do lado esquerdo e quatro brancas do lado direito. As pretas devem se mover primeiro; então, o jogador com as peças brancas diz um número entre um e seis, digamos quatro. O participante que comanda as pretas deve agora dizer qual o número que adicionado ao quatro levará a uma peça do outro lado do tabuleiro. Esta pessoa lança dois dados; se juntos eles derem o número correto, o jogador pode ir ao final do tabuleiro e pegar uma peça do outro para si.

Cada hora um participante joga, alternadamente. O que conseguir pegar as quatro peças primeiro ganha o direito de começar a partida seguinte.

Este jogo dispensa baterias, e também não tem segredo se precisar ficar parado no mesmo lugar. Outra vitória da baixa tecnologia.

O Ônibus Mágico

O Ônibus Mágico é uma das brincadeiras favoritas do nosso filho Noah e consiste em um grande painel feito de uma caixa de papelão (veja na atividade 138 as instruções para fazer um painel).

Quando ele quer viajar de ônibus para viver grandes aventuras, colocamos as cadeiras da cozinha uma atrás da outra, formando os assentos do ônibus. Ele recolhe o bilhete da passagem, depois se senta atrás do painel e dirige o ônibus, anunciando as várias paradas: no supermercado, no parquinho, no museu, no centro da cidade, em São Paulo, nos Estados Unidos, no andar de baixo, na lua... (esteja preparado para dizer aonde quer ir, também).

Seu filho pode inventar lugares baseando-se nas suas próprias experiências.

Para viagens mais longas, experimentem cantar algumas músicas para melhor passar o tempo e levar lanche ou salgadinhos para comer. Para excursões especiais, prepare as passagens com antecedência.

Você também pode fazer esta atividade sem o painel de papelão, basta acreditar que aquele ônibus é mágico.

Material necessário

✓ Cadeiras

Material opcional

✓ Papelão
✓ Painel (veja atividade 138)

Pé-de-Galinha

Material necessário

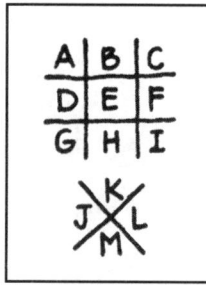

✓ Lápis
✓ Papel

Você já ouviu falar no Porco Latino? Ninguém é capaz de adivinhar o que isso quer dizer. Ah, mas o Pé-de-Galinha é outra história.

Pé-de-Galinha é um alfabeto especial que corresponde exatamente ao alfabeto da nossa língua. Ele é, na verdade, um código, baseado nos rabiscos que você vê na ilustração desta página, naturalmente, estruturados de um jeito especial: cada letra é representada por um símbolo, na mesma ordem. Por exemplo, a letra E é como um L virado para o outro lado, enquanto o próprio L é um K com uma bolinha no meio.

Entendeu?

Pé-de-Galinha é uma linguagem apenas escrita, que só deve ser codificada e decodificada no papel. Serve para uma pessoa enviar mensagens secretas à outra e tem uma aparência realmente interessante.

Experimente decodificar o que está escrito abaixo.

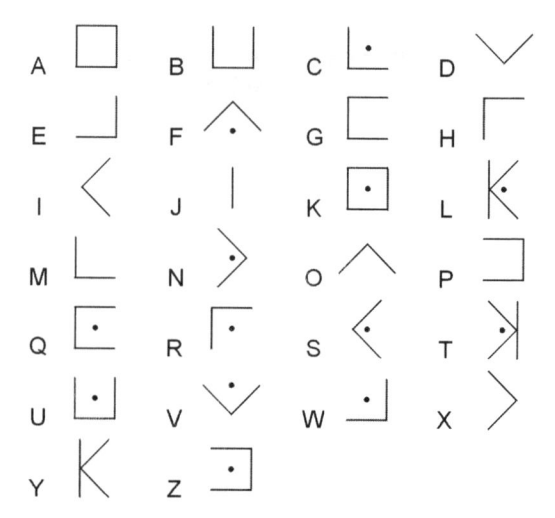

Chisanbop

Chisanbop é uma calculadora fácil e interessante, desenvolvida por um professor coreano chamado *Sung Jin Pai*. É necessário apenas usar as duas mãos e seus filhos aprenderão em poucos minutos.

Experimente você primeiro. Coloque as duas mãos sobre a mesa, com as palmas viradas para baixo e os dedos estendidos – este é o zero. Agora, feche as mãos, escondendo os dedos; sua calculadora mostra o número 99, o valor mais alto possível neste método. Lendo da esquerda para a direita, cada um dos quatro dedos da mão esquerda equivale a 10; o polegar esquerdo é igual a 50, o polegar direito equivale a 5. Cada um dos quatro dedos da mão direita vale 1. Agora, construa diferentes números. Dois polegares virados para baixo podem também valer 55; os dois dedos indicadores, 11.

Vamos experimentar um problema simples: 18 + 26. Mostre o 18 dobrando o dedo indicador esquerdo mais o polegar, o indicador, o médio e o anular da mão direita.

Agora, pense no 26 como 10, 10, 5 e 1. Os dois primeiros 10 são fáceis: dobre os dedos médio e anular da mão esquerda. O 5 é o único mais complicado: você troca entre as mãos. Ponha o polegar direito para cima (subtraindo 5), depois, dobre o esquerdo (adicionando 10, para um ganho líquido de 5). Para o 1, abaixe o polegar direito. Suas mãos, agora, mostram 44 – a resposta correta!

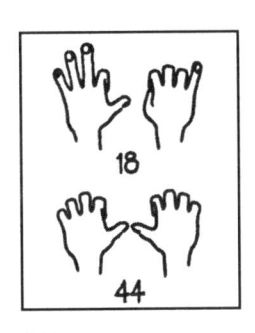

Material necessário

✓ Apenas o seu tempo

Campeonato de Arrumação dos Brinquedos

Material necessário

✓ Cronômetro

Material opcional

✓ Sino

Neste livro, mostramos maneiras não competitivas de jogar. Neste jogo, porém, abrimos uma exceção – por razões óbvias.

Muitos pais e mães (nós, inclusive) acham que os filhos devem ajudar a recolher os brinquedos que espalharam para brincar; mas, longe de transformar isso numa guerra, o que você deve é fazer com que vire uma gostosa brincadeira.

Com uma criança, pegue um cronômetro e ofereça um irresistível desafio, por exemplo: "Vamos ver se você consegue guardar todos os seus brinquedos antes que o cronômetro toque". O segredo é tornar a tarefa simples e manipulável, em vez de dizer: "Arrume tudo já".

Com grupos de crianças, determine as tarefas de cada um e lance o desafio para ver quem vai conseguir acabar primeiro.

Na pré-escola dos nossos filhos, as crianças se revezam tocando um sino que anuncia a "hora da arrumação" e significa que cada criança deve começar a sua tarefa naquele momento. Aqui em casa, nosso filho adora tocar o sino, chamando para a arrumação dos brinquedos antes de ir para a cama e para fazer a preparação para dormir – não apenas ele tem uma tarefa, mas o sino também quer dizer que papai e mamãe sabem que está na hora de cumprir o dever.

Aprendendo as Horas

Eis uma maneira gostosa de apresentar às crianças pequenas os segredos das horas.

Você pode fazer um relógio para elas com um pedaço de papelão ou embalagem em papel-cartão. O limpador de cachimbo deve ser preso no meio do papelão, tendo o cuidado de não fixá-lo, para deixá-lo móvel: são os ponteiros. Se preferir, use um relógio de verdade.

Marque no relógio a hora que seu filho se levanta. Mexa o ponteiro pequeno e vá conversando sobre as coisas que ele faz nas várias horas de um dia normal. É melhor que não introduza a ideia de "uma hora da tarde" e "uma hora da manhã", para não ficar confuso para a criança.

Procure por gravuras nas revistas que mostrem ou representem as atividades sobre as quais vocês comentaram, por exemplo, um desenho na caixa de cereais para o item "café da manhã". Cole-os no relógio, próximo da hora apropriada; ou, ao contrário, desenhe na gravura em questão pequenos relógios marcando o horário.

Não tenha pressa em ensinar as horas ao seu filho. Nem fique frustrado porque acha que ele está demorando muito. Certo dia, interrogado sobre a hora, nosso filho disse que eram "7 quilos" – mas ele sabia, de alguma forma, que "7 quilos" era a hora que ele costumava tomar banho para jantar.

Material necessário

- ✓ Relógio
- ✓ Papel
- ✓ Gravuras de revistas
- ✓ Cola
- ✓ Lápis

Material opcional

- ✓ Papelão ou papel-cartão
- ✓ Fita adesiva
- ✓ Limpador de cachimbo

Viajantes sem Rumo

Material necessário

✓ Globo, atlas ou mapa-múndi

Procurando um lugar onde passar férias maravilhosas com a família?

Gire o globo, abra um atlas ou desenrole um mapa-múndi e vocês encontrarão o que procuram, quer dizer, uma viagem perfeita!

Escolha um destino ao acaso e discuta com a criança as possibilidades do local. Veja o que ele sabe sobre os costumes, a língua, o governo, o estilo de vida, etc. Vocês podem pesquisar em revistas e guias de viagem ou mesmo em enciclopédias.

Se ele concordar que este é realmente um bom lugar para visitar, peça a ajuda do seu "agente de viagens" para fazer a programação das férias: Como chegar lá? Quanto tempo leva a viagem? Qual o tipo de roupa ideal? Quais as palavras e expressões que vocês devem aprender antes de viajar, para o caso de precisar pedir alguma coisa? Quais as atrações turísticas mais interessantes? Quais os lugares dignos de nota, que vocês não podem deixar de visitar?

Se, por acaso, vocês resolverem ir a Roma, não se esqueçam de visitar o Vaticano e levar minhas considerações para Sua Santidade, o Papa.

Coleção de Moedas

O "Porquinho da Economia" do seu filho pode não estar recheado de moedas valiosas, mas pode ser um incentivo para que ele inicie uma coleção de moedas.

O roteiro inicial é muito simples: pegue, por exemplo, moedas de 1, 5, 10, 25 e 50 centavos, e de 1 real. O desafio é encontrar uma moeda de cada um dos seis valores com a mesma data, digamos, desde o começo do real. Cole cada uma delas num lugar demarcado em um pedaço de papelão e catalogue-a .

Não é difícil, mas é um desafio. Cada vez que uma moeda que estava faltando for encontrada será uma festa.

Não se esqueça de que crianças pequenas não devem brincar com moedas.

Material necessário

✓ Moedas
✓ Embalagem vazia
✓ Cola

Lembrete de Segurança

Partes Pequenas

Manual de Instruções

Material necessário

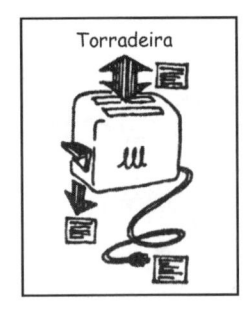

✓ Lápis e papel

De vez em quando, a única maneira de explicar alguma coisa é fazendo um desenho ou mesmo uma série deles. E não existe ninguém melhor no mundo do que o seu filho para isso!

Discuta com ele os eletrodomésticos que vocês têm em casa – torradeira, microondas, forno, etc. – que possam merecer um simples e claro manual de instruções; escolha aquele com o qual seu filho está mais familiarizado.

Juntos, vocês dois podem avaliar como ele efetivamente funciona de uma maneira segura. Seu jovem ilustrador, então, começará a fazer uma série de desenhos descrevendo como usá-lo, como se falasse para quem desconhece completamente o mecanismo, passo a passo. Ele deverá, então, colocar as ilustrações em ordem; pode ser em folhas de papel separadas que você vai grampear ou colar para fazer um manual técnico. Na mesma folha do desenho, ele pode escrever de uma maneira simples e objetiva o que acabou de desenhar.

Seu filho pode trabalhar com um amigo ou irmã para criar um manual de instruções. As crianças pequenas podem fazer os desenhos e as maiores podem escrever o texto.

Ora, quem sabe ele não crie um manual que ensine você a operar corretamente o seu PC?

Manchas Coloridas

Há muito tempo pensa-se que tinta ou manchas revelam os segredos das reentrâncias mais escondidas da mente. Quer você acredite nessa ideia ou não, manchas de tinta – ou, no nosso caso, manchas coloridas – podem ser uma brincadeira explosiva para você fazer com os seus filhos.

Dobre uma folha de papel ao meio, depois, abra-a. Coloque variadas cores e formas de tinta de um lado da folha, depois, dobre-a novamente, para que a pintura de um lado se reflita no outro como um espelho. No começo, pode ser complicado calcular a quantidade de tinta, mas logo você aprenderá a quantia exata que deve colocar para não ter tinta em excesso. Quando você abrir o papel novamente, encontrará uma variada gama de cores e formas se repetindo.

O que seu filho vê nesses padrões? Se for um rosto, acabe de desenhá-lo, contornado as linhas mestras, depois que ele estiver seco, é claro. Faça o mesmo para um animal. Se for uma borboleta, faça o contorno das asas e desenhe mais detalhadamente o corpo. Acrescente as antenas, se você achar que é preciso.

É claro que você não precisa desenhar, se não quiser; as cores e formas podem falar por si mesmas.

Panteras vermelhas? Sorvetes pretos? Pé cor-de-laranja? Sol azul?

Tudo é possível, quando você deixa a sua imaginação fluir!

Material necessário

✓ Papel

✓ Guache

✓ Caneta, lápis ou lápis de cor

O Sensor das Cores

Material necessário

✓ Lápis de cor

✓ Sacos ou sacolas de papel

Você pode ensinar seus filhos a "sentir" as cores sem vê-las, pelo menos, é assim que os amigos vão pensar! Veja como.

Seu filho vai contar que é capaz de dizer a cor sem ver. Para provar essa sua habilidade, ele vai pedir para colocar um lápis de uma cor secreta dentro da sacola ou saco de papel. E ele será capaz de identificar a cor, apenas colocando a mão nela e usando o sensor especial que tem no dedo!

Eis o segredo: ao tocar com os dedos o lápis de cor dentro do saco, seu filho, discretamente, deverá arranhar a casca do lápis de cor escolhido, pensar forte, concentrar-se, dizer algumas palavras mágicas e ainda mais discretamente checar a cor na unha, antes de anunciá-la!

Crianças muito pequenas poderão cair na tentação de olhar muito diretamente para a unha, mas, nesse caso, o melhor é pedir para os amigos que fechem os olhos por um momento, segurando o saco com o lápis de cor dentro, para todo mundo ter certeza de que ele não olhou...

Admita: você vai querer testar esse truque antes de ensiná-lo às crianças e compartilhar o segredo com elas, não é mesmo?

Misturador de Cores

Eis uma maneira rápida de transformar a sua cozinha em um laboratório para jovens químicos!

Providencie potes de vários tamanhos, garrafas com anilina colorida para alimentos e vários utensílios de laboratório: conta-gotas, colheres, medidores, etc. Antes de deixar as crianças soltas na cozinha, explique muito bem que apenas algumas gotas de anilina são mais do que suficientes para causar o efeito esperado.

Os menores vão se divertir apenas preparando as cores e passando os líquidos coloridos de um pote para outro; dependendo da idade e da habilidade dos seus filhos, você pode aproveitar e usar esta atividade como uma oportunidade para explicar as cores primárias – vermelho, azul e amarelo – e como usá-las para fazer uma infinidade de outras cores, por exemplo:

azul + amarelo = verde
vermelho + azul = roxo
vermelho + amarelo = laranja

As crianças maiores podem começar a fazer um "Caderno de Experiências", anotando o que acontece, por exemplo, quando se coloca na mesma água duas partes de vermelho para uma de azul.

Este é um jeito divertido de começar a ensinar sobre medidas. Vamos ver quantos mililitros cabem em um copo médio?

Material necessário

- ✓ Anilina para alimentos
- ✓ Potes
- ✓ Conta-gotas
- ✓ Colher
- ✓ Medidor

Columbus

Material necessário

✓ Uma mesa lisa
✓ Um saleiro

Se você tiver uma mesa lisa e um objeto que escorregue por ela, já poderá fazer esta atividade. Aqui em casa, nós usamos o pote onde o sal é guardado.

Dois jogadores se posicionam, um de cada lado da mesa. Um deve mandar o saleiro para o outro. Este deve ir o mais próximo possível do fim da mesa, sem sair fora dela.

Explique às crianças que o nome desta brincadeira se deve ao fato de que, em tempos passados, mais ou menos na época do descobrimento do Brasil, os exploradores morriam de medo de chegar ao fim do mundo e "cair", já que pensavam que a Terra fosse como um disco chapado. Foi Colombo quem mostrou que isso não aconteceria nunca.

Você pode contar os pontos – um joga para o outro, alternadamente – mas o melhor deste jogo é a diversão, transcendendo, assim, a ideia de perder ou ganhar. O mais divertido é deixar o saleiro chegar o mais próximo possível do fim da mesa e agarrá-lo, da mesma forma que é muito divertido ver o companheiro fazer a mesma coisa do outro lado.

Uma vez que esta atividade tenha começado, você verá como vai ser difícil interromper ou fazer com que as crianças parem de brincar.

Uma dica importante: você pode colocar um pano no chão, ao lado de cada uma das crianças, para o caso de acontecer algum "acidente"...

Ofertas do Dia

As pessoas adoram uma pechincha, mas como você sabe quando está diante de uma?
Na próxima vez que for à feira ou mesmo ao supermercado, peça ao seu filho que use os seus conhecimentos de matemática para encontrar as melhores ofertas do local. Seu ajudante pode levar um bloco para anotações e um lápis ou caneta para o caso de precisar fazer algumas contas ou anotar os valores para comparar, calcular o custo unitário de alguma mercadoria, por exemplo, o preço de uma laranja que é vendida por dúzia ou de um iogurte num conjunto de seis. Assim, ele poderá lhe indicar as melhores ofertas, ou se é melhor comprar o pacote grande ou o pequeno, etc.
Estimule-o a guardar a lista das ofertas que encontrou, não importando, agora, se você vai comprar ou não aquela mercadoria. Quem sabe na sua próxima ida ao supermercado você se decida a comprar aquele pacote enorme de cereais que trará uma economia de cinquenta centavos ao seu bolso?

Material necessário

✓ Apenas o seu tempo

Concentração

Material necessário

- ✓ Gravuras de revistas
- ✓ Papel-cartão
- ✓ Cola

Este jogo é uma versão de um antigo jogo da televisão chamado Concentração. De fato, o show foi baseado num antigo jogo com cartas.

Primeiro, pegue uma revista com fotos e gravuras (veja atividade 112) e selecione uma variedade delas, ao seu agrado. Pode pedir a ajuda das crianças. Recorte e cole as gravuras em um pedaço de papel-cartão que você já preparou anteriormente, cortando todos do mesmo tamanho. Espere secar. Corte cada gravura pelo meio e espalhe-as pelo chão ou em cima de uma mesa. Misture-as bem, coloque a parte com a imagem cortada virada para baixo e arrume-as mais ou menos como se as encaixasse dentro de um quadrado.

Cada jogador deve abrir duas peças de cada vez. Se as cartas se completam, ele deve removê-las da área de jogo; caso contrário, é a vez do jogador seguinte, que fará a mesma coisa. O importante neste jogo é memorizar onde as partes estão – no começo, por meio de tentativas do tipo acerto-e-erro, mas, logo, eles irão acabar o jogo bem depressa.

Este jogo pode, naturalmente, ser jogado por uma única pessoa, sozinha, e o número de peças deve ser diminuído para as crianças menores.

Para crianças maiores, experimente marcar o tempo: isso realmente testará a concentração delas!

Cartões Personalizados

Providencie um pedaço ou dois de cartolina, alguns lápis de cor e um envelope e pronto! Logo seu filho poderá enviar às pessoas de que gosta belos e artísticos cartões. E nenhum será igual ao outro!

Compre alguns envelopes e corte a cartolina com o dobro do tamanho deles, para que possam ser dobrados ao meio. E mãos à obra.

As crianças podem fazer cartões decorativos referentes a datas especiais – Natal, Páscoa, aniversário, por exemplo – e você poderá escrever as palavras ou frases, posteriormente. Para crianças menores, você pode ditar as letras uma por uma até formar a palavra. Deixe que as crianças maiores façam tudo sozinhas e criem os seus próprios cartões.

Para deixar ainda mais bonitos os cartões, além de canetas hidrocor e lápis de cor, elas poderão incluir flores (atividade 110) e folhas (atividade 172) ressecadas por elas mesmas, fazer arte com areia (atividade 274) ou usar batatas para pintar (atividade 255).

As crianças se esforçaram para criar os cartões, por isso, é importante que os destinatários saibam apreciar o carinho que vem nessas mensagens personalizadas. Na verdade, é só a intenção que vale.

Material necessário

✓ Cartolina

✓ Lápis de cor

✓ Canetas hidrocor

✓ Lápis e canetas

✓ Tinta (guache)

✓ Pincéis (vários)

Material opcional

✓ Folhas ressecadas

✓ Flores ressecadas

✓ Cola

✓ Areia

Escrevendo com Biscoitos

Material necessário

- ✓ Açúcar
- ✓ Manteiga
- ✓ Ovos
- ✓ Fermento
- ✓ Maisena
- ✓ Coco ralado
- ✓ Farinha de trigo

Lembrete de Segurança

Fogão

Os biscoitos ABC são realmente divertidos. Você pode usar a sua própria receita para fazer os biscoitos; caso não tenha nenhuma, experimente esta:

Ingredientes:
4 colheres de sopa de açúcar
2 colheres de sopa de manteiga
1 ovo inteiro
1 clara
1 colher de café (rasa) de fermento em pó
maisena
coco ralado
farinha de trigo

Modo de Fazer

Bater bem a manteiga; acrescentar o açúcar e continuar batendo até ficar um creme. Adicionar o ovo, a maisena e o fermento. Fazer as formas desejadas, passar clara por cima e polvilhar com coco ralado. Assar em tabuleiro untado com manteiga e polvilhado com farinha de trigo.

Ajude as crianças a fazer as letras do alfabeto com tirinhas de massa, talvez associando um animal ou objeto, ao gosto delas, a cada letra.

As crianças que estão aprendendo a ler podem juntar as letras, para que elas virem palavras, ou escrever o próprio nome.

Esta é uma receita para adultos, mas, de qualquer maneira, as crianças podem se divertir muito fazendo os biscoitos: amassando, enrolando, medindo os ingredientes, cortando com os dedos – e, principalmente, o melhor da festa: comendo.

Cópia com Lápis de Cor

Talvez seu filho não possa se dar ao luxo de ter uma fotocópia de alta fidelidade, mas esta atividade lhe proporcionará muita diversão. Tudo que você precisa é de um lápis, de lápis de cor e algumas folhas de papel.

Ensine a criança a rabiscar uma folha de papel (ou parte dela) com o lápis até que toda a superfície fique coberta com a cor escolhida. Não se preocupe se ficaram alguns buracos com a cor mais suave ou espaços em branco; o mais importante é ter uma cor consistente cobrindo ao máximo o papel, porque é ele quem irá transferir a cor para outra folha de papel, e alguns buraquinhos darão um charme adicional ao desenho, acentuando seus efeitos.

Em seguida, essa folha deverá ser colocada em cima de uma outra em branco, do mesmo tamanho, com a parte colorida entre a duas – ou seja, virada para baixo. Assim que ele fizer um desenho (a lápis) na folha de cima, este será automaticamente reproduzido na folha de baixo: uma duplicata idêntica será produzida, na cor escolhida!

Uma dica: talvez seja interessante colar uma folha na outra, antes de a criança começar a desenhar com o lápis, pois, caso o papel saia da sua posição, poderá comprometer o desenho embaixo.

Reduções? Ampliações? Acho melhor o time de desenhistas deixar isso aos seus cuidados...

Material necessário

✓ Papel
✓ Lápis
✓ Lápis de cor

Material opcional

✓ Cola

Jogos de Lápis de Cor

Material necessário

✓ Lápis de cor velhos

Material opcional

✓ Papel

A vida de um lápis de cor é muito triste. Primeiro, cheio de imponência e dignidade, como um rei, as pontas bem feitas, orgulhosamente de pé, fazendo parte de uma fileira perfeita, para encerrar a sua carreira gasto, no toco, pequeno e embaçado, jogado em alguma velha caixa de sapatos.

Você pode trazer o outrora nobre lápis de cor à ativa. Misture vários dos que já estão velhos e usados, dos mais variados tamanhos, e coloque-os em cima da mesa. Se estiver dentro das habilidades do seu filho, peça a ele que os organize dos menores aos maiores, depois, ao inverso.

Em seguida, peça que ele separe os lápis por cor. Para cada grupo de cor, separe-os por tamanho, novamente do maior para o menor e novamente ao contrário.

Crianças maiores precisam de maiores desafios. Trace uma linha e deixe que seu filho tente adivinhar quantos lápis de cor de tamanhos variados serão necessários para cobrir toda a extensão do traço, do começo ao fim. Deixe que ele realmente os coloque sobre a linha e veja se conseguiu acertar.

Lápis de Cor e Texturas

Se você tiver uma moeda, uma chave, uma tampinha de garrafa ou uma centena de outros itens domésticos comuns, você já terá assegurado o seu acesso a um tesouro de diversão que poderá ainda ser transformado na arte mais refinada.

Aponte vários lápis de cor. Em seguida, coloque várias moedas debaixo de uma folha de papel branca e rabisque a folha em cima delas com os lápis. Pronto! As moedas passaram para o papel. Você pode manter o desenho inteiro ou recortar as moedas para usar como na atividade 165 ou em outras atividades que envolvam dinheiro. Se você colar as moedas em um papel-cartão de uma caixa de embalagem, por exemplo, elas vão ficar mais parecidas com as verdadeiras.

Chaves também dão um resultado bom, quando esfregadas com o lápis. Você ainda pode fazer com elas o mesmo que foi explicado acima com as moedas e usar no painel (atividade 138) ou para brincar de casinha.

E não fique muito preso apenas às coisas que tem no bolso! Seu filho pode brincar de rabiscar em cima de praticamente tudo que tenha uma textura e caiba debaixo de uma folha de papel! (Cuide apenas dos seus cartões de crédito!)

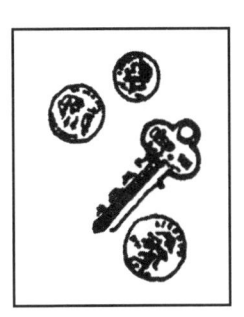

Material necessário

✓ Moedas ou chaves
✓ Papel
✓ Lápis de cor
✓ Outros itens texturados

Lembrete de Segurança

Partes pequenas

Noves Muito Loucos

Material necessário

✓ Apenas o seu tempo

Seu filho está aprendendo a multiplicar? Esta atividade o ajudará: tiramos o 9 e não sobra nada!

O 9 é um número engraçado. Primeiro: você sempre pode saber se um número é divisível por 9; basta somar todos os dígitos juntos, um por um, até reduzir a bagunça toda a um só número. Se esse número for 9, o número que você somou faz parte da família. Assim:

45 (4 + 5 = 9)

Funciona da mesma maneira para qualquer número:

5625 (5 + 6 + 2 + 5 = 18; 1 + 8 = 9)

Agora, vamos passar à parte divertida da festa. Para ter os primeiros dez resultados da multiplicação da tabela dos números por 9, seu filho precisa seguir os seguinte passos:

Primeiro: pense no número que você está multiplicando por 9 (digamos que seja 3). Subtraia 1 ao 3 (no nosso exemplo, temos 2). O resultado é o número anterior ao da sua resposta.

Segundo: agora, tudo que você precisa fazer é se perguntar: "Quanto preciso acrescentar para ter um número igual a 9"? (neste caso, 7). A resposta é o seu segundo dígito.

Terceiro: dê a resposta (27).

Loucuras Olímpicas

Como o próprio nome sugere, o objetivo das Loucuras Olímpicas é inventar brincadeiras e jogos malucos, tais como: pular numa perna só pela sala inteira ou pelo pátio, ida e volta; andar de costas balançando os braços; engatinhar com um livro na cabeça... E outras ideias para lá de malucas.

Estimule seu filho a inventar jogos desse tipo por conta própria utilizando elementos como pular, cantar e carregar bola ou ovo na colher (atividade 299). Para evitar problemas, monitore tudo de perto.

Você e seu filho podem competir para ver quem consegue fazer um "esporte" em particular mais depressa – ou mais devagar. Grupos de crianças também podem se divertir de verdade em "encontros" e você pode pedir a eles que inventem seus jogos; por exemplo, você estabelece apenas uma linha no chão para acabar e outra para começar e diz o objetivo aos participantes: andar de um lado para o outro da linha mantendo uma mão no chão e a outra no ar.

Quem sabe você e seus filhos não estarão definindo as tendências das Olimpíadas dos próximos anos?

Material necessário

✓ Apenas o seu tempo

Lembrete de Segurança

Supervisionar Atentamente

Monstros Fabulosos

Material necessário

✓ Fichas

✓ Lápis de cor

Com um pacote de fichas para fichário (10x15) e alguns lápis de cor, você pode criar uma galeria infinita de monstros fabulosos e criaturas muito malucas.

Tudo que você precisa para começar é colocar três fichas na posição horizontal sobre a mesa, uma embaixo da outra. Agora, seu filho vai desenhar na seguinte sequência: na primeira ficha, ele desenha a cabeça; na do meio, o corpo; na de baixo, as pernas. Você já tem os protótipos; seu filho agora pode criar dúzias de cabeças, corpos e pernas que vão ser combinados das maneiras mais hilariantes. Depois que ele tiver feito dez ou doze criaturas, pode parar e misturar as cabeças, corpos e pernas entre si.

Uma cabeça de robô com corpo peludo e pés de cabra?

Mais excentricidades aguardam seu filho; a cada novo membro da criatura que ele inventar, as possibilidades de aparecerem coisas estranhas também aumentará.

Uma única palavra de cuidado: as cabeças precisam ter tamanhos similares e estar na mesma posição, para o resultado ser perfeito. O mesmo vale para os corpos e as pernas. Só assim o ajuste ficará bom. Talvez valha a pena ajudá-lo no começo, supervisionando a maneira como ele faz os primeiros monstros; depois, ele pega o jeito.

Criptogramas

Criptogramas são mensagens codificadas. Este que apresentamos é muito simples, baseado na troca de letras.

Tudo que você precisa fazer é escolher qual letra irá substituir cada uma das letras do alfabeto. Assim:

A B C D E F G H I J K L M N O P Q R S T U V W X Y Z

Q W E R T Y U I O P A S D F G H J K L Z X C V B N M

Com esta tabela, a palavra "dicionário" vai precisar ser transcrita assim: "roeogfqkog" (não tente pronunciar esta palavra!).

O que as crianças podem fazer com essa tabela?

Podem escrever mensagens secretas umas para as outras.

"Cqdgl zgdqk xd lgkctzt?"

(Isso quer dizer: "Vamos tomar um sorvete?".)

Uma outra brincadeira para os maiores é dar apenas algumas dicas, mas não contar tudo. Eles logo vão querer decifrar o código. Tudo que você precisa é fornecer uma longa mensagem para que eles busquem as letras que se repetem e tentem fazer a combinação. Outra dica é dar as vogais e deixar que eles descubram as consoantes.

De qualquer maneira, é bom riscar embaixo da palavra um traço para cada letra, que será preenchido assim que o código que a representa puder ser decifrado. Muitas vezes, o resto é descoberto pela intuição.

Material necessário

✓ Papel

✓ Lápis

Jogos com Dinheiro

Material necessário

✓ Papel

✓ Lápis de cor

✓ Tesouras sem ponta

Material opcional

✓ Cola ou fita adesiva dupla face

✓ Revistas

Esta é uma boa maneira de dar para crianças pequenas uma ideia da complexidade do dinheiro – e ainda se divertir um bocado!

Com tesouras sem ponta, seu filho pode recortar em cartolina pedaços do tamanho de notas de dinheiro. Em seguida, ele procurará decorar essas "notas" como se fosse dinheiro de verdade: um rosto, os números, os desenhos, as palavras ("Banco Central do Brasil" no canto superior esquerdo, por exemplo). Podem ser feitas com desenhos ou recortes de imagens das revistas. Com sorte, você até pode encontrar uma fotografia de dinheiro de verdade em algum anúncio comercial. Para colar, não se esqueça de providenciar uma cola não tóxica.

Se a criança já tiver alguma habilidade em matemática, pode fazer várias notas, inclusive inventadas, de valores que nem existem, como R$ 3,00, por exemplo.

Esse dinheiro pode ser usado muitas vezes em outras atividades (atividades 165 e 263). Pode guardá-lo em casa sem problema: a Polícia Federal não virá atrás de vocês!

Camisetas Exclusivas

Todos nós sabemos que não devemos escrever nas nossas roupas – ou podemos? Algumas vezes, é bom quebrar algumas regras aqui e ali... Com a devida supervisão, é claro.

Compre uma camiseta branca (ou pegue uma já velha, para treinar primeiro) e tinta especial para tecidos que não seja tóxica. Agora, é só seu filho soltar a imaginação para criar uma camiseta personalizada, que mostrará todo o seu talento de *designer*. Uma camiseta feita por ele mesmo irá ser usada com muito orgulho, com certeza!

Abra um espaço no chão ou em cima da mesa e espalhe uma porção de jornais para ser a área de trabalho. Coloque um saco de papel dentro da camiseta, para evitar que a tinta "vaze" para o outro lado. Use uma fita adesiva para manter a camiseta fixada à mesa e ele já pode começar.

Sugestões de motivos para os desenhos
    Minha família.
    Sol.
    Animais prediletos.
    Irmãos e irmãs.
    Nossa casa.
    Um autorretrato.
    Meu gato (ou cachorro, ou peixe, etc.).
    (Calvin Klein que se cuide!)

Material necessário

✓ Camisetas brancas
✓ Tinta para tecido (não tóxicas)
✓ Jornais
✓ Sacola de papel

O Dia em Que Eu Nasci

Material necessário

✓ Bloco de notas ou caderno

✓ Caneta ou lápis

O dia em que seu filho nasceu é, sem dúvida, uma das suas memórias mais queridas. Por que, então, não compartilhar essa história? E ainda fazer, com a ajuda dele, um livro personalizado, que descreva as emoções daquele dia feliz?

Tudo de que você precisa é um bloco de notas ou um caderno bem bonito em branco e alguns instrumentos para escrever. Você fornece a linha mestra da história e ajuda os menores com a parte escrita. As ilustrações, desenhos, fotos e enfeites em geral podem ser deixados a cargo da personagem principal.

O gostoso desta atividade é que ela vai exigir que você formalize a narrativa de um dos momentos mais importantes da história da família. E você vai ganhar um verdadeiro "conservador" desse livro artesanal.

Ponha mãos à obra! Este livro vai ficar cada vez mais precioso à medida que os anos forem passando.

(Veja também a atividade 353.)

Um Dia na Vida de...

O que os animais realmente fazem o dia inteiro?

Para obter esta resposta, experimente perguntar ao seu filho. Peça a ele que imagine que é um tigre, um elefante, um pássaro ou algum outro animal de que ele goste. Diga-lhe, então, para descrever um dia típico na vida do animal escolhido, começando quando ele acorda até o momento em que ele dorme.

Para estimular o pensamento criativo e a imaginação da criança – e também para você ampliar o conhecimento dela sobre a vida do animal em questão e seu mundo –, você pode fazer perguntas como:

O que o coelho come no almoço?

De quê e com o quê os coelhos brincam?

Você acha que os coelhos trabalham?

Que tipo de trabalho um coelho poderia fazer?

E muitas outras perguntas desse tipo.

Depois que vocês esgotarem todas as possibilidades de vasculhar a vida do animal, experimente fazer o contrário: seu filho faz perguntas para você. Exatamente igual: você escolhe um animal e aí é a vez de ele repetir as perguntas para você.

Como variação, vocês podem descrever a vida de um animal-nenê, depois da mãe, em seguida, do pai, falando sobre os cuidados que os adultos têm com os seus filhotes, os tipos de preocupação característicos da vida que levam, etc.

(Aposto que você não sabia que alguns filhotes de animais almoçam bolachas de gente!)

Material necessário

✓ Apenas o seu tempo

Descreva, se For Capaz

Material necessário

✓ Apenas o seu tempo

Este pequeno jogo não precisa de absolutamente nada para sua execução. Você pode fazê-lo enquanto prepara o jantar, quando estiver vestindo roupa nas crianças ou em qualquer outro momento que as suas mãos estiverem ocupadas. Ele é ótimo, também, durante viagens de carro.

Olhe em torno ou pela janela em busca de um objeto. Após escolhê-lo, diga:

"Vejo alguma coisa vermelha, com o formato/tamanho de um...", descrevendo-o em sua aparência geral.

Dirija a atividade para as habilidades do seu filho, comentando desde as formas "gerais" do objeto – tamanho, formato – até outras mais sutis de função, tais como: o que ele faz, para que serve, como pode ser usado. Por exemplo:

"Vejo alguma coisa com a qual posso carregar água e levá-la de um lugar para outro".

Quando estiver brincando com crianças menores, revezem-se nos dois papéis: o que descreve o objeto e o que tenta adivinhar o que é; com crianças maiores, invente regras mais complicadas à medida que o jogo for progredindo; por exemplo, aquele que vencer os companheiros em descrever o objeto adquire o direito de continuar na função até que alguém consiga adivinhar e passe, então, a ser o participante que descreve. Ou, ao contrário, quem acertar o objeto passa a descrevê-lo para os outros.

Independentemente das regras que forem estabelecidas, o importante é mantê-las simples, para que o enfoque esteja localizado no jogo, não na complexidade das regras, afinal, bom mesmo é ser aquele que descreve o objeto (o brilho nos olhos de quem o faz que o diga!).

Recados para a Família

Seu filho sabe desenhar retângulos? E escrever uma frase simples ou copiar uma com a sua ajuda?

Se essas duas habilidades estiverem no repertório dele, você pode incumbi-lo de ser o próximo recebedor dos recados da família.

A preparação do material onde registrar as mensagens é a parte mais divertida. Dê-lhe um lápis preto e ele deverá fazer um esquema básico em uma folha de papel do tamanho ideal. Sugerimos uma folha sulfite dobrada ao meio, mas isso não é o mais importante.

A criança deverá, então, preencher o cabeçalho, deixando um espaço em branco no meio da folha para que a mensagem possa ser escrita.

Recomendamos como cabeçalho:

"Coisas de que preciso me lembrar", "Recados" ou "Mensagens".

Se ele quiser escrever outra coisa, o melhor é sempre acatar as ideias dele(a).

Uma vez que o modelo esteja pronto, dirijam-se à papelaria que faz fotocópias mais próxima da sua casa e façam quantas cópias vocês quiserem ou acharem que seria o ideal.

No caso de usar meia-folha de papel sulfite, façam uma fotocópia primeiro para preparar o original, colocando-o duas vezes na mesma folha. Depois, é só cortar e montar. Você pode passar uma cola na parte superior e fazer um bloco, mas não tem problema algum usar as folhas separadamente.

A criança pode fazer alguns desenhos ou detalhes para enfeitar em cima ou nas laterais do bloco, tanto antes quanto depois de feitas as cópias, que poderão ser coloridas ou em preto e branco.

Pronto! Agora é só usar o seu bloco de recados exclusivo.

Material necessário

✓ Papel

✓ Lápis preto

✓ Uma fotocopiadora perto de casa

Material opcional

✓ Lápis de cor

Dicionário Falsificado

Material necessário

- ✓ Um grande dicionário
- ✓ Papel
- ✓ Lápis e caneta

Este jogo para três ou mais participantes é mais divertido para ser desenvolvido com crianças maiores.

Uma pessoa pega um dicionário (grande!) e busca uma palavra estranha, cujo som pareça sem sentido ou sugira um significado diferente. Ela, então, escreve esta palavra com a sua definição verdadeira em um pedaço de papel. A palavra deverá ser anunciada para o grupo sem o significado. Cada jogador (inclusive quem a escolheu) deve, então, inventar uma definição realmente convincente, porém fictícia, para aquela palavra estranha, enquanto outro vai anotando tudo. Depois que cada um deu a sua ideia, uma pessoa lê todas as definições e uma votação deve ser feita para que seja escolhida aquela que pareça mais plausível. É claro que a pessoa que a escolheu não pode votar nem ser votada.

Defina, por exemplo, cinco pontos para cada resposta certa. E todos os participantes devem ter a oportunidade de encontrar uma palavra difícil para os outros tentarem descobrir o que é.

Você precisa de um bom estoque de palavras, para ajudá-los, se for o caso. Aí estão algumas:

Agorafóbico — pessoa que tem medo mórbido de lugares públicos.
Desacoroçoar — desencorajar.
Concertina — tipo de acordeão.
Obituário — registro de óbitos (= falecimento).
Quartinha — moringa, vaso para água.
Retrete — latrina, privada.
Vexilo — bandeira.
Vicissitude — revés.

Caçadores de Ossos de Dinossauros

Seu filho gosta de brincar de jovem arqueólogo? Então, vai adorar esta atividade!

Recolha quantos palitos ou pedaços de madeira você conseguir: eles serão os ossos de dinossauros (é claro que um suplemento extra nunca será difícil de ser conseguido!). Dentro de casa, você pode esconder os ossos de dinossauros em "cavidades", tipo fossas, entre os travesseiros dos quartos de dormir ou as almofadas que enfeitam o sofá da sala ou mesmo debaixo das que formam o sofá. Fora de casa, você pode enterrar os "ossos" no jardim, deixando um pedaço para fora, é claro, ou escondidos no meio das plantas.

Providencie alguns instrumentos sofisticados de arqueologia, por exemplo, uma colher para que os ossos possam ser desenterrados com mais facilidade e uma escova para limpá-los, livrando-os da terra.

Uma vez que a escavação tenha terminado, veja se o seu pequeno arqueólogo é capaz de montar os ossos e fazer um esqueleto; se for o caso, providencie uma cola não tóxica para facilitar-lhe a tarefa. Limpadores de cachimbo podem ser usados para a movimentação das juntas – no pescoço, nos braços, nas pernas, no pé – ou como as costelas.

Quando o esqueleto ficar pronto, não se esqueça de dar-lhe o devido destaque: um lugar de honra no quarto das crianças ou em outro local que seja do agrado de todos.

Material necessário

✓ Palitos ou pedaços de madeira

Material opcional

✓ Cola

✓ Limpadores de cachimbo

Desfile de Dinossauros

Material necessário

- ✓ Material para papel machê
- ✓ Alumínio em folhas
- ✓ Funil
- ✓ Guache
- ✓ Bexigas
- ✓ Algodão
- ✓ Fôrma de assar
- ✓ Dinossauros de brinquedo

Lembrete de Segurança

Bexiga

Esta atividade será maravilhosa para quem curte dinossauros.

A primeira coisa que você tem a fazer é dar uma olhada na atividade 230, na qual é explicado como se faz papel machê.

Cada hábitat de dinossauros precisa ter um vulcão – use um funil grande para isso. Quando o vulcão estiver seco, deixe que as crianças o pintem com tinta vermelha para simular a lava; um pouco de algodão no alto faz bem o papel da "fumaça".

Depois, faça uma caverna de dinossauro recobrindo uma bexiga cheia com um pouco de papel machê molhado. Quando a fôrma estiver seca, seu filho pode estourar o balão e vocês terão uma caverna para Tricerátops nenhum botar defeito!

Faça um lago primitivo com a folha de alumínio; se quiser, cubra uma fôrma de assar com o alumínio, para ficar ainda mais perfeito. Para as margens do lago, use papel machê e, quando estiverem secas, pinte-as de azul e verde – ideal para Pleiciosaurus. Copinhos de iogurte colocados ao contrário podem ser montanhas e tubos de rolo de papel higiênico ficam perfeitos para árvores pré-históricas e troncos.

As crianças podem fazer sozinhas o acabamento das peças, que podem ser colocadas em cima de um papelão grande. Se quiserem, acrescentem alguns dinossauros de brinquedo ou mesmo figuras de dinossauros recortadas das revistas.

Acabou! Agora, seu filho está prontinho para viver grandes aventuras no Jurassic Parque!

Cenas do Passado

Muitos museus mostram cenas fantásticas de lugares distantes e tempos passados – elas têm uma magia muito particular e especial, pois é como se aquele tempo estivesse realmente ali, atrás do vidro. Para criar as suas cenas em casa, você e seu filho vão precisar de uma caixa grande, pelo menos do tamanho de uma caixa de sapatos, plástico transparente e cola. Coloque figuras (de brinquedo) de pessoas, animais, dinossauros, carros, e o que mais vocês tiverem, dentro da caixa. Vocês podem também recortar figuras das revistas, colá-las em pedaços de papel-cartão e fazer "displays".

Quando tudo estiver pronto, cubra a frente com plástico transparente e cole.

Eis algumas ideias:

Cena da selva: coloque gravuras de selva no fundo. Adicione uma variedade de brinquedos pequenos de animais e, quem sabe, de um explorador. Não se esqueça do telhado, que pode ser feito com palitos. E, se for possível, acrescente galhos de árvores ou folhas para a cena ficar mais real.

Cena do espaço: faça um cenário com papel preto, crie estrelas com papel laminado ou alumínio ou mesmo com tinta branca (guache). Acrescente desenhos ou gravuras de cometas e planetas. Pendure uma nave espacial de cartolina ou de brinquedo e um astronauta ou dois.

Cena doméstica: faça o cenário com recortes de uma revista de decoração. Acrescente as pessoas, os móveis e outros elementos desenhados na cartolina ou de brinquedo.

Material necessário

✓ Caixas (de sapatos ou maiores)

✓ Plástico transparente e fita

✓ Cola

✓ Cartolina

✓ Gravuras de revistas

✓ Brinquedos pequenos

✓ Material para decoração

Lembrete de Segurança

Plástico Transparente

Letras Feitas à Mão

Material necessário

✓ Revistas
✓ Jornais
✓ Cartolina
✓ Argila

Esta atividade é perfeita para crianças que estão aprendendo o ABC. Também pode ser útil para testar a sua habilidade com os trava-línguas, trocadilhos e jogos de palavras.

Primeiro, você precisa de um estoque de letras. Corte-as de revistas e jornais ou escreva-as em quadradinhos de cartolina, ou então molde-as em argila.

Faça pelo menos duas de cada consoante mais usada e três de cada vogal. Letras menos usadas como X, Q e Z não precisam de mais do que uma.

Para pré-leitores, pense em uma palavra, mas não a diga em voz alta, diga apenas as letras, uma por uma, na ordem de escrita. A criança pode colocá-las em cima da mesa ou no chão. Dê dicas sobre a pronúncia das palavras e aproveite para mostrar como, às vezes, a pronúncia de duas palavras pode ser parecida, embora sejam escritas de maneiras diferentes.

Para crianças maiores, inverta o processo: dê dicas sobre a palavra em que você está pensando e deixe que elas a soletrem.

Se você puder brincar com as sílabas, faça essa variação maluca: dê às crianças todas as letras de uma determinada palavra, mas misturadas ao acaso, e tente pronunciar o que parece estar escrito. Por exemplo: caleiseman ou eaiclsmena para a palavra "miscelânea" – mas essa é fácil porque tem muitas vogais. Experimente uma cheia de consoantes!

O Consultório do Doutor

Esta atividade tem por objetivo tornar a ida ao médico algo agradável, pois coloca seu filho no lugar deste, de jaleco e tudo. O paciente é você, claro, que vai aproveitar para mostrar para ele que o tratamento não dói, além de poder ser até divertido.

Primeiro, é preciso equipar o consultório com o mais essencial, como uma balança, um metro ou fita métrica e uma luz para ele poder examinar os ouvidos e a garganta dos pacientes. Você pode fazer um estetoscópio de papelão – faça a parte que o médico coloca no ouvido bem grande, para não entrar em lugares inadequados; o jaleco pode ser uma velha camiseta sua, que você pode abrir um pouco na frente para fazer as lapelas; não se esqueça de bordar ou pintar o nome do doutor no bolso ou na frente. Finalmente, providencie alguns band-aids para maior autenticidade.

Como paciente do doutor, primeiro você vai ser pesado e medido; depois, vai ser tratado de várias doenças, problemas e machucados, tais como: joelho ralado, nariz entupido, dor-de-garganta, febre. O doutor lhe dará um diagnóstico e prescreverá alguns remédios. Não se esqueça de comentar como foi boa a visita ao médico e como já se sente melhor só por visitá-lo.

Você vai ficar surpreso com o poder de observação das crianças. Nossa filha, por exemplo, disse que eu emagreci 200 gramas em relação à minha última visita.

Material necessário

- ✓ Balança
- ✓ Metro ou fita métrica
- ✓ Luz
- ✓ Jaleco ou roupão branco
- ✓ Band-aids

Uma Questão de Lugar

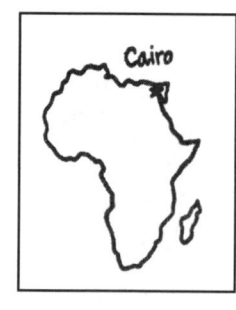

Material necessário

✓ Globo, atlas ou mapa

Quando você ouve alguém dizer "Grã-Bretanha", qual a primeira coisa que lhe vem à mente: o Palácio de Buckingham, peixe com batatas fritas ou os Beatles?

Talvez seu filho também faça essas associações, bem como uma dúzia de outras.

Escolha uma cidade ou estado, parando o globo com a ponta do dedo ou apontando sem olhar o mapa ou o atlas, e peça para ele relacionar os prédios, pessoas, eventos históricos ou histórias recentes que estejam associadas àquele local. Você também pode separar do seu jeito, por categorias especiais, tais como comida, língua, estilo de roupas, férias, livros ou o que for do interesse de vocês.

Vocês também podem se revezar, sugerindo itens que se ajustem a cada categoria e ver quem lembra primeiro. Ou talvez possam trabalhar juntos para ver em qual categoria conseguem lembrar-se de mais coisas.

Como alternativa, você pode fazer o inverso: escolher uma cidade secreta, dar à criança uma lista de associações e ver se ela consegue descobrir que cidade é aquela.

Você pode também testar o conhecimento dos seus filhos dando as associações em forma de dicas, por exemplo: qual é a cidade histórica que já foi capital do Brasil, tem um elevador na rua, muita praia, sol e carnaval?

Aviso para Portas

As crianças maiores estão sempre procurando um jeito de exibir a sua perspicácia – ou até mesmo de ampliá-la – aos olhos dos outros da casa. Por isso, nada melhor do que um aviso dependurado na maçaneta da porta – a ser respeitado somente por ele próprio, é claro. Tudo que vocês precisam é de um pedaço de cartolina. A forma básica é simples: um retângulo comprido com um círculo recortado no meio da parte superior, bem em cima, que é como ele vai ficar preso na maçaneta da porta do quarto do seu filho.

Você pode fazer toda a parte mais complicada para ele e, depois, deixá-lo acabar sozinho.

Ele vai precisar de lápis de cor, canetas hidrocor, tinta, tudo que vocês acharem que pode ajudar no processo criativo – e vejam o que vai resultar daí!

Mensagens engraçadas, intrigantes, bizarras, vale tudo! Símbolos e desenhos também são interessantes.

Abaixo, algumas sugestões:
Atenção! Gênio criando.
Cuidado! Área de desastre.
Claro que estou fazendo meu dever de casa.
Não atrapalhe.
Área não radioativa.

Para a porta do nosso quarto, fizemos um aviso que dizia: "Serviço de quarto, por favor", e o dependuramos, cheios de otimismo, mas não funcionou. Ainda.

Material necessário

✓ Cartolina
✓ Lápis de cor
✓ Canetas
✓ Tesoura (apenas para uso de adultos)

Pontos, Pontos, Pontos

Material necessário

✓ Papel
✓ Desenhos

Eis uma interessante sequência de atividades de desenhos e pinturas que podem abrir um mundo realmente novo, no qual seu filho adquire verdadeira consciência de cor e desenho.

A regra é muito simples: seja pintando com pincel, rabiscando com lápis ou caneta, ou desenhando com lápis de cor, seu filho poderá usar apenas um: pontos. Essa técnica é chamada exatamente de "pontilhado".

Algumas crianças se sentem mais seguras se primeiro fizerem um esboço a lápis do desenho antes de começar a pontilhar; alternativamente, você pode usar os esboços para fazer um livro colorido – a história da Arte nos conta que vários artistas tiveram excelentes resultados com essa técnica.

Uma sequência que você pode introduzir se a cor estiver envolvida é sugerir à criança que use apenas cores primárias (vermelho, azul e amarelo) e deixar para misturá-las colocando os pontos de outras cores mais para a frente, no futuro. Fique bem próximo e verá os pontos azuis totalmente separados dos pontos vermelhos – apenas alguns centímetros de distância, porém, e você verá que o desenho ficou roxo.

Desenhar uma Refeição

Eis um jeito divertido de distrair seu filho enquanto você prepara o jantar.

Ponha em cima da mesa um pedaço grande de papel, se possível cobrindo-a totalmente. Fixe as pontas com fita adesiva. Traga uma boa quantidade de lápis de cor e peça à criança que desenhe um lugar para uma pessoa sentar-se, assim como o prato, os talheres, o guardanapo e o copo.

Enquanto você prepara a comida, explique a ela o que está fazendo. Seu filho poderá, então, desenhar esse prato especial e "servi-lo" para a pessoa que vai se sentar no lugar onde está o desenho. Peça a ele que faça porções apropriadas para cada pessoa da família. Faça o mesmo para cada prato que você está preparando.

Não fique chateado se seu filho fizer um desenho que não se parece em nada com os seus belos pratos; isso não tem nada a ver com o seu jeito de cozinhar.

Outra dica: não fique surpreso de encontrar tomates azuis, feijões verdes ou outras inventivas e coloridas comidas no seu "prato". Tudo isso faz parte da brincadeira.

Falando nisso, seria interessante descobrir quem o seu filho acha que come mais...

Material necessário

- ✓ Pedaço grande de papel
- ✓ Fita adesiva
- ✓ Lápis de cor

Fórmulas Matemáticas Secretas

Material necessário

✓ Apenas o seu tempo

Neste jogo, seu filho sabe todas as perguntas. Mas será que ele sabe as respostas?

Pense em uma fórmula matemática que reflita o tipo de problemas que seu filho está estudando na escola. Para crianças muito pequenas, escolha um problema com adição ou subtração; para crianças maiores, escolha problemas que tragam mais desafios e sejam de acordo com as habilidades delas.

Dê a resposta – digamos, 5 – e veja se ele sabe como chegar a esta conclusão.

As crianças pequenas podem dizer que a resposta é 4+1 ou 5+0 ou 8-3. Estimule as crianças maiores a usar a divisão e a multiplicação ou mesmo a porcentagem.

Quando alguém der a resposta certa, você pode mudar o jogo: a criança lhe dá a resposta e você tenta achar o jeito de chegar lá.

Prepare-se: você vai precisar de muito papel quando chegar a sua vez de responder!

Flanelógrafo (simples)

Você pode fazer um flanelógrafo simples esticando um pedaço de flanela (que pode ser comprada para esse fim, o que inclui uma ida a uma loja de tecidos) ou uma camisa de flanela em cima de um pedaço de papelão e prendendo atrás com clipes para papel ou costurando com pontos largos.

Agora, faça os itens que seu filho vai colocar no flanelógrafo. Formas em feltro funcionam muito bem – as fibras do feltro grudam-se naturalmente na flanela. Outra maneira é recortar as gravuras de revistas, colocar atrás delas um pedaço de fita adesiva dupla face e, então, um pedacinho de feltro. Outra boa ideia é usar um pedaço de velcro, mas esta já é mais cara.

As crianças menores adorarão recortar as peças e colocá-las sobre o flanelógrafo. Se você tiver mais flanela, pode inventar mais coisas; por exemplo, decorar as laterais do flanelógrafo com figuras recortadas como se fossem uma sombra, apenas o contorno sem detalhes no meio da figura.

Se você pegou "emprestado" uma camisa de flanela do seu guarda-roupa, cuidado para não danificá-la; mas, principalmente, não se esqueça de retirar todas as figuras e formas que vocês colocaram nela. Caso contrário, da próxima vez que você for ao supermercado poderá estar com um "new look" nas costas...

Material necessário

- ✓ Flanela em tecido (ou uma camisa de flanela)
- ✓ Pedaços de feltro

Material opcional

- ✓ Velcro
- ✓ Cola

Casa de Cartas (simples)

Material necessário

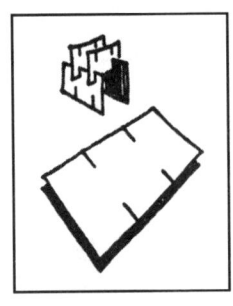

- ✓ Um baralho ou fichas 6x8cm
- ✓ Tesouras sem ponta

Se seu filho já sabe usar uma tesoura sem ponta, encontrará muita diversão fazendo construções com cartas, que ele poderá destruir e reconstruir quantas vezes quiser.

Não é realmente necessário que você use um baralho; fichas do mesmo tamanho (aproximado) farão o mesmo efeito, talvez até melhor. Tudo que você precisa fazer são pequenos cortes nas cartas/fichas, conforme mostra a ilustração, de modo que elas se encaixem umas nas outras, formem estruturas quando juntas e até mesmo possam resistir a uma boa brisa soprando.

Ajude seu filho a montar estruturas simples, num primeiro momento, antes de partir para desafios reais; mais tarde, você ficará impressionado com as montagens que ele será capaz de fazer!

Sugestões de formas que ele poderá fazer:
Torres
Estradas
Aeroplanos
Casas
Castelos
Robôs

(Veja também a atividade 141.)

Vitamina Extra (simples)

Material necessário

- ✓ Passas e frutas secas
- ✓ Nozes
- ✓ Granola
- ✓ Tabletinhos de chocolate
- ✓ Sacos para sanduíches ou potes de plástico

Antes de se envolver em uma nova aventura, por que você e seu filho não preparam uma porção de vitaminas? Afinal, a gente nunca sabe quando vai precisar de energia extra!

Vá a uma loja de alimentos naturais ou à seção adequada em um supermercado e escolha passas e outras frutas secas – maçã e damasco são excelentes –, nozes, granola e tabletinhos de chocolate.

Providencie sacos para sanduíches ou potes de plástico e peça ao seu filho que os pulverize por dentro com granola, para dar mais volume. Depois, deixe que ele experimente variações, adicionando os outros ingredientes em proporções diferentes.

Se você quiser limitar o suplemento, fique apenas com os tabletinhos de chocolate. O importante é que ele prepare tudo "sozinho", porque, por alguma razão obscura, a comida que a criança prepara lhe parece muito mais saborosa... Brinque com essa ideia. Afinal, o alimento é realmente nutritivo quando é comido.

E então, prontos para pegar a estrada?

Coma Direito

Material necessário

✓ Cartões ou fichas
✓ Gravuras de alimentos

Fazer as crianças comerem direito é sempre um problema. Hoje, isso se tornou mais importante do que nunca: muitos pediatras afirmam que uma dieta saudável na primeira fase da infância tem um efeito fundamental na saúde pelo resto da vida.

Para ensinar as crianças um pouco sobre nutrição, faça este jogo. Comece construindo uma tabela de alimentos que mostre os quatro grupos básicos:

- Proteínas, laticínios e vegetais.
- Frutas e pães.
- Grãos.
- Cereais.

Recorte figuras dos vários membros desses quatro grupos e cole-as nas fichas ou cartões, que você pode fazer com cartolina, se quiser. Explique que, para ser saudável, a pessoa precisa comer alimentos dos quatro grupos.

Outra maneira de ensinar os grupos de alimentos é pegar um pedaço grande de cartolina e dividir em quatro partes com uma linha demarcada, uma para cada grupo. Recorte as gravuras dos diferentes grupos e cole-as no lugar adequado ou peça à criança que o faça, após uma explicação.

Uma vez que as crianças tenham uma pequena noção dos quatro grupos de alimentos e sua função, vocês podem começar a analisar juntos a alimentação da família, quando se sentarem à mesa para comer. A propósito, como anda a dieta de vocês?

O Show dos Ovos

Eis uma brincadeira divertida que você pode ensinar ao seu filho para que ele surpreenda os amigos.

Vocês vão precisar de dois ovos, um bem cozido e outro cru.

Seu filho vai apostar um chocolate (ou, como eles gostam de dizer, zilhões de reais) com um amigo que ele é capaz de adivinhar qual ovo está cozido e quebrá-lo confiantemente, sem fazer a menor bagunça ou lambuzeira – o amigo poderá colocar os ovos em cima da mesa enquanto seu filho estiver de costas.

O truque?

Quando você gira um ovo cozido, ele não dá mais do que uma volta ou talvez meia volta e para. Já o ovo em estado natural, quer dizer, cru, só para depois de dar, pelo menos, uma volta e meia.

Demonstre as diferentes rotações dos ovos antes de seu filho fazer a mágica para um amigo, para que ele não calcule errado e acabe perdendo – já pensou? – zilhões de reais numa brincadeira...

Material necessário

✓ Um ovo cru

✓ Um ovo cozido

A Oitava Dobra

Material necessário

✓ Uma folha de papel

Eis uma maneira de fazer com que seu filho pareça um gênio (ou qualquer outra criança que aprenda o truque)! E é, na realidade, tão simples...

A criança inicia perguntando ao parceiro se ele sabe como se dobra um papel.

É claro que ele vai dizer que sim.

Ela pergunta, então, se ele acha que é possível dobrar um papel ao meio mais do que sete vezes.

"É claro!", dirá o outro.

Só que não é! Independentemente do tipo de papel que você usar, nenhum será tão fino que possa ser dobrado oito vezes. Experimente e veja por si mesmo.

Não pergunte por que esse truque sempre funciona; dizem que tem algo a ver com a maneira como as fibras se alinham umas com as outras na preparação do papel. A verdade é que é assim, este é um princípio imutável, quer você use um pedaço de folha sulfite, jornal ou qualquer outro.

Após muitas tentativas sem sucesso por dobrar o mesmo papel pela oitava vez, o parceiro da brincadeira vai acabar vendo que é mesmo impossível – e dobrar-se!

A Dança do Elefante

Certa vez, uma professora muito criativa que nós conhecemos orientou as crianças na confecção de cabeças de elefante, e elas saíram pelas ruas, chamando a atenção das pessoas que passavam. Eis como fazer uma para seu filho:

Pegue uma sacola de papel, dessas muito comuns, com propaganda das lojas que as oferecem, que, naturalmente, você vai cobrir com um papel parecido, para a sacola ficar lisa. O mesmo efeito pode ser conseguido com um saco de papel Kraft. Faça, então, dois buracos para os olhos e um no meio para a tromba, que você vai fazer enrolando um pedaço de papel Kraft de modo a formar um tubo de uns dois palmos de comprimento. No final do rolo, faça pequenos recortes com a tesoura como se fossem pétalas, que deverão ser abertas quando a tromba estiver no lugar certo e presas por dentro com fita adesiva, para que fique firme no lugar.

Recorte, agora, dois pedaços de papel-cartão ou cartolina, iguais em forma de orelha, bem grandes, que devem ser colocadas dentro do saco através de dois cortes verticais nas laterais e presas com fita adesiva, de modo a ficarem bem firmes. Não se preocupe se elas ficaram duras e espera-se que orelhas de elefante sejam flexíveis. Isso não tem importância alguma. Mais interessante seria cobrir as orelhas com o mesmo papel da sacola para ficar tudo igual.

Agora, é só soltar o seu elefante na praça ou levá-lo para dar uma volta por aí, exibindo-o para os vizinhos e amigos – todos vão se divertir muito, isso é garantido!

Material necessário

✓ Uma sacola de papel

✓ Um pedaço grande de papel Kraft

✓ Um pedaço de papel-cartão

✓ Fita adesiva

Um Rádio Enorme

Material necessário

✓ Uma caixa grande

✓ Tampinhas de plástico

✓ Lápis de cor ou canetas hidrocor

Material opcional

✓ Copinhos de iogurte

Lembra-se dos rádios antigos, enormes, capazes de conter quatro crianças? Experimente fazer um com uma caixa de papelão grande – quanto maior, melhor.

Com os lápis de cor, faça listras num retângulo horizontal na frente da caixa para ser o autofalante ou cole alguma coisa que a ele se assemelhe. Acrescente tampinhas plásticas de garrafa de refrigerante para serem os botões de controle: volume, sintonia, tom, etc. Se preferir, substitua-os por copinhos de iogurte, para ficarem realmente grandes. Você pode ainda usar papel colorido ou laminado para cobrir os copinhos de iogurte. Seu filho pode desenhar alguns controles, se quiser. Para terminar, recorte uma porta na parte de trás para o seu filho entrar, bem como duas janelas nas laterais, tendo o cuidado de não cortar fora o papelão, mas apenas abrir um retângulo e deixar um lado preso para permitir que se dobrem e possam ser fechadas outra vez.

Agora, vamos ligar o rádio. Lá de dentro, seu filho vai cantar, declamar poemas, contar histórias, apresentar as notícias da família e da escola, dar os editoriais sobre a casa, o mundo, a economia e mesmo sobre o cosmo.

Sugira ao seu filho que promova um *talk show* ao vivo; entrevistas por telefone são hoje muito comuns nas rádios – escolha um tópico (o tempo ou os dinossauros, por exemplo, ou os filmes e livros do momento) e faça algumas perguntas para o expert da rádio responder:

"O que o senhor, a pessoa que mais entende de livros infantis neste país, achou do último lançamento da Madras Editora?"

O Livro dos Recordes da Família

Sua família deve ter mil histórias para contar – histórias de coragem, força, aventura, habilidade, esperteza –, que devem ser guardadas para o futuro.

Pegue três argolas e algumas divisórias – ou faça as divisórias com cartolina colorida. Rotule cada uma delas com títulos mais ou menos assim: "Atléticos", "Assuntos Domésticos", "Blocos e Brinquedos", etc. Fure-as na posição das argolas, juntamente com várias folhas de papel sulfite. Faça uma "capa" de papel-cartão, que deverá ser forrada com papel Kraft ou colorido (conforme o seu gosto), e peça ao seu filho para decorá-la.

Comece, então, a fazer perguntas, tais como:

Qual o maior número de blocos que você já conseguiu empilhar?

Qual o pulo mais comprido que você já deu?

Quanto tempo você consegue ficar pulando numa perna só?

Durante quanto tempo você consegue equilibrar um livro na cabeça sem balançar?

Você pode também iniciar uma competição entre as crianças – irmãos, parentes, vizinhos, amigos – e ir anotando as marcas.

Quando tiver as melhores marcas – os recordes –, escreva no Livro dos Recordes, anote a data e coloque a folha na seção certa. Se seu filho já sabe escrever, ele mesmo pode fazer isso. É interessante acrescentar também fotos e/ou desenhos.

Existe apenas uma regra: depois de estabelecido um recorde, nenhuma criança pode desafiar a outra pelo menos por 24 horas, para que cada uma possa ter o seu momento de glória. Depois, à medida que novos recordes forem sendo estabelecidos, poderão ser anotados no livro.

Material necessário

- ✓ Um fichário (pronto) ou três argolas
- ✓ Papel-cartão
- ✓ Uma cartolina colorida
- ✓ Folhas de papel
- ✓ Papel colorido ou Kraft
- ✓ Lápis de cor ou canetas hidrocor

O Calendário da Família

Material necessário

- ✓ Folhas grandes de cartolina
- ✓ Folhas de papel-cartão ou papelão
- ✓ Cola ou fita adesiva dupla face
- ✓ Lápis de cor ou canetas hidrocor
- ✓ Fotografias

Para mexer com o sentido de importância das coisas, nada melhor do que fazer um Calendário da Família.

Pegue doze folhas de cartolina e em cada uma delas desenhe a "grade" de um calendário, escrevendo também o nome do mês, os dias da semana e os números. Selecione datas que interessam ao seu filho, tais como o dia do aniversário dele, o dia do aniversário das pessoas da família e outras de que ele gosta, as férias, o Natal, etc. e recorte um pedaço de papel do mesmo tamanho daquele dia na folhinha para colar em cima dele, com esta informação suplementar. Seu filho pode fazer desenhos comemorativos ou você pode colar uma foto ou gravura apropriada nessa segunda folha.

Coloque os meses todos juntos – você pode também fazer uma "folhinha" separada para cada mês – e coloque na parte de cima um pedaço retangular de papel-cartão, do tamanho da cartolina no comprimento, mas com cerca de 7 centímetros de largura, que vai prender com fita adesiva ou cola, para fazer um acabamento bonito. Seu filho pode desenhar o que quiser para decorar.

Você vai usar este calendário (também chamado de "folhinha") para mostrar à criança quantos dias ela vai ter de esperar por um determinado evento ou para lhe mostrar com um ou dois dias de antecedência algum acontecimento ou novidade digno de nota, tais como uma visita ao médico, ao zoo, ao parque ou a um amiguinho especial.

O Brasão da Família

Você não precisa viver em um castelo para que a sua família tenha um brasão ou escudo – seu filho pode criar um para vocês.

Explique a ele que isso é um desenho especial da família, um emblema que a representa (uma enciclopédia ou mesmo algum livro de histórias pode mostrar o desenho de um). Para fazer um para a sua família, vocês vão precisar de papel e algo para pintar: lápis de cor, canetas hidrocor, guache ou qualquer outra tinta. Ficará mais bonito se você desenhar e posteriormente cortar no formato tradicional de um brasão, conforme mostra a ilustração ao lado.

Seu filho pode acrescentar toda sorte de desenhos de temas régios ou suntuosos, tais como estrelas, animais, armas, divisas, listras, flores, ramos de plantas nobres e até mesmo dinossauros. Algumas crianças farão misturas muito interessantes, mas tudo é válido (nossos filhos, por exemplo, decidiram que o nosso brasão teria um *Tyranossaurus Rex* sentado em cima de um caminhão de lixo e rodeado por três flores brancas).

Quando estiver pronto, o brasão da família pode ser pendurado na parede.

Uma sugestão: fotografe-o e faça cartões para enviar aos amigos (de Natal, por exemplo), tendo o cuidado de escrever embaixo do que se trata – trabalho que as crianças farão manualmente, com o maior prazer.

Material necessário

✓ Papel

✓ Lápis de cor, canetas hidrocor ou guache

A Bandeira da Família

Material necessário

- ✓ Um pedaço de tecido ou uma fronha velha
- ✓ Tinta para tecido
- ✓ Grampeador ou algo para prender
- ✓ Tubo de papelão ou de madeira

Material opcional

- ✓ Papel
- ✓ Lápis e caneta

Qual é a bandeira da sua família?

Se não tiver, eis um problema de fácil solução: deixe que o seu filho resolva isso para você!

Tudo de que você precisa é um retângulo de tecido claro – uma fronha velha faz um bom efeito, se você não quiser gastar muito –, algumas tintas ou canetas para tecido, que são fáceis de encontrar em papelarias, e um tubo de papelão ou pedaço de papel enrolado.

As crianças pequenas vão, provavelmente, querer pintar logo a bandeira, em estilo livre; as maiores certamente apreciarão fazer primeiro um projeto numa folha de papel, que depois copiarão para o tecido, antes de passar diretamente para o produto final.

Quando a tinta secar, prenda-a no tubo de papelão ou rolo de papel, grampeando, colando ou costurando (isso é trabalho para um adulto). Não se esqueça de prender as pontas muito bem no tubo, para que a bandeira não fique caindo.

Sempre que houver uma reunião de família, festa ou qualquer tipo de evento, hasteie a bandeira com toda a pompa. Quando ela não estiver em uso, guarde-a em um *display* especial.

(Veja também as atividades 17 e 65.)

O Jornal da Família

Para fazer um jornal fisicamente, você pode utilizar as costas de folhas de papel sulfite usadas e escrever à mão as histórias contadas pelas crianças menores. Pode ser um jornal com vários exemplares, o que vai exigir cópias, ou um jornal mural, que fica em um local e as pessoas vão lá para ler. Um lugar ótimo para este último tipo é a porta da geladeira: as notícias vão circular rapidamente, quer dizer, depressa todo mundo vai ficar sabendo das novidades!

Peça às crianças maiores para escreverem as suas próprias histórias ou notícias. Se você quiser fazer algo realmente bonito, use uma máquina de escrever ou um computador para criar colunas e caprichar na produção editorial.

As crianças maiores também adorarão dar uma de repórter e entrevistador.

Para escrever uma matéria, ensine-os a usar o seguinte esquema: perguntar o que, quem, como, onde e por quê. Em seguida, solte-os nas vizinhanças para buscar notícias e conversar com as pessoas; por exemplo, saber as novidades sobre a campanha do lixo reciclado (onde, na semana passada, um cachorro vadio fez a maior festa!) que o vizinho da esquerda está fazendo, a festa de formatura do pré do vizinho do lado direito, o gato novo dos vizinhos da frente e assim por diante.

Lembrem-se de que, no Jornal da Família, a vida é a notícia, e qualquer novidade é digna de ser divulgada.

Material necessário

✓ Papel
✓ Lápis de cor
✓ Lápis e caneta

Material opcional

✓ Máquina de escrever ou computador
✓ Fotos da família
✓ Cola

A História da Família

Material necessário

- ✓ Lápis e papel
- ✓ Um bloco de notas ou caderno bonito

Material Opcional

- ✓ Gravador
- ✓ Fotografias

Esta atividade funciona ainda muito bem quando é desenvolvida junto com "A Árvore Genealógica da Família", atividade 99, mas também pode ser feita separadamente.

Para a próxima reunião da família, providencie uma lista de perguntas que o seu filho pode fazer para os mais velhos. Se eles moram em outra cidade, a criança pode começar com perguntas do tipo: "Onde você nasceu?", "Onde cresceu?", "No que trabalhavam os seus pais?" "Em que tipo de casa você morava quando criança?", "Como vocês se divertiam?", "Como era a escola, naquele tempo?", "Como era a cidade?", "O que era diferente?", "De qual época vocês gostam mais?", "Como vocês vieram parar aqui? (ou foram morar lá?)", "Por quê? Quais as diferenças entre as duas cidades, esta e aquela em que vocês moram?".

Para outros parentes – tios e tias, por exemplo – a criança pode destacar a(s) casa(s) onde eles moraram na infância e quais as impressões que ficaram; como era a cidade onde moram ou moravam, os amigos, a escola, no que trabalham hoje, as viagens que já fizeram, etc.

Ajude a criança a anotar as respostas para que ela possa concentrar-se nas perguntas e realmente ouvir a resposta. Outra ideia é gravar a entrevista.

Quando forem passar a limpo em um caderno, vocês podem acrescentar fotos das pessoas entrevistadas – podem tirar na mesma reunião da entrevista para ficarem bem atuais – e tenham certeza de que esses momentos serão inesquecíveis para todos os envolvidos.

A Árvore Genealógica da Família

As crianças adoram saber a história – e fatos engraçados – das pessoas que formam a sua família: avós, tios e tias, primas e primos, parentes mais distantes. E também ficam fascinados e reconfortados quando aprendem coisas sobre a posição que ocupam na família.

Dê ao seu filho uma folha de papel grande, lápis de cor, lápis e caneta. Ensine-o a fazer quadradinhos para todos os parentes, começando com os mais velhos. É interessante usar cores diferentes para o lado da mãe e o do pai. Se a criança ainda for muito pequena, ajude-a a escrever o nome das pessoas, mas deixe os mais velhos fazerem sozinhos.

Para fazer uma árvore mais detalhada, cole fotos das pessoas junto aos seus nomes. Se você tiver espaço suficiente no papel, pode até acrescentar uma breve história contando alguma coisa sobre cada um dos membros da família; estimule seu filho a fazer isso, do jeito que ele for capaz.

Esta será, certamente, uma boa oportunidade para elucidar certos conceitos significativos sobre avós, tios, tias, primos, primos de segundo grau e outras pessoas que fazem parte da vida da criança.

Material necessário

✓ Papel bem grande

✓ Lápis de cor

✓ Caneta e lápis

Material opcional

✓ Fotografias

Desenhos do Pé

Material necessário

- ✓ Uma folha grande de papel
- ✓ Lápis de cor ou canetas hidrocor

É claro que você e seu filho podem fazer muitos desenhos engraçados, divertidos, interessantes e fantásticos pelos meios convencionais. Mas o que aconteceria se vocês pulassem para uma etapa mais radical?

Experimente colocar o lápis no meio dos dedos dos pés do seu filho e não das mãos. Use uma folha de papel grande – cartolina, Kraft ou qualquer outra do seu agrado. Abra um espaço no chão da sala ou do quarto e estenda-a. Seu filho vai sentar-se em cima do papel e começar a desenhar. Quem sabe dali a alguns anos ele não será um *expert* em desenhos feitos com os pés?

Esta atividade não serve apenas como diversão. Embora seja realmente interessante, ela serve também para lembrar da flexibilidade do ser humano como um dos componentes mais característicos da personalidade. Aproveite para contar a ele que muitas pessoas que perderam o movimento dos braços e/ou das mãos adaptaram-se a essa nova situação aprendendo a fazer com os pés o que antes faziam com as mãos: escrever, pintar, desenhar, contar, bordar, pegar objetos, enfim, várias tarefas, às vezes com um pé, outras com os dois, dependendo da situação.

Comece com desenhos, por hora, mas, caso a criança se interesse, você pode sugerir uma série de outras atividades e certamente ficará surpreso com a flexibilidade dela!

(Veja também a atividade 5.)

Criaturas Fantásticas

Ao longo da nossa história, nós, os humanos, crescemos ao lado de belos e estranhos monstros, extravagantes criaturas que só existem na imaginação. Mais do que a qualquer outra pessoa, eles fascinam as crianças. Então, por que não compartilhar essa lista de seres fantásticos, clássicos "animais" de outros mundos, com seu filho, e pedir-lhe que os desenhe?

Quimera – cabeça de leão, corpo de bode, rabo de cobra.

Centauro – metade homem, metade cavalo.

Dragão – imenso réptil com asas, que soltava fogo pelas narinas.

Minotauro – metade homem, metade touro.

Pégasus – um cavalo alado.

Sátiro – metade homem, metade bode.

Esfinge – cabeça de mulher, corpo de leão com asas.

Unicórnio – cavalo branco com um longo, pontudo e único chifre no meio da testa.

Material necessário

✓ Papel

✓ Lápis de cor

O Banco

Material necessário

✓ Dinheiro miúdo para troco

Quando vocês brincam de banco, seu filho está sempre pedindo para ser o banqueiro – e desempenha muito bem esse papel?

Eis uma ideia que vai cair direitinho no gosto dele!

Escolha uma mesa e uma cadeira para ser o "banco" – na sala de visitas, talvez, onde o seu pimpolho possa trabalhar com muito charme. Pegue algum dinheiro trocado da sua carteira e coloque-o na gaveta.

Você e as outras pessoas da família podem ser os clientes. Revezem-se, fazendo depósitos e saques, tendo o cuidado de escolher operações com valores diferentes.

Veja se a criança é capaz de dar o troco usando as menores (ou maiores) notas ou moedas; sem usar algum tipo de moeda; só usando moedas de um centavo; ou qualquer outra configuração que os clientes solicitarem.

Para variar a atividade, peça que ele faça o papel de um funcionário dos correios, por exemplo, e crie uma nova variedade de selos e nomes diferentes.

Hum, vamos ver, quantos selos de *skates*, bonecas e animais eu preciso para mandar uma encomenda para Belém do Pará?

Guia da Cidade

Se você quiser ver a sua cidade com outros olhos, peça a ajuda do seu filho.

Antes de tudo, vá à biblioteca mais próxima e procure os recursos que ela oferece: jornais antigos, livros de história, etc. e compile as informações sobre sua cidade: quando ela foi fundada, quem se estabeleceu primeiro ali, etc. Depois, pesquise sobre os prédios que nela foram erguidos e outros lugares tais como bibliotecas, escolas, museus e parques. Procure saber quem os construiu e outros aspectos e fatos interessantes, que você e seu filho ainda desconhecem.

Quando ele se tornar um especialista, peça que o leve para fazer um passeio pela cidade; melhor ainda será se outras pessoas da família quiserem participar. Seu guia pode lhe mostrar características importantes; por exemplo, a escola e a igreja mais antigas, a primeira casa construída pela comunidade, e também lhe oferecer algumas informações, histórias e anedotas que tenha achado especiais.

No futuro, quem sabe a sua própria casa não se torne uma agência especializada em mostrar os pontos interessantes da cidade ao turista?

Material necessário

✓ Livros

Língua-de-Trapo

Material necessário

✓ Relógio
✓ Papel
✓ Lápis

Material opcional

✓ Gravador

Este jogo é muito fácil: qual o máximo de velocidade que você consegue colocar na sua fala?

Escolha um poema ou outra citação que todas as pessoas da família saibam de cor; "Batatinha quando nasce" é uma das favoritas, mas você também pode achar um versinho mais bonito e moderno e ensiná-lo às pessoas antes de fazer a atividade.

Marcando o tempo no seu relógio, grite "Já" e uma das crianças participantes deve começar imediatamente a declamar o verso selecionado, tão rápido quanto ela for capaz. Nada de comer palavras, todas devem ser muito bem pronunciadas. Em seguida, as outras crianças, uma por uma, farão a mesma coisa. Claro que os adultos também podem brincar, basta estarem interessados.

Anote o tempo de cada um em uma folha de papel e, quando sair o campeão ou campeã, anote no Livro dos Recordes da Família (atividade 93).

Para maiores risadas, experimente gravar os esforços de rapidez de cada um. No final, provavelmente a coisa vai soar como: algoqueseouve umpoucoassimdeumjeitoesquisitomasdeixeeuvoltara fitaparaouvirmelhor.

(Ei, que língua é essa, mesmo?)

Feira de Ciências

Seu filho está ansioso para mostrar os seus conhecimentos em ciências? Ora, então, por que não organizar uma feira de ciências na sua casa e convidar todas as pessoas da família?

Cada um pode selecionar um tópico do seu interesse ou você pode fazer sugestões: eletricidade, magnetismo, nutrição, para citar apenas alguns. Os participantes pesquisam os temas em enciclopédias, livros, revistas, etc., e acumulam todo o conhecimento que puderem. Depois, preparam uma apresentação, demonstrando tudo que aprenderam sobre o assunto escolhido e apresentando gráficos, apostilas, notas, ilustrações, e coisas desse tipo.

Depois que todos tiverem terminado a fase de coletar informações, escolha uma mesa e uma cadeira e coloque-as no centro de um círculo; cada pessoa que vai expor o que aprendeu senta-se nesse local, ficando rodeado pelos demais, que vão lhe fazer perguntas após a exposição.

E não se esqueça da melhor parte: todos os participantes devem receber uma faixa de condecoração ou um diploma, atestando sua participação em tão importante evento científico.

Material necessário

✓ Livros para pesquisa

Fantoches de Dedos

Material necessário

✓ Luvas velhas ou band-aids

✓ Elementos para enfeitar

Material opcional

✓ Uma caixa de papelão

E se você estiver procurando um jeito de, ao mesmo tempo, criar um brinquedo para o seu caçula e manter o seu filho mais velho vestido para o Halloween?

Sacrifique uma luva velha e faça com ela fantoches de dedo. Depois, dê o resto da luva para seu filho mais velho – ele pode usá-la para inventar alguma coisa maluca que o estilo do momento lhe ditar.

Se você não tem luvas disponíveis, pode usar casca de amendoim, conchas, pedacinhos de feltro, dedal e, também, band-aids. Use canetas hidrocor para desenhar os rostos e cole algodão ou fios para fazer os cabelos, barbas e outros detalhes.

Pegue uma caixa de papelão e corte uma janela em um dos lados para ser o palco. Remova todas as abas do alto da caixa exceto a que esteja do mesmo lado da sua janela (para servir como "cortina" de palco). Agora, volte o "palco" de frente para o seu público, coloque a mão dentro e invente uma história bem bonita para os seus fantoches de dedo representarem.

Impressões Digitais

Esta atividade vai divertir muito o seu filho – e contar direitinho quem mexeu no pote dos biscoitos...

Primeiro você precisa explicar que cada pessoa possui impressões digitais – as linhas e marcas na ponta de cada um dos dedos – absolutamente únicas. Inclusive os gêmeos idênticos. Em seguida, estimule a criança a recolher as impressões digitais da família inteira. Você pode usar uma almofada de carimbo, com tinta lavável, ou rabiscar um papel com uma caneta hidrocor para servir de almofada de carimbo.

Ensine ao seu filho como pegar os dedos de um "suspeito" e, gentilmente, passá-lo na almofada de carimbo, forçando um pouquinho nos lados, para não perder as marcas das laterais; em seguida, apertar com delicadeza as pontas dos dedos num papel em branco, novamente rolando um pouco, de um lado para o outro. Estará pronta uma impressão digital perfeita.

Se você optou por rabiscar o papel, tome cuidado com a quantidade de tinta colocada, para que a impressão digital não saia faltando pedaço nem borrada – duas coisas que podem atrapalhar.

Rotule as impressões digitais, colocando os nomes.

A próxima etapa é demonstrar como jogar amido em pó em cima de objetos variados e tirar o excesso com uma escova delicada ou com um sopro bem forte (cuidado para não soprar o pó para dentro dos olhos da criança!). Você obterá as melhores impressões digitais, tanto de superfícies delicadas como das mais duras, e poderá vê-las ainda melhor com uma lente de aumento.

Experimente fazer isso com todas as pessoas da família.

De agora em diante, vai ser fácil descobrir quem tocou os objetos da casa! Falando nisso, não são as *suas* impressões digitais que estão aqui no pote de biscoitos?

Material necessário

✓ Almofada para carimbo (lavável)
✓ Papel (ou um bloco de notas)
✓ Amido

Material Opcional

✓ Lente de aumento

A Dança das Cores

Material necessário

✓ Duas ou Três lanternas

✓ Três bexigas (vermelha, azul, amarela)

Material opcional

✓ Sacolas de papel

Lembrete de Segurança

Bexiga

Todas as crianças acham as cores fascinantes. A atividade 55 usa comida colorida para demonstrar como todas as cores derivam das 3 cores primárias; esta atividade faz o mesmo com a luz.

Você vai precisar sacrificar três bexigas, uma vermelha, uma azul e uma amarela (não se esqueça de manter as bexigas longe das mãos das crianças muito pequenas). Estique uma bexiga na ponta da lanterna, por onde sai a luz, e prenda-a firmemente com um elástico. Em seguida, em um quarto escuro, deixe que seu filho acenda a lanterna, jogando o facho de luz na parede ou no teto. Colocando as bexigas de cores diferentes como "filtros", você pode fazer uma variedade de cores secundárias: azul + amarelo = verde; azul + vermelho = roxo; amarelo + vermelho = laranja. Você vai produzir essa mistura de cores na parede, sobrepondo dois fachos de luz colorida um sobre o outro.

Uma variação desta atividade pode ser feita com o uso de três lanternas, cada uma com uma bexiga de cor primária. Pegue uma sacola de papel e faça alguns furos na parte de baixo. Fica ainda mais fácil quando você e seu filho(a) seguram as lanternas dentro da sacola; joguem a luz para o teto e movam as lanternas dentro do saco, criando, assim, um divertido arco-íris dançante. Continue movendo as lanternas e faça a festa da dança das cores.

Um Livro com Movimento

Material necessário

✓ Fichas

✓ Lápis de cor ou canetas hidrocor

Você já brincou, quando era criança, com um livro que se movimenta?

Existe um jeito muito interessante de fazer com que as imagens de um livro se movimentem, tanto para frente como para trás.

Corte ao meio um certo número de fichas. Escolha um tema – por exemplo, uma bola que é atirada, um avião voando no céu ou aterrissando, um pássaro em seu voo certeiro para pegar o peixe na água –, qualquer um que seja do interesse do seu filho. Em seguida, desenhe as diferentes posições da sequência do movimento dos objetos escolhidos, cada posição em uma ficha – a sequência das fichas irá compor as páginas do livro.

Se você tiver escolhido o tema da bola, comece com a bola no canto superior da ficha que será a primeira página. Desenhe uma linha até o fim da página e vá desenhando uma bola em cada página, seguindo a linha-mestra, a cada página "posicionando" a bola um pouquinho mais embaixo, até que na última ela atinja o solo e possa, se você quiser, começar a subir outra vez.

Agora, sugira ao seu filho que desenhe a capa do livro, decorada com o que ele sabe fazer de mais bonito em relação ao tema escolhido. Coloque as páginas uma após a outra, com a primeira imagem no final e a última na primeira página. Mova o livro rapidamente para frente e para trás, e você verá a bola se mexendo magicamente.

Da próxima vez, deixe que seu filho faça os desenhos em movimento; quem sabe não estará começando aí uma gloriosa carreira de animador?!

Flores Secas

Material necessário

- ✓ Flores pequenas
- ✓ Papel absorvente
- ✓ Um livro pesado
- ✓ Plástico transparente
- ✓ Grampeador

A arte de comprimir e ressecar as flores certamente encantará o seu filho e está longe de poder ser considerada difícil!

A primeira coisa a fazer é convidá-lo para dar uma volta nas redondezas (ou mesmo no jardim de casa, caso este possa fornecer material suficiente) e recolher algumas amostras de flores pequenas, como violetas, margaridas, botões-de-ouro e amores-perfeitos, por exemplo. Coloque as flores com cuidado, abrindo e ajeitando as pétalas, no meio de duas folhas de papel absorvente; em seguida, coloque um livro pesado em cima. (Entendeu agora por que as flores têm de ser pequenas?) Deixe o livro pressionando as flores até que elas sequem.

Essas flores secas podem ser usadas em uma grande variedade de motivos decorativos, inclusive cartões artesanais ou jogos, ou para fazer colagens de trabalhos manuais (com ou sem folhas).

Outra possibilidade é fazer quadros, nos quais você deve colar as flores em folhas de papel, que serão colocadas sobre um pedaço de papelão não muito grosso; em seguida, estique um plástico transparente por cima e cole atrás (ou grampeie). Escreva o nome da flor atrás do quadro ou em um pedacinho de papel e coloque ao lado do quadro, como em geral é feito numa exposição. O quadro pode até ganhar uma moldura, mas, de qualquer maneira, deve ser colocado em um lugar em que todas as visitas possam ver, para que elas também tenham a oportunidade de admirar a obra de arte.

(Veja também a atividade 172, que ensina a fazer o mesmo com as folhas.)

Siga a Seta

Esta atividade pode se revelar uma verdadeira surpresa; a única recomendação é que você prepare o cenário quando seu filho já tiver ido para a cama, à noite, de modo que tudo esteja pronto quando ele acordar na manhã seguinte.

O que, de fato, seu filho vai descobrir?

Setas, uma porção delas.

Espalhe grandes setas desenhadas em pedaços de papel pela casa toda. A partir da indicação da primeira seta, seu filho deverá segui-las uma por uma até chegar ao final, onde você já terá colocado uma surpresa: pode ser um pão quentinho para o café, ingressos para ir ao cinema ou ao teatro, o livro de histórias que ele estava desejando, o presente de aniversário, qualquer coisa que você queira lhe oferecer deste jeito tão especial.

Como deve ser feito o arranjo das setas?

É você quem sabe, pois dependerá basicamente da idade e das habilidades do seu filho. Tenha apenas uma preocupação: não pode ser muito difícil para que ele não corra o risco de falhar, o que seria uma profunda decepção.

Material necessário

✓ Papel

✓ Caneta

✓ Cola

✓ Um "tesouro"

Cara de Comida

Material necessário

- ✓ Revistas
- ✓ Papel
- ✓ Caneta

Você provavelmente não repara na metade das propagandas de comida – ou que usam alimentos – que vê nas revistas. Pois comece a prestar atenção nelas e a recortar as fotografias e desenhos de frutas, vegetais, verduras, ovos e outros itens. Outro lugar interessante para achar essas gravuras e fotos é em prospectos que os supermercados costumam distribuir, com propaganda das ofertas da semana; muitas vezes, são até enviadas pelo correio.

Quando você tiver uma boa coleção delas, sugira à criança que as use para criar um rosto: a banana pode ser o nariz, os tomates podem ser usados para fazer os olhos, uvas para os cabelos e assim por diante.

Use cola ou fita adesiva para colar as figuras no papel; você pode, também, fazer um flanelógrafo (ver atividade 85), para que as crianças possam usar as figuras novamente ou mudá-las de posição no rosto.

Outra coisa: para fazer o esboço do desenho, você e seu filho podem usar pratos, potes, panelas ou quaisquer outros objetos que acharem interessantes.

Como variação, vocês podem usar também carros e máquinas para criar rostos. Faça de uma estrada a boca; os faróis podem ser os olhos, os pneus, as orelhas, e assim por diante. Quando você começar a pensar em fontes para esta atividade, verá que elas são infinitas e que você desenvolveu uma maneira de ter *insights* para isso.

Coroas e Braceletes da Mata

Material necessário

✓ Flores

✓ Folhas

✓ Sementes

✓ Cordão

O mundo lá fora é um lugar fantástico para se recolher material para a mais fina joalheria. Para fazer uma coroa ou guirlanda de folhas, colete algumas folhas frescas, que acabaram de cair no chão. A melhor época para se encontrar farto material é o outono, mas a folhas caem em todas as estações. Faça um buraquinho no cabo de cada uma delas e ligue-as umas às outras por um fio. Você pode também passar uma linha e apertar, se não quiser furar. O importante é que faça uma corrente cujo tamanho vai depender do uso ao qual se destina e também de quantas voltas você acha que o fio de folhas deve dar na sua cabeça.

Você pode fazer a mesma coisa com as flores: faça buraquinhos ou fendas no caule e vá colocando uma atrás da outra num fio, até formar uma corrente.

Outro tipo de joalheria que as crianças adoram fazer são os braceletes e colares com sementes. Dependendo da região onde vocês moram, as espécies variam, mas algumas sementes são comuns a todas as regiões: por exemplo, feijão ou vagem. O processo é o mesmo: faça buraquinhos no meio ou na ponta da semente, enfie um cordão – se for de náilon fica melhor ainda – e amarre no braço da criança. Se você preferir, pode fazê-lo na medida exata: o bracelete deve entrar bem apertado para que não saia facilmente do braço dela. Neste caso, talvez seja mais interessante usar uma semente maior e passar pelo buraco um elástico ou atilho (borrachinha de prender dinheiro).

Acostume-se a prestar mais atenção onde você anda; quem sabe não está pisando em preciosas joias?

Jogo com o Dicionário

Material necessário

✓ Apenas o seu tempo

Esta é uma oportunidade fantástica de aprender novas palavras apenas com a ajuda de um dicionário.

Durante o café da manhã, o almoço ou a qualquer hora que você e seu filho quiserem expandir o vocabulário e ainda se divertir muito, peguem um dicionário. Você pede a ele que escolha algumas palavras – digamos, cinco, mas isso vai depender da habilidade dele e do tempo que vocês dispõem – que comecem com cada uma das letras do nome dele.

Para o nome do nosso filho Noah, por exemplo, escolhemos as palavras:

Numismática (o estudo do dinheiro).
Nubente (noivo ou noiva).
Nereida (divindade mitológica do mar).
Narícula (cada uma das duas fossas nasais).
Novato (calouro).

Fizemos a mesma coisa com as outras letras do nome: cinco palavras começadas com O, cinco com A e cinco com H.

Depois de vocês terem verificado o que cada uma dessas palavras significa, veja se ele é capaz de usá-las em uma frase ou mesmo colocando-as todas em uma única história. E vocês podem ainda procurar mais palavras no dicionário, tanto para a história em questão quanto usando o nome de outra pessoa da família.

O novato, um estudante de numismática, encontrou uma nereida; enchendo as narículas de ar, conversou com ela e logo tornaram-se nubentes – entendeu?

Teste de Geografia

Mesmo as pessoas que dizem não saber nada de Geografia não têm a menor dificuldade em descrever a forma física que a Itália tem. Isso acontece porque esse país tem a forma de uma bota, e uma bota é mais fácil de lembrar do que uma forma abstrata. Podemos chamar de "princípio da bota".

Com um pouco de imaginação, você e seu filho podem tornar outras partes do mundo memoráveis e únicas, apenas aplicando o tal "princípio da bota".

Resumindo, é o seguinte: vocês vão transformar uma forma abstrata em uma fácil de lembrar, apenas buscando uma semelhança com um objeto comum e corriqueiro que já faça parte da vida de vocês.

Comece traçando a forma de um Estado ou país para seu filho em uma folha de papel; em seguida, pergunte a ele com o quê aquela forma se parece. Assim que ele a associar a um outro objeto, você pode passar uma caneta ou lápis de cor em volta da figura do Estado (mas acentuando as semelhanças com o objeto lembrado) para dar mais veracidade e associar a nova forma à realidade.

Não é mesmo verdade que o Amapá parece um diamante?

E Tocantins, não é igualzinho a uma gota d'água caindo?

Mas eu quero ver se você consegue adivinhar qual o Estado do Brasil é igualzinho a uma velha bruxa nariguda de perfil, com verruga dependurada e tudo! Uma dica: a cidade de Caconde fica bem na boca entreaberta da bruxa!

Material necessário

✓ Papel

✓ Lápis ou caneta

✓ Um mapa

Blocos Gigantes

Material necessário

✓ Uma miscelânea de caixas de papelão

✓ Fita adesiva

✓ Material para decoração

Esta atividade pede um espaço grande, porque o seu filho vai construir uma porção de estruturas grandes como blocos – não pense em livrar-se dos móveis, afinal, sempre existe a possibilidade de vocês se mudarem para uma casa maior!

Comece buscando caixas nas lojas e supermercados do bairro. Você também pode guardar as que vierem embalando mercadorias que comprou ou recebeu pelo correio. Se quiser caixas iguais, o melhor é comprá-las nas papelarias e lojas especializadas, mas isso lhe tiraria a oportunidade de reciclar a infinidade de caixas que "passam" pelas casas da maioria das pessoas hoje em dia, inclusive a sua.

Cole bem as caixas com fita adesiva e solte o seu filho no meio delas, munido de canetinhas coloridas, lápis de cor, papéis coloridos e toda a sorte de materiais que possam ser usados para enfeitar as caixas. Quando ele acabar, estimule-o a construir paredes, torres, casas (você pode inventar alguma coisa para ser o telhado, inclusive um pedaço de uma caixa grande de papelão não fechada), túneis e outras estruturas grandes – lembre-se apenas de que as caixas não vão aguentar o peso dele, portanto, ele não pode subir nelas!

Uma dica: deixe algumas caixas abertas de um lado para que vocês possam guardar as menores dentro delas, assim você não vai precisar se livrar de móvel nenhum para manter em ordem o brinquedo novo do seu filho!

O Dado Gigante

Você gostaria de fazer um jogo de dados educacional e ainda por cima dentro da lei?
Aqui está ele.
Pegue a embalagem de leite e faça um quadrado com ela, medindo cuidadosamente a largura e marcando a mesma medida na altura. Dobre para dentro da embalagem o que sobrou em cima, cortando um pouco se achar que sobrou muito, de modo a ficar como um cubo, com todos os lados do mesmo tamanho. Cubra-o com um papel branco, dobrando as laterais para dentro e colando, com muito capricho. Faça a mesma coisa com as outras três embalagens, de modo que você obtenha quatro dados.
Em seguida, marque as seis faces de um dos dados com formas, animais, desenhos, letras, números ou palavras, ao seu gosto. Faça a mesma coisa com o segundo, e depois com os outros dois, de modo a obter dois pares de dados iguais.
Agora que você já tem dois pares de dados gigantes, pode inventar os seus próprios jogos; por exemplo, veja quem consegue fazer um par igual com os dois dados, quer dizer, jogá-los e conseguir acertar os dois lados juntos ao mesmo tempo.
Se você estiver trabalhando com números, conte quantas vezes precisou lançar os dados para conseguir fazer aparecer o chapéu roxo, o bode, o gato, a casa e assim por diante.
Para jogar com crianças maiores, você pode lançar dados com números e a criança multiplicar o número de um dado pelo número do outro.
Se você tiver escolhido colocar letras nos seus dados, pode brincar de lembrar o nome de uma pessoa que comece com as duas letras resultantes de um lançamento.
Se você quiser, pode usar os dados de embalagem de leite na cidade de caixas (atividade 40), talvez como modelo de um cassino!

Material necessário

✓ Quatro embalagens de leite
✓ Papel
✓ Lápis de cor

Livros de Gigante

Material necessário

- ✓ Gravuras de revistas
- ✓ Folhas de papel bem grandes
- ✓ Fita adesiva ou cola não tóxica
- ✓ Um cordão

Os Livros de Gigante são livros enormes com uma história e ilustrações feitas pela criança, decorados com figuras de carros, aviões, animais, pessoas, casas ou qualquer outra coisa que encante o seu filho.

Recorte figuras das revistas e guarde-as em um envelope; depois, cole-as em uma folha grande de papel, usando fita adesiva ou cola não tóxica. Deixe que a criança organize as gravuras de acordo com o seu próprio critério, inventando uma história a partir delas ou, ao contrário, criando a história primeiro e ilustrando-a com as gravuras das revistas.

Se a criança for muito pequena, ela pode apenas ditar a história, que você vai escrever com uma letra bem bonita (e grande); se ela for capaz de escrever sozinha, melhor ainda.

Não se esqueçam de colocar um título e o(s) nome(s) do(s) autor(es) do texto, e de fazer uma capa bem bonita para o Livro de Gigante feitos por vocês. Abaixo, algumas sugestões de título:

Uma viagem de carro
Gente de bigode
A casa das minhas bonecas
Domingo no jogo

Depois que as folhas estiverem prontas, faça quatro buracos do lado esquerdo e passe um cordão para prendê-las todas juntas. Se preferir, compre argolas em uma papelaria.

Coloque a data e guarde esse livro com muito carinho (disso você nunca vai se arrepender).

Batalha Naval

Este jogo é muito divertido e pode ser jogado por duas pessoas. O princípio é muito simples: um jogador vai procurar afundar os navios do outro com tiros.

Pegue quatro folhas de papel e faça dois quadrados grandes cheios de quadradinhos dentro — experimente dez. O melhor é usar um papel já quadriculado e estabelecer apenas o tamanho do "campo de batalha": dez quadradinhos na posição vertical e dez na horizontal. Escreva em cima as letras de A a J (horizontal) e na posição vertical os números de 1 a 10.

Cada jogador tem duas grades, uma para os seus próprios navios e outra para marcar a posição dos navios do parceiro.

Antes de começar o jogo, cada participante vai marcar a posição dos seus próprios navios, escurecendo os quadradinhos, nos sentidos horizontal e vertical, na seguinte ordem: um navio de cinco quadradinhos, dois navios de quatro, três com três quadradinhos e dois navios com dois quadradinhos. Veja a ilustração para ter um exemplo. Repare que os navios não podem ser posicionados na diagonal nem fazer ângulos retos e virar para cima ou para baixo; todos devem ser lineares.

O parceiro não pode ver a posição dos seus navios, pois o jogo consiste justamente em um tentar afundar o navio do outro.

O primeiro jogador diz a posição em que quer que o tiro acerte: um número e uma letra, por exemplo, A4.

O outro responde "Água" quando esta posição está livre e "Acertou" quando o tiro pegou uma parte do navio, marcando o acontecimento na sua grade, agora este jogador dirá: J7, por exemplo. Os dois devem atirar alternadamente até que um afunde todos os navios do outro – até o próximo jogo, é claro!

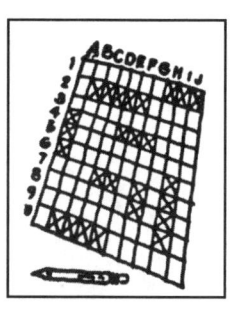

Material necessário

✓ Papel

✓ Lápis

A Caixa de Costura da Minha Avó

Material necessário

✓ Apenas o seu tempo

Esta é uma das brincadeiras prediletas de muitas crianças. Se você nunca brincou de "A caixa de costura da minha avó", existe um espaço vazio na sua infância!

Você pode brincar com quantas crianças quiser.

O primeiro jogador diz: "Peguei a caixa de costura da minha avó e encontrei um chapéu" – ou qualquer outro objeto.

A criança seguinte repete o que a anterior achou e acrescenta mais um: "Peguei a caixa de costura da minha avó e encontrei um chapéu e um botão".

E assim por diante, cada participante repete todos os objetos que os outros disseram e acrescenta mais um, até que a sequência fica longa e difícil demais para lembrar.

Para as crianças maiores, você pode pedir que os objetos estejam em ordem alfabética, por exemplo, "... uma amora", "... uma amora e um brinquedo, "... uma amora, um brinquedo e um cachorro", etc.

Uma variação deste jogo é fazer a criança pensar em um bolso, não em uma caixa de costura. Isso o torna similar a uma história bem antiga que ia enumerando os animais da floresta que as crianças encontravam. "Meu bolso está pesado porque tem um hipopótamo lá dentro." A criança seguinte repete e acrescenta a sua contribuição pessoal para o bolso, até que ninguém mais consiga se lembrar da sequência inteira, o bolso fique realmente cheio demais ou as risadas fiquem muito altas.

Quem Sou Eu?

Você encontrou alguém realmente interessante nas últimas festas a que foi convidado?

Bem, eis a sua chance de misturar-se no meio dos mais prestigiados convidados de uma festa: os Presidentes do Brasil e de outros países, do passado e do presente.

Escolha uma data para que você e seus filhos possam misturar em uma festa todos os presidentes disponíveis – convide os amigos e familiares também.

Com uma semana de antecedência, decidam quem cada um de vocês vai ser, entre presidentes e primeiras-damas, e pesquisem sobre a vida deles em enciclopédias, livros de história, etc. Providenciem roupas daquela época e compareçam à festa fantasiados, comentando sobre as "suas" vidas, respondendo às perguntas sobre o que "vocês" fizeram, gostam, viveram, as decisões que tomaram e suas consequências, seus grandes feitos e tudo que possa interessar aos "colegas".

Como alternativa, a festa pode ser com máscaras: todos os convidados estão incógnitos, de modo que ninguém sabe que presidente ou primeira-dama é aquele(a). Os convidados, então, fazem perguntas uns aos outros, na tentativa de se identificar. No final da festa, todos se apresentam.

E, provavelmente, essa será a única oportunidade na vida em que Teodoro da Fonseca, Ruth Cardoso e Getúlio Vargas terão para se encontrar!

Material necessário

✓ Livros para pesquisar

✓ Roupas e fantasias

Anatomia de um Gafanhoto

Material necessário

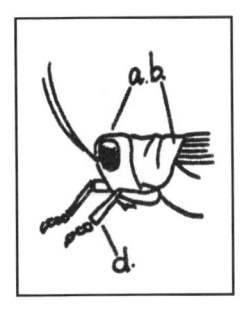

✓ Um pote de plástico

✓ Um gafanhoto

Os insetos têm o corpo muito diferente do nosso – o problema é que eles normalmente são tão pequenos e se movem tão depressa que não conseguimos vê-los por muito tempo.

Se você quiser admirar um de perto, pegue um gafanhoto. Coloque-o em uma vasilha ou pote de plástico com uma tampa de rosca e veja quantas partes do corpo dele você consegue identificar acompanhando a ilustração.

Ouça como é fascinante o barulho que as pernas dele fazem, quando as esfrega uma na outra.

Quando acabar o seu estudo de anatomia, não se esqueça de devolver o seu convidado para o lugar de onde ele veio.

Cabeça (a)
Tórax (b)
Abdômen (c)
Perna dianteira (d)
Perna do meio (e)
Perna traseira (f)
Asa da frente (g)
Asa de trás (h)

Cabelos Verdes

Nesta atividade, você e seu filho poderão criar rostos de pessoas e animais com "cabelos" que crescem de verdade.

Providencie potes pequenos de isopor ou de plástico branco. Peça para seu filho desenhar rostos de pessoas ou animais nesses potes, usando lápis de cor, tinta, canetas hidrocor ou qualquer outro material adequado. Além desse material, ele pode usar pedaços de feltro, papel ou cortiça, que podem ser colados nos potes para dar um efeito diferente. Tudo pode ser criado, qualquer material pode ser usado, *exceto* para fazer os cabelos.

Coloque terra nos potes e jogue em cima dela as sementes de grama, que podem ser compradas em lojas especializadas em jardinagem. Limpe bem os potes e coloque-os em um local úmido. Regue sempre para que a terra nunca fique seca.

Em uma semana ou duas, os rostos que seu filho desenhou começarão a receber delicados fios de cabelo verde, cabelos estes que poderão eventualmente vir a ficar grossos e arrepiados como se a "carinha" tivesse levado um susto.

Sob a sua supervisão, é claro, seu filho pode se transformar em um "cabeleireiro de planta", cortando e enfeitando do jeito que ele quiser! (E sempre com tesouras sem ponta!)

Material necessário

✓ Potes de plástico ou de isopor

✓ Lápis de cor ou similar

✓ Sementes de grama

✓ Terra

✓ Tesouras sem ponta

Jogo na Grade

Material necessário

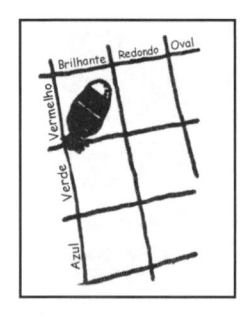

- ✓ Uma folha de papel grande
- ✓ Lápis ou caneta
- ✓ Saco de feijão (de brincar)

Esta atividade é uma combinação de habilidade com sorte. Ela também é excelente para mostrar a memória visual e o poder de observação do seu filho.

Pegue uma folha bem grande de papel e desenhe uma grade com quatro colunas e quatro fileiras, formando grandes quadrados. No alto, escreva características como "delicado", "duro", "macio", "brilhante", etc. Do lado esquerdo, escreva cinco cores.

Seu filho deve ficar de pé em um lugar que você vai designar e atirar o saco de feijão na grade (veja atividade 19 para ter instruções sobre como fazer um saco de feijão). Se o saco cair, por exemplo, num quadrado onde se cruzem as duas palavras "brilhante" e "vermelho", ele deve encontrar um objeto com essas características na casa.

Você também pode criar uma grade com animais, carros, bonecas e outras coisas de que as crianças gostam e podem nomear sozinhos. Por exemplo, uma grade de animais pode conter qualidades como "pelo macio", "quatro patas", "vive na água", etc. As possibilidades são virtualmente infinitas – e um bom jogo como este manda embora qualquer tarde aborrecida!

Lista de Compras

Da próxima vez que você tiver de preparar a lista das compras, procure dar-se um minutinho a mais para pedir ao seu filho que o ajude, de um jeito muito criativo, e faça desse ato rotineiro um momento mais prazeroso, cheio de diversão e entretenimento.

Em vez de anotar todos os itens você mesmo, dê ao seu filho uma folha de papel bem grande e alguma coisa para escrever nela, de acordo com a idade dele. Depois, vá falando o que precisa comprar no supermercado e ajude-o a escrever ou desenhar cada um dos itens que você falou.

Para uma criança, normalmente, desenhar traz muito mais prazer, e você ainda terá uma lista muito mais charmosa do que aquela que você escreve às pressas, de qualquer jeito, com uma letra feia.

Não se preocupe com os olhares estranhos que as outras pessoas possam lhe dirigir quando virem a lista na sua mão; é que a sua lista de compras é, realmente, muito mais bonita, e eles estão é com inveja, com certeza!

Material necessário

✓ Papel
✓ Lápis

Coisa de Gente Grande

Material necessário

- ✓ Suas roupas
- ✓ Chapéus de criança

Lembra como você gostava de vestir as roupas de sua mãe/pai quando era criança? Quando envergava o *blaser* do seu pai ou calçava os sapatos de salto alto da sua mãe, você se sentia tão orgulhoso(a), era como se fosse realmente adulto apenas por usar aquelas roupas!

Estimule seus filhos a fazer o mesmo e faça-os falar sobre as pessoas que "são". Por exemplo, sugira que eles descrevam papai e mamãe no trabalho, como eles tratam um ao outro, em casa, se divertindo, como se comportam dentro de casa, como eles se relacionam com os amigos e com os próprios filhos, etc.

Depois, troquem os papéis: coloque um chapéu do seu filho, por exemplo, ou uma camiseta, e aja como se fosse ele em várias situações: alegre e triste, sério, fazendo palhaçada, etc.

Atrás do aspecto lúdico, esse tipo de jogo traz um jeito fantástico de encontrar saídas e soluções para os problemas que se apresentam. Você aprenderá coisas sobre si mesmo que nunca veria sozinho, em seu papel de mãe/pai, porque você estará se vendo de fora, através dos olhos do seu filho, que é como ele vê você.

Coisas de criança, coisas de gente grande – quando você resolve ir direto ao ponto, a questão mais importante não é qual o chapéu a ser usado?

Adivinhe o Que Eu Tenho Aqui

Material necessário

- ✓ Objetos comuns ou materiais diferentes
- ✓ Um pote de plástico opaco com tampa

Este jogo intriga crianças de todas as idades. Separe quatro ou cinco objetos feitos de vários materiais (mais objetos se as crianças forem maiores). Por exemplo, escolha algo feito em plástico rígido – uma bola de pingue-pongue; alguma coisa feita de madeira – uma colher de pau; um objeto de metal – um carrinho; um objeto macio – um bicho de pelúcia; e finalmente alguma coisa feita de papelão – uma caixa pequena.

Mostre os objetos para seu filho e deixe-o tocar e explorar bem cada um deles. Em seguida, ele deve dar uma volta pela casa. Coloque, então, um dos objetos dentro do pote de plástico opaco e feche com a tampa. Dentro do pote deve ter espaço suficiente para que o objeto possa ser balançado. Esconda os outros objetos para que a criança não os veja.

Agora, deixe que seu filho mexa, balance, sacuda e vasculhe o pote e o objeto, para que seja capaz de descobrir o que é apenas pelo som que faz.

Quando seu filho ficar bom nessa brincadeira, você pode tentar colocar mais de um objeto ao mesmo tempo dentro do pote ou dar-lhe um tempo pré-estipulado para descobrir o que tem lá dentro.

Uma das grandes vantagens deste jogo é que você não vai precisar ficar inventando cada dia um objeto novo para colocar dentro do pote. Olhe em volta e pegue qualquer coisa que caiba nele!

Meio a Meio

Material necessário

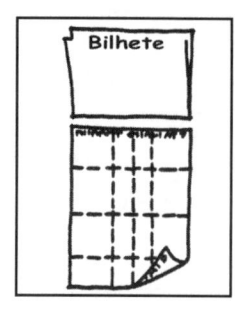

✓ Papel
✓ Caneta

Este é um jeito formidável de escrever mensagens secretas. Você e seu filho descobrirão que podem usá-lo para facilitar uma série de pequenas coisas da vida de vocês que exijem uma comunicação discreta e delicada, tais como encontros confidenciais, contar um para o outro as últimas novidades da casa, ou mesmo – quando é possível – fingir que está na hora de ir para a cama.

Pegue um pedaço de papel e dobre-o, mas não ao meio; dobre-o deixando um lado maior do que o outro, apenas um dedinho no alto. O truque é escrever a mensagem no meio dessa dobra, metade no papel de baixo e a outra metade no papel de cima.

Depois que você tiver feito a sua mensagem secreta, dobre o papel várias vezes ao acaso, para esconder o seu segredo. Desdobre. Apenas quando as duas partes estiverem juntas do jeito anterior, sua mensagem poderá ser lida!

Teatro de Sombras

Tudo que você precisa para esta atividade é um quarto escuro, um abajur e um pouquinho de imaginação.

Apague a luz do quarto e acenda a luminária – cuidado para não deixar nenhum fio no meio do caminho que possa provocar acidentes – colocando o foco de luz na posição certa. Experimente, então, as seguintes formas, que você vai procurar fazer do seu jeito:

Um pássaro voando: una os dois polegares e faça movimentos de onda com as mãos, enquanto move as mãos para cima em diagonal.

Um pato grasnando: ponha as duas mãos juntas, com os dedos firmemente unidos. Estique os dois dedos indicadores e vire as mãos de modo que as palmas fiquem paralelas ao solo. Bata os dois dedos indicadores um contra o outro.

Borboleta: coloque os dois polegares lado a lado; mantenha os dedos juntos. Toque as palmas juntas e volte para a posição original. Repita.

Descubra os animais que você tem nas mãos e divirta-se com eles!

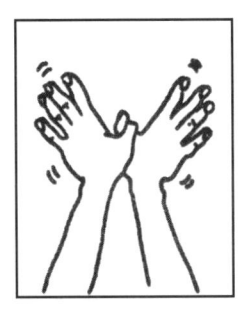

Material necessário

✓ Um quarto escuro

✓ Um abajur

O Truque do Chapéu

Material necessário

✓ Um chapéu
✓ Um baralho

O truque é muito simples: coloque as cartas do baralho dentro do chapéu. E você pode usar qualquer tipo de chapéu: de *cowboy*, de praia, de beisebol...

Coloque o chapéu no chão, no meio de uma sala grande, e distribua um número igual de cartas de baralho aos participantes. Isso é importante: todos devem ter o mesmo número de cartas. Então, um por vez, cada um deles deve lançar a carta dentro do chapéu. É mais difícil do que parece, mas lembre-se que você sempre poderá regular a distância em relação ao nível de habilidade e paciência dos jogadores.

Quem conseguir acertar o chapéu e colocar a sua carta lá dentro deve continuar jogando até errar e aquele que acertar mais cartas dentro do chapéu deverá ser o primeiro na próxima partida.

Se por acaso acontecer de um jogador, infelizmente, conseguir colocar todas as suas cartas dentro do chapéu na primeira vez que tentar – e aí, claro, vai colocando uma por uma, porque não para de acertar – os outros jogadores terão de ter paciência. E vamos encarar a realidade: temos de tirar o chapéu para qualquer um que consiga colocar 20 cartas em uma única rodada!

Faça do Seu Jeito

Qual jogo pode ser considerado o máximo para as crianças?

Aquele que elas mesmas criarem, é claro!

Providencie para seu filho pedaços de papelão ou cartolina cortados do mesmo tamanho. Você vai precisar também de um papelão mais grosso, lápis de cor, canetas hidrocor, botões grandes (estes são ótimos para brincar, mas você deve mantê-los fora do alcance de crianças com menos de 3 anos). Finalmente, arrume um dado gigante (atividade 117), tiras de papel e um cronômetro.

Agora, diga ao seu filho que ele tem a tarefa de inventar um jogo dele, com uma composição própria. Se precisar de ajuda, desenhe um caminho tortuoso como uma cobra, cheio de quadrados coloridos, e dê-lhe instruções especiais para usar os quadrados... ou corte pedaços de papelão e lhe explique como brincar de pescar.

De qualquer maneira, seja paciente: de alguma forma, em algum momento, um jogo há de emergir.

Material necessário

- ✓ Um pedaço grande de papelão
- ✓ Pedaços de papelão avulsos
- ✓ Papel
- ✓ Lápis de cor
- ✓ Canetas hidrocor
- ✓ Botões
- ✓ Dado
- ✓ Cronômetro

Uma Canção do Coração

Material necessário

✓ Apenas o seu tempo

As crianças adoram aprender sobre o funcionamento interno do corpo, e tomar a pulsação é um jeito fácil de lhes mostrar o sistema circulatório.

Primeiro, explique que o coração é como uma bomba. Se você não tiver um estetoscópio em mãos, deixe que seu filho coloque o ouvido no seu peito para ouvir o som do seu coração batendo. Em seguida, descreva o sistema circulatório como uma mangueira que leva o sangue do coração para todas as partes do corpo, retornando ao coração novamente.

Ensine seu filho a tomar a pulsação a partir do próprio pulso ou pescoço, bem como do seu pulso ou pescoço. Demonstre como as várias atividades são capazes de mudar o ritmo do coração, acelerando-o ou diminuindo-o: correr, pular, deitar-se no chão ou respirar devagar ou com longas golfadas de ar e assim por diante.

As crianças pequenas vão gostar de ver a pulsação simplesmente acelerada ou diminuída; as crianças maiores vão curtir brincar com o relógio, dizendo "pare" ou "vá" e contando as pulsações (você pode usar a multiplicação para chegar ao número final).

O ideal é guardar esta atividade para um dia de chuva. Depois de testar a pulsação dele em uma porção de atividades, deitem-se no chão ou no sofá para descansar um pouco.

Coisas Pesadas

Seu filho acha que um quilo de chumbo pesa mais do que um quilo de penas?

Esta atividade pode dar-lhe uma pista sobre a compreensão da criança a respeito do mundo físico.

Faça uma balança colocando um tubo de papelão entre duas cadeiras, deixando um espaço vazio no meio. Se não tiver o tubo, faça um com um papel Kraft enrolado. Use livros para impedir que o tubo se movimente. Coloque um cabide de arame no meio do tubo e amarre dois cordões com distâncias simétricas nas duas pontas do cabide. Ponha um pedacinho de fita adesiva nas pontas dos cordões para impedir que eles escorreguem e prenda duas cestinhas idênticas nos cordões. Cole pedaços de argila no cabide ou nas cestas para "equilibrar" a sua balança.

Agora, seu filho vai poder comparar o peso de uma grande variedade de itens, por exemplo, um animal de plástico e um saco de lanche cheio de papel dentro. Ou dois caminhões de brinquedo do mesmo tamanho, com um pedaço de madeira ou metal.

Explique que o lado da balança que ele colocar o material mais pesado descerá; o mais leve fica mais alto do que o outro, e quando os dois itens têm o mesmo peso, a balança ficará no meio, equilibrada.

Material necessário

✓ Um tubo de papelão

✓ Cabide de arame

✓ Cordão

✓ Argila

✓ Cestos

Lembrete de Segurança

Supervisionar Atentamente

Olá

Material necessário

✓ Apenas o seu tempo

Seu filho vai adorar aprender a cumprimentar as pessoas em várias línguas. Abaixo há uma relação de maneiras diferentes de dizer "Bom-dia". É interessante salientar que, em muitas línguas, "bom-dia" é um cumprimento usado o dia inteiro, enquanto em outras refere-se apenas ao período da manhã.

Chinês: Neehow.
Holandês: Goeden dag.
Francês: Bonjour.
Alemão: Guten tag.
Hebraico: Shalom.
Japonês: Konichi-wa.
Inglês: Good morning.
Croata: Dobar dan.
Espanhol: Buenos dias.
Italiano: Buon giorno.

Você pode inventar toda sorte de jogos com esses cumprimentos: use um diferente a cada manhã ou estimule seu filho a fazerem juntos uma história e veja se ele é capaz de usar todos os cumprimentos em cinco minutos.

Isso vai fazer da sua casa uma verdadeira Torre de Babel! E quem sabe essa pequena brincadeira não estimule o seu filho a aprender línguas diferentes no futuro?

Bem, agora tenho de ir – ou *habari za jioni*, como se diz em Swahili.

Esconderijos

Esta atividade pode ser desenvolvida em qualquer lugar, a qualquer hora, com qualquer propósito.

Seu filho escolherá pessoalmente alguns brinquedos pequenos, tais como animais, carrinhos, bonecas ou objetos similares. Todos devem ser pequenos e facilmente manuseáveis. Peça à criança que fique em outro local por um momento, ou que feche os olhos, e esconda os objetos na sala, convidando-a em seguida a tentar localizá-los.

Você pode dar dicas do tipo "quente" ou "frio" e pode trocar as funções: depois que ele encontrou todos os objetos escondidos, será a vez de ele esconder para você procurar.

Calcule os esconderijos em função da idade e das habilidades dele, tendo em mente que crianças pequenas sempre tendem a procurar as coisas na altura dos próprios olhos ou abaixo; mais tarde, você pode aumentar o grau de dificuldade da brincadeira apenas colocando os objetos em um nível mais alto.

Quando for a sua vez de procurar, use o jogo como uma oportunidade para lhe mostrar como dar dicas, mas não se surpreenda se seu filho acabar lhe contando o esconderijo, afinal, alguns segredos são bons demais para ficarem escondidos!

Material necessário

✓ Brinquedos pequenos ou objetos da casa

Ovos Enfeitados

Material necessário

- ✓ Ovos
- ✓ Tigela
- ✓ Tinta diluída em água ou similar
- ✓ Macarrão, cevada
- ✓ Marcadores feitos de retalhos de feltro

Lembrete de Segurança

Supervisionar Atentamente

Há muito tempo atrás, *Faberge* significava um pouquinho mais do que o nome de um perfume: era o nome do homem que aperfeiçoou a decoração de cascas de ovos, acrescentando-lhe detalhes preciosos em ouro e diamantes.

Embora a lista de materiais recomendável para uma criança seja bem mais modesta, seu filho pode fazer verdadeiras obras-primas com cascas de ovos, que poderão durar muito tempo também.

O primeiro passo é você quem deve dar: faça um furo bem pequeno – o menor que conseguir – e esvazie um ovo cru, colocando a clara e a gema em uma tigela. Agora, é a vez de a criança criar enfeites muito charmosos para a casca do ovo, tanto usando tinta diluída em água para colorir a casca quanto colocando detalhes em feltro ou renda, por exemplo. Ela pode usar também macarrão, cevada e outros grãos (todos crus, é claro) para colar (com cola não tóxica) e depois pintá-los, conseguindo efeitos tão interessantes que vocês vão ter a impressão de que eles bem poderiam ter sido criados pelo próprio *Faberge*...

Uma dica: se você deixar a casca do ovo secando em um local ventilado de um dia para o outro, ela ficará muito mais resistente.

Um Planetário em Casa

Um bom projetor de planetário custa uma pequena fortuna, mas você pode criar o seu show de luzes usando apenas uma lanterna e alguns itens domésticos que certamente terá em casa – e, ainda por cima, seu projetor será mais educativo!

Para fazer um planetário em casa, desenhe uma constelação ou estrelas ao acaso em um pedaço grande de papel. (Se você quiser fazer estrelas bem reais, vá à biblioteca ou livraria mais próxima e peça ajuda – eles saberão lhe indicar algo.)

A próxima etapa é apenas para adultos: recorte as estrelas com um estilete afiado ou dobre o papel onde você quer que o buraco das estrelas apareça e recorte-as com uma tesoura. Depois, retire a tampa e o fundo de uma lata grande de suco e ponha o papel com as estrelas recortadas cobrindo o buraco no fundo da lata. Você pode colar o papel ou prendê-lo com um elástico. Insira a lanterna na outra abertura da lata e dirija o foco de luz para o teto ou uma parede lisa e branca, tendo antes o cuidado de apagar as luzes para a sala ficar totalmente escura. Ilumine a lanterna em um ângulo diagonal à lata, em vez de apontá-la diretamente ao papel, para minimizar as distorções. Seu filho também pode girar as estrelas no teto.

É muito divertido! Principalmente se você se lembrar do tamanho da economia que está fazendo *não* comprando um projetor!

Material necessário

✓ Lanterna
✓ Lata de suco (grande)
✓ Papel
✓ Fita adesiva
✓ Tesoura ou estilete

Lembrete de Segurança

Supervisionar Atentamente

Painéis Artesanais

Material necessário

- ✓ Caixas de papelão
- ✓ Tubos de papelão
- ✓ Potes de plástico com tampa
- ✓ Tampinhas de garrafas
- ✓ Ganchos
- ✓ Fita adesiva
- ✓ Lápis de cor

Pais e mães costumam ter problemas em tirar os filhos do acento do motorista do carro – mas esse problema será de simples solução, depois que seu filho ganhar um painel só para ele!

Você mesmo pode fazê-lo: arrume uma caixa de papelão grande, mais ou menos com 50 ou 60 centímetros de largura. Acrescente a ela toda a sucata que você vem guardando e que já foi citada na introdução deste livro, quer dizer, tampinhas, potes, caixas, embalagens, etc., etc., etc.

Faça um buraco no fundo de um copinho de iogurte e prenda-o na caixa com um gancho. Se não tiver, use fita adesiva, cola ou um cordão. Agora você já tem um mostrador. Faça marcas nele para ter um medidor. Coloque um prato de papel (ou papelão) para fazer as vezes de volante, preso de um jeito que permita que gire: com um gancho no meio, por exemplo, ou até mesmo um pedaço de arame, com as duas pontas voltadas para dentro, uma no papelão, outra no prato de papel.

Um tubo de papelão serve para mudar a marcha do carro e tampinhas de garrafa são excelentes botões. Quanto mais botões você colocar, mais interessante o painel do carro ficará. E não se esqueça da ignição – e de colocar uma chave!

Nós sempre pensamos que painéis só serviam para carros, mas logo descobrimos que eles podem ter outras utilidades, também: explorar o fundo do mar, por exemplo, e até mesmo fazer pesquisas em galáxias distantes.

Palavras Homônimas

Palavras homônimas são aquelas que têm o mesmo som, muitas vezes até a mesma grafia, mas são totalmente diferentes, na realidade, em relação ao significado.

Esta atividade consiste em dar ao seu filho pistas e dicas sobre os dois homônimos em que você está pensando e ver se ele é capaz de descobrir as palavras!

Por exemplo:

"Estou pensando em uma palavra que serve ao mesmo tempo para beber e para designar o rei da antiga Pérsia" (chá e Xá).

"Estou pensando em uma palavra que a gente fala igualzinho, só que uma quer dizer o número seis de uma lista e com a outra aquilo em que eu trago as compras que fiz na feira" (sexto e cesto).

"São duas palavras: com uma eu fecho a porta e com a outra eu corto um pedaço de madeira em pedacinhos" (cerrar e serrar).

Abaixo, alguns exemplos de homônimos. Nunca se esqueça de respeitar a idade e a habilidade do seu filho, para ele não se frustrar!

Sério/cério
Sede (lugar)/cede (ceder)
Conserto/concerto
Ceco/seco
Sexta/cesta
Cedo/cedo (ceder)
Passo/paço
Cocho/coxo
Acento/assento
Cinto/sinto
Sento/cento

Material necessário

✓ Apenas o seu tempo

Um Detetive em Nossa Casa

Material necessário

✓ Apenas o seu tempo

Material opcional

✓ Papel

Na atividade 135, você brincou do tradicional "quente/frio" para dar dicas para o seu filho encontrar os objetos. Agora, você vai dar dicas sobre objetos comuns escondidos dentro de casa. Não se esqueça de dar as dicas sempre de acordo com as habilidades da criança.

Uma variação envolve ganhar do relógio. Pegue um cronômetro para criar um quê de excitação. Se várias crianças estiverem participando da brincadeira, esclareça que elas estão competindo contra o relógio, não umas contra as outras.

Para crianças mais velhas, experimente brincar escrevendo as dicas em pedaços de papel ou fichas, mais ou menos assim: "Eu sou quadrada" ou "Estou pertinho da garrafa pequena" ou "Estou dentro do que há de maior na sala de visitas".

Cada ficha ou papel deve ter uma dica e o objetivo é saber quantas dicas cada criança precisou para descobrir onde estava um determinado objeto.

Não perca a oportunidade de chamar a atenção das crianças para os objetos que têm uma história pessoal, por exemplo, antiguidades ou objetos herdados, que trazem consigo um pedaço da história da família.

Casa de Cartas

Cartas de jogar podem se tornar um excelente material para brincar de construir. Eis alguns jogos que serão capazes de entreter o seu filho por longas horas e ainda exercitar a sua agilidade.

Comece com as formas básicas. Cabaninhas e telhadinhos são as mais fáceis de fazer: basta colocar duas cartas voltadas uma para a outra, formando um ângulo de 90 graus (com pequenas variações) ou ainda colocando duas outras cartas de pé em frente à abertura do "telhadinho".

Assim que a criança "pegar o jeito" e sentir como é delicada esta atividade, começará por si mesma a colocar mais cartas – mesmo conhecendo de antemão como é fácil derrubar um castelo de cartas! Ela logo perceberá que não pode sequer respirar direito, mas isso funcionará como um desafio para ela.

Deixe-a criar ao seu bel-prazer, mas sugira maiores desafios, tais como construir uma cidadezinha, um acampamento, uma ponte ou um corredor de cartas.

(Para ideias de uma versão simples desta atividade, especialmente para crianças menores, veja a atividade 86.)

Material necessário

✓ Um baralho

Casa de Cubos

Material necessário

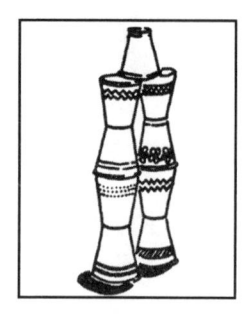

✓ Copos descartáveis (lavados)

O que fazer com os copos descartáveis não recicláveis?

Lave-os e guarde-os para fazer um Campeonato Mundial de Empilhamento em um belo dia de chuva!

Empilhar cartas pode ser uma diversão para muitos, mas empilhar copos pode ser ainda mais interessante quando se quer manter certas mãozinhas ocupadas e uma atenção ilimitada por alguns momentos. É diversão garantida para dois ou mais participantes, mas também pode ser boa para alguém sozinho.

Talvez você e seu filho possam se revezar na colocação de copos descartáveis um em cima do outro – com o maior cuidado, é claro! E se o seu companheiro de repente tiver uma súbita vontade de colocar o dedinho aqui ou ali, tudo bem.

Até qual altura vocês conseguem colocar os copos antes que todos caiam?

Quantos copos são necessários para construir uma reprodução razoável da Torre Eiffel?

Você consegue empilhar três diferentes tipos de copos sem provocar uma avalanche?

Apenas o tempo, a paciência e um bom espaço na mesa ou no chão poderão responder a essas perguntas.

Uma Fábrica Feita em Casa

Máquinas usadas na fabricação de objetos são fascinantes não apenas para crianças, mas também para adultos que gostam do tema. Com esta atividade, seu filho pode fingir que está fabricando brinquedos, bichos, objetos domésticos e qualquer outra coisa que quiser!

Pegue uma caixa grande de papelão e feche a tampa com uma fita adesiva. De preferência, a caixa deve ser forte. Recorte uma janela perto da parte de baixo, por onde seu filho possa passar para entrar nela. (Lembre-se de que cortar papelão é trabalho para um adulto.) Não corte tudo fora, deixe presa a parte de cima, para ele poder abrir e fechar a "porta". Recorte também um buraco não muito grande na parte traseira, do mesmo jeito, por onde deverão passar os brinquedos. Em seguida, recorte vários buracos no alto e ao lado, para colocar os tubos – exatamente do tamanho dos tubos de papel higiênico ou papel-toalha, dois em cima, um ao lado (veja a ilustração).

Agora é hora de o seu filho começar a trabalhar para valer: ele deve pegar os lápis e canetas e decorar toda a caixa (veja atividade 138 para ter ideias sobre como usar potes de plástico e outros objetos comuns de sucata).

Recolha vários brinquedos, animais de tecido ou pelúcia e objetos da casa, tais como relógio e rádio. Peça à criança para fechar os olhos e insira um item na máquina, pela parte de trás, para ser manufaturado. Agora, é só ele ligar a máquina mexendo nos botões dos mostradores, abaixando a manivela e fazendo outras coisas importantes. Quando ele decidir que já está pronto, deve simplesmente abrir a tampa da frente e ali estará o "novo" objeto!

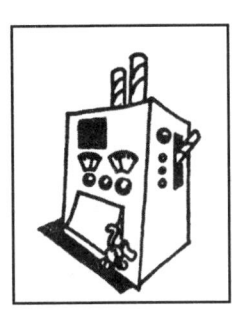

Material necessário

- ✓ Uma caixa de papelão grande
- ✓ Fita adesiva
- ✓ Tubos de papel-toalha e papel higiênico
- ✓ Lápis de cor
- ✓ Canetas hidrocor
- ✓ Itens usados em um painel (veja atividade 138)
- ✓ Brinquedos
- ✓ Animais de pano
- ✓ Objetos domésticos

Pesquisas de Opinião

Material necessário

✓ Uma prancheta

✓ Papel

✓ Caneta ou lápis

Transforme seu filho em um entrevistador: dê-lhe uma prancheta, uma caneta e algumas folhas de papel e diga-lhe para pôr mãos à obra!

Você vai descobrir as pessoas da família que realmente têm opinião a respeito de coisas importantes como a cor predileta, animais de estimação preferidos, o sabor do sorvete de que mais gosta, os planos para as próximas férias, a hora que gostam de ir para a cama, etc. Agora, você vai conhecer o poder de uma pesquisa de opinião bem feita!

Os limites para esta atividade só existem na imaginação do seu filho. Depois que você explicar a ideia inicial (talvez seja interessante falar um pouquinho sobre estatística para as crianças maiores, inclusive ensinando a elas como calcular as porcentagens), responda ao questionário que eles prepararam e sente-se confortavelmente para esperar os resultados da pesquisa.

Você vai descobrir certamente que 100% das crianças acham que poderiam ir mais tarde para a cama, mas esteja certo de que os resultados não são cientificamente provados, portanto, não são conclusivos, o que o exime de pronunciar-se a respeito.

A Língua do Pê

Você sabe falar na língua do pê? É fácil e divertido, mas não pense que você pode entender tudo na primeira vez – mesmo porque ela tem variações esquisitas...!

Veja como funciona: a cada sílaba da palavra, acrescente um "pê". Por exemplo:

"Vopêcêpê querpê topêmarpê umpê sorpêvepêtepê depê mapêrapêcupêjápê?"

Uma variação muito comum é não acrescentar um "pe", mas a letra P seguida da vogal da sílaba que você está falando. Quando for mais do que uma letra, pode-se repetir todas elas, vogais e consoantes, por exemplo, na palavra "tomar" vamos dizer to-po + mar-par.

A partir deste exemplo, a mesma frase acima ficaria:

"Vopocêpê querpêr topomarpar umpum sorporvepêtepê depê maparapacupujápá?".

As crianças deliram com esse tipo de brincadeira, principalmente quando acreditam que só elas estão entendendo, quer dizer, que podem enganar um adulto desse jeito – e se sentem muito espertas!

Material necessário

✓ Apenas o seu tempo

O Vendedor de Sorvete

Material necessário

- ✓ Uma caixa grande de papelão
- ✓ Pedaços de papelão
- ✓ 1 pedaço de papelão fino
- ✓ Casquinhas de sorvete
- ✓ Tubos de papel higiênico

Lembrete de Segurança

Objetos Pequenos

Com esta atividade, você estará ajudando a preservar uma espécie em extinção: o vendedor ambulante de sorvete.

Pegue uma caixa de papelão grande, feche-a com fita adesiva e recorte uma "janela" na parte de cima, tendo o cuidado de não tirar os quatro lados, mas deixar um deles preso para seu filho poder abrir e fechar (veja a ilustração); aí será o lugar onde o sorvete ficará estocado.

Faça quatro rodas e prenda-as com fita adesiva na parte de baixo da caixa; se quiser que elas realmente girem, coloque um pedaço de arame ou um limpador de cachimbo em cada uma, tendo sempre o cuidado de não deixar a ponta para fora, para que ninguém se machuque, nem deixar pedaços pequenos ou pontudos ao alcance de crianças pequenas. Agora, seu filho pode enfeitar o seu carrinho de sorvetes do jeito que achar melhor, usando os lápis de cor, as canetas hidrocor e o material de decoração que vocês tiverem à mão.

Para os sorvetes, usem a imaginação. Vocês podem usar as casquinhas de verdade e fazer o sorvete de mentirinha, ou podem fazer tudo de papelão ou papel-cartão, que é mais fino, ou mesmo de cartolina. Recortem papel colorido em forma de bola de sorvete e ponham em cima do cone.

Pronto! Agora, é só curtir o sorvete do seu sabor predileto.

Não se esqueçam dos guardanapos: sorvete de casquinha costuma derreter e fazer a maior bagunça!

Cozinha Improvável

Nossos filhos e seus amigos, frequentemente, se deliciam com sugestões para comidas muito estranhas. Você e seu filho também podem se divertir inventando comidas malucas só para matar o tempo – ou quando estiverem realmente esperando o almoço ficar pronto.

Pedimos desculpas aos vegetarianos (e aos muito "enjoados") por estas comidas francamente improváveis abaixo:

Baratas fritas com catchup de morcego.
Pele de cobra coral bem picadinha.
Manteiga de amendoim com asas de lagarto.
Barbatana de peixe com banana nanica.
Suflê de aranha.
Mousse de melancia com farelo de pão.

E a lista vai longe... Principalmente se você deixar por conta das crianças!

Falando nisso, o que você acha de um sapo ao molho pardo no jantar?

Ué, você não sabe como prepará-lo?

Pegue a receita no Livro das Bruxas e... Bom apetite!

Material necessário

✓ Apenas o seu tempo

Jogo de Cartas Inventado

Material necessário

✓ Um baralho

Um baralho pode oferecer horas e horas de entretenimento e diversão para você e seus filhos – mesmo se você não quiser lhes ensinar como jogar pôquer ou *blackjack*...

Mostre às crianças as figuras maravilhosas que as cartas apresentam, com pessoas e símbolos. Em seguida, sugira que eles mesmos inventem um jogo do gosto deles, usando o baralho. Por exemplo: agrupando todas as cartas da mesma cor; separando as cartas que têm figuras das cartas que têm números; comparando as cartas e tentando descobrir qual delas é maior do que as outras e colocando-as em ordem, etc.

O mais divertido, porém, será inventar um jogo para jogar com você, no qual as regras mudam a cada rodada – e ficam mais complicadas também! Isso vai servir, no mínimo, para deixar todo mundo "ligado"!

Preste atenção: vale gritar "Bingo" quando você arrematar a cartada!

Surpresa!

A maior parte das pessoas compreende o mundo baseando-se no que vê e ouve; assim, frequentemente ignoramos o rico mundo das texturas que se expõe ante nós... Esta atividade levará seu filho a uma visita ao mundo do toque, cheio de diversão e novidade.

Coloque uma porção de objetos comuns em um saco de papel. Você pode misturar os brinquedos favoritos dele com alguns animais de pelúcia, tecido e plástico; esponja e utensílios de cozinha de variados materiais, além de cenouras, pepinos, batatas e objetos de decoração, chaves, lápis, borrachas e canetas – vale tudo o que a sua imaginação mandar.

Depois, apenas tocando o objeto, ele vai ter de adivinhar o que é e do que é feito. Dê dicas, se for preciso, e não se esqueça do principal: ao selecionar os objetos que vão ser colocados dentro do saco, considere a idade e as habilidades da criança.

Para aumentar o desafio, peça que ele identifique objetos similares apenas com o toque. Por exemplo: ofereça vários carrinhos (ou bonecas, chaves, etc.), objetos que tenham mais ou menos a mesma forma e tamanho e peça para ele identificar cada um.

Talvez seu filho descubra uma coisa interessante: o toque pode fazer-nos perceber as coisas tão bem quanto os olhos!

Material necessário

✓ Um saco de papel
✓ Objetos da casa

Lembrete de Segurança

Partes Pequenas

Um Safári Dentro de Casa

Material necessário

✓ Papel

✓ Tubos de papel higiênico

Observe o desenho ao lado e responda: o que é isso, uma luminária de chão ou uma girafa com um abajur na cabeça?

Só tem um jeito de responder a essa pergunta: seguir seu filho em um safári.

Este safári que ele vai liderar acontece exatamente na sala da sua casa – ou em outro lugar que você achar melhor – e exige uma pequena preparação.

Primeiro, pegue um papel e recorte várias pegadas de animais. Desenhe algumas pegadas de patas – leões e tigres, por exemplo; cascos para girafas, gazelas, zebras e antílopes; pés com marcas de dedos para gorilas e macacos; e pés redondos e grandes para hipopótamos e elefantes.

Em seguida, faça um binóculo para cada membro do safári, colocando juntas duas rodelas de tubo de papel higiênico. (Ficará melhor ainda se você os cobrir com algum papel preto.)

Espalhe pegadas pela casa toda. Talvez seja melhor você colocar as pegadas dos hipopótamos perto da banheira ou do chuveiro; as dos macacos podem ficar perto das plantas; as do tigre e família perto de um covil feito com travesseiros e almofadas.

Mantenham o sangue frio quando virem as pegadas dos animais – qualquer barulho pode fazê-los fugir, ou atacar!

Corrida das 500 Bexigas

Material necessário

- ✓ Bexigas grandes
- ✓ Canudinhos
- ✓ Cordão
- ✓ Cadeiras

Lembrete de Segurança
Bexiga

Eis uma atividade com bexigas simplesmente fantástica, que você pode patrocinar sem que precise antes comprar um caminhão de gás. Ela é destinada apenas às crianças maiores, pois envolve bexigas, que podem provocar risco de sufocamento em crianças pequenas.

Cole um pedaço de um canudinho de plástico no alto de cada bexiga. Pegue algumas cadeiras e coloque-as aos pares, estendendo-as pela casa ou sala, e corte pedaços de cordão de tamanho suficiente para ligar o encosto de uma ao encosto da outra. Enfie o cordão dentro do canudinho de um dos balões, depois, amarre a ponta a um par de encostos de cadeira. Repita o procedimento para cada participante e comece a marcar o tempo. As crianças deverão soprar a bexiga enquanto andam. Regra importante: as bexigas não podem ser tocadas sob nenhuma hipótese.

Podem começar!

Loucuras com Letrinhas

Material necessário

- ✓ Papel
- ✓ Lápis ou caneta

Este jogo pede apenas algumas folhas de papel e algo para escrever.

Desenhe uma linha vertical no lado esquerdo de uma folha de papel; no lado esquerdo desta linha, escreva o alfabeto. Use também K, Y e W, num total de 26 letras.

Quando estiver pronto, pense em uma letra ao acaso (por exemplo, G) e coloque-a do lado direito da linha que você traçou. E continue seguindo a ordem alfabética a partir desta letra que você escolheu, até Z (no caso do exemplo, escreva o alfabeto a partir do G); quando chegar ao Z, comece novamente na letra A, continuando o alfabeto até terminar as 26 letras (no exemplo, o T fará par com o Z, o U com o A).

O desafio é conseguir lembrar-se *de nomes de pessoas conhecidas de todos os participantes* – personagens históricos, artistas de novelas, pintores e escritores famosos, etc. – cujas iniciais estejam na lista. Por exemplo, XM é Xuxa Meneguel, ML é Monteiro Lobato e assim por diante. Vocês podem acrescentar mais uma letra, já que são comuns os nomes com três iniciais.

A pessoa que fez a lista deve dizer as iniciais que foram formadas. Cada um pode pensar os nomes separadamente ou todos podem pensar juntos. Contem os pares que conseguiram identificar. No final, apenas para dar risada, inventem nomes esquisitos, por exemplo, CC pode ser "Carlos Comes".

Orquestra Instantânea

Os instrumentos musicais abaixo, fáceis de fazer, não costumam desafinar. O problema é que seus filhos e amigos nem sempre acharão o tom, mas que importância tem isso? O que todo mundo quer é se divertir! E isso é garantido.

Seu filho precisa juntar e reunir:

O órgão básico sintetizador conhecido como pente e lenço de papel: envolva o pente em dois ou três lenços de papel e ligue. Seu filho precisa colocar essa mistura no meio dos lábios e apertar com a boca, soprando delicadamente. Dispensa eletricidade.

O tambor de caixa de aveia vazia: nos dias de hoje, as caixas de papel-cartão vêm com tampas de plástico; puristas preferem o modelo tradicional, mas umas colheres de pau farão boa figura para tirar um som fenomenal deste conjunto insólito.

Banda da pop-garrafa com o vento: uma ou mais garrafas de plástico darão um tom superior; todos os músicos deverão bater delicadamente ora perto do bico, ora no meio das garrafas. Se colocarem água dentro delas, vão variar o som, o que quer dizer que uma pode ter, a outra não e, assim, a variedade pode ser maior ainda.

Agora, atenção: um, dois, três!

Material necessário

✓ Um pente
✓ Lenços de papel
✓ Uma caixa vazia de aveia ou similar
✓ Colheres de pau
✓ Uma garrafa de plástico

Material opcional

✓ Água

Manual de Instruções

Material necessário

- ✓ Lápis ou caneta
- ✓ Papel

Qualquer um é capaz de beber um copo de água, colocar os cereais na tigela com leite ou amarrar os sapatos. Mas o que dizer de um Manual de Instruções ensinando as pessoas a fazerem essas coisas simples?

Para crianças pequenas, você pode escrever uma carta, ensinando coisas do tipo "como montar blocos", "como abrir um envelope" ou "como fechar uma porta". Depois, experimente ler as instruções de novo para ver se seu filho finalmente fez tudo direitinho, conforme as instruções que lhe foram dadas. Por exemplo: "coloque os tênis dentro do armário" pode parecer um comando claro, mas se a porta do quarto estiver fechada e a do armário também, seu filho precisa receber instruções mais claras: abra a porta do quarto, acenda a luz, abra a porta do armário, etc.

As crianças maiores podem tentar descrever tarefas mais complicadas; por exemplo, "como pular corda" ou "como fazer aviões de papel".

E dar laço no cordão do sapato, você saberia descrever com facilidade?

É uma coisa complicada! Experimente!

Capitais do Mundo

Você sabe qual é a capital do Uruguai?
Se não sabe, vai aprender rapidinho quando começar a fazer esta atividade. Ou, pelo menos, seu filho vai ficar craque!

Peça a ele que diga o nome de um país – então você vai dizer qual é a capital. Troquem agora: você vai dizer o nome de um país e seu filho vai dizer o nome da capital. (Cuidado para não exagerar e falar aquele país pequenino lá perto do fim do mundo!)

Naturalmente, o melhor é ter um mapa ou atlas em mãos para verificar se a resposta está certa. Depois que tiverem esgotado as fáceis – Londres, capital da Inglaterra; Paris, capital da França – vocês poderão começar a pedir outras mais difíceis – Zagreb, capital da Croácia; Bangkok, capital da Tailândia.

Falando nisso, a capital do Uruguai é Montevidéu. Mas essa é claro que você já sabia!

Algumas capitais:
Canberra – Austrália.
Ottawa – Canadá.
Abidjan – Costa do Marfim.
Madri – Espanha.
Estocolmo – Suécia.
Berlim – Alemanha.

Material necessário

✓ Apenas o seu tempo

Notícias do Mundo

Material necessário

✓ Papel

✓ Lápis ou canetas

✓ Revistas

Material opcional

✓ Bloco de notas ou caderno

✓ Gravura do globo terrestre

Mesmo se seu filho ainda não tiver sido alfabetizado, esta atividade será muito divertida – e ainda dará informações sobre outras culturas.

Escolha um lugar – por exemplo, o Japão – e escreva em uma folha de papel "Jornal do Japão" ou "Notícias do Japão", ou qualquer outro título comum para um jornal. Em seguida, comece a procurar novidades dignas de nota que se refiram ao lugar escolhido para escrever um "artigo" para o jornal.

Primeiro, pergunte ao seu filho tudo que ele sabe sobre o país escolhido, no caso, o Japão: que língua falam, o que gostam de comer, onde está localizado no mapa. Vá escrevendo frases a respeito de cada um dos tópicos. Se você puder localizar um jornal japonês de verdade, mostre-o à criança e peça para ela imitar a escrita japonesa. Procurem juntos gravuras nas revistas que se refiram ao Japão de alguma forma.

Não se preocupe em virar um *expert* sobre o país em questão. Fatos generalizados são mais do que suficientes para a brincadeira continuar. Se você realmente se envolver com a atividade, pesquise em guias de viagem, que poderão lhe dar todo tipo de informações a respeito.

À medida que vocês forem desenvolvendo jornais sobre vários países, arquive-os ou use um bloco de notas ou caderno para que não se percam. Coloque na capa a figura do globo terrestre e vocês logo terão o mundo na sua sala de estar.

Invente um Animal

Decididamente, esta atividade atingirá os limites da imaginação do seu filho – se é que isso é possível!

Estabeleça diferentes condições para descrever um animal e veja se seu filho consegue resolvê-las. Por exemplo:

"Este animal vive na terra, mas gosta de ficar mergulhado na água. Ele não consegue ficar sem respirar mais do que um minuto. Como ele faz?".

Algumas respostas possíveis:

"Um que tenha as narinas no alto da cabeça", ou "um que tenha um nariz igual a uma tromba, para poder mantê-lo fora da água, respirando"; ou ainda "um que tenha um tubo de ar nas costas".

Outro exemplo:

"Quero um animal que seja capaz de voar muito rápido e correr muito rápido também, inclusive ao mesmo tempo".

"Ele poderia ter asas nos pés" ou "pés que funcionassem como asas"; também poderia ser "um animal que pudesse fazer os seus pés virarem asas quando quisesse".

Ajude a criança a inventar um nome para essas criaturas fantásticas e anote tudo, porque certamente ela vai se esquecer ou mudar de ideia. Você pode ainda criar um "Zoo Exótico" com todos esses personagens, registrando-os num bloco de papel ou caderno e ampliando, com isso, a coleção de trabalhinhos criativos dos seus filhos.

Material necessário

✓ Papel

✓ Lápis ou caneta

✓ Bloco de notas ou caderno

Eu Tenho uma Lista

Material necessário

✓ Papel

✓ Caneta ou lápis

Armado apenas de um papel e uma caneta, seu filho pode testar tanto o raciocínio quanto a imaginação desenvolvendo listas. Tudo que você precisa fazer é ajudá-lo nas categorias; também pode ajudar escrevendo para os que ainda não dominam perfeitamente as letras.

Abaixo, algumas ideias. Peça ao seu filho que encontre e relacione coisas ao seu redor que...

... fiquem no alto de outra coisa.
... sejam menores do que um porta-joias.
... sejam maiores do que um porta-joias.
... foram dadas de presente por alguém da família.
... precisem de eletricidade para funcionar.
... estejam no chão.
... possam ser reutilizadas.
... possam ser recicladas.

Você pode adaptar esta atividade segundo a idade e/ou habilidade do seu filho, reduzindo ou ampliando o número de itens para procurar. Cinco ou seis já serão um desafio para os menores; crianças maiores podem procurar muitos outros ao mesmo tempo. Após algum tempo, seu filho voluntariamente será capaz de acrescentar outros itens e novos desafios à atividade.

Corridas Malucas

Para esta atividade, ninguém precisa ter qualquer tipo de habilidade, pois ela envolve unicamente a sorte. Não é recomendada para crianças pequenas, pois correm o risco de se sufocar com as bexigas.

Use um cordão, fio ou fita adesiva para delimitar um espaço no chão, fazendo uma ou mais linhas. Encha uma bexiga para cada criança (você pode brincar com apenas uma criança, também). A bexiga não deve ser amarrada, mas apenas presa com a ponta dos dedos. Conte até três – neste momento, cada criança deve soltar a sua bexiga.

Dependendo do lugar onde vocês estiverem brincando, você, o adulto, vai estabelecer as regras: pode optar por dizer que vence quem consegue fazer a sua bexiga ultrapassar a linha marcada no chão ou cruzar a linha final.

Como variação, você pode pedir às crianças que enfeitem um saco de papel bem leve e encham as bexigas dentro dele, para soltá-la em seguida.

Uma dica: os sacos de papel precisam ser realmente leves. Retire qualquer excesso (um fundo, por exemplo) que possa atrapalhar a brincadeira.

Outra variação envolve prender um canudinho no saco de papel vazio. Passe um cordão pelo canudinho e, depois, amarre-o entre duas cadeiras. Ponha o saco em uma lado do canudinho, encha a bexiga dentro do saco, mas prenda a boca dela. Faça isso com duas bexigas em duas cadeiras ao mesmo tempo e, então, solte-as: eis uma corrida de bexigas!

Material necessário

- ✓ Bexigas
- ✓ Cordão, fio ou fita adesiva

Material opcional

- ✓ Lápis de cor
- ✓ Sacos de papel
- ✓ Canudinhos

Lembrete de Segurança

Bexiga

Receita de Argila da Judy

Material necessário

✓ Farinha
✓ Sal
✓ Água
✓ Guache ou similar para pintar

Material opcional

✓ Cortador de biscoitos
✓ Potes de plástico

Lembrete de Segurança

Fogão

Esta receita de argila feita em casa permite que você "queime" todos os objetos que as crianças fizerem no forno de sua cozinha – sempre se lembrando de que este é um trabalho que só um adulto deve fazer.

Peça para elas misturarem quatro xícaras de farinha, uma de sal e 1¾ de água. Quando esse material estiver com uma boa textura, deve ser enrolado e já poderá ser usado para modelar todos os objetos que as crianças quiserem.

Providencie cortadores de biscoitos e potes de plástico para a modelagem. Se as crianças quiserem fazer algum ornamento ou outros tesouros que devam ser dependurados no pescoço, lembre a elas que deverão fazer um buraquinho no objeto.

Depois que as crianças fizerem tudo que quiserem – animais, frutas, joias, casinhas, bonecas, objetos da escola e da casa, etc. – leve ao forno a 200 graus por cerca de três horas. É importante respeitar o tempo e a temperatura para que a água se evapore. (Lembrando mais uma vez que mexer no forno quente não é para crianças.) Depois que os objetos tiverem esfriado, use guache para decorá-los.

Agradeço à minha amiga Judith Burros por esta receita. A decoração de Natal que seus filhos fazem com ela é tão linda como há 20 anos atrás.

Picolés Deliciosos

No verão, principalmente, não há criança que não queira chupar um picolé, ou vários, o dia inteiro. O problema é que eles não costumam ser muito nutritivos – e custam caro! Por que, então, não começar a fazer picolé em casa para toda a criançada?

Tudo que você precisa é de copinhos descartáveis de plástico ou papel, palitos iguais aos de um picolé comprado (colherinhas de plástico podem fazer o mesmo efeito) e um litro ou dois do suco favorito da meninada.

Encha os copinhos descartáveis com o suco, coloque os palitos em um lado e leve ao congelador ou *freezer*. Se você quiser que os palitos fiquem no meio, deve esperar gelar um pouco até que se forme uma casca, mas com o meio ainda mole, antes de ficar completamente congelado.

Para ficar pronto, o picolé demorará cerca de duas horas. Então, é só colocar um pouco de água da torneira na parte de fora dos copinhos para desenformar e vocês terão um delicioso sorvete de palito.

As crianças certamente vão querer variar a receita. Todos os sucos de frutas – inclusive os que você faz pessoalmente – são sérios candidatos a virar picolé, mas se você realmente quiser fazer um picolé nutritivo, experimente colocar leite no lugar da água. E pode variar fazendo um picolé de chocolate com leite, ou de coco, banana, morango, abacaxi e até de manga!

Material necessário

✓ Sucos

✓ Copinhos de plástico ou de papel

✓ Palito

✓ Geladeira

Material opcional

✓ Leite

Robô Júnior

Material necessário

- ✓ Duas sacolas de loja
- ✓ Lápis de cor ou caneta hidrocor
- ✓ Tubos de papel-toalha
- ✓ Potes de plástico com tampa
- ✓ Uma caixa de cereal
- ✓ Canudinhos
- ✓ Papel Kraft

Todo mundo curte um robô simpático. Você pode fazer um rapidamente, apenas usando algumas coisas que já tem em casa e utensílios da cozinha.

É muito fácil: comece pela parte de cima, fazendo uma cabeça com uma sacola de loja, de preferência de papel Kraft. Faça buracos para os olhos, o nariz e a boca. Para que ele tenha uma aparência mecânica, pegue dois copinhos de iogurte, corte o fundo e cole em volta do buraco dos olhos. Você também pode cortar o fundo de copos descartáveis de papel ou plástico e colar na máscara. Faça um nariz realmente robótico com cartolina. (É claro que você não precisa ter trabalho algum, se não quiser: basta que peça ao seu filho para se encarregar de desenhar uma cara para o robô com lápis de cor e canetas hidrocor.)

Depois, pegue outra sacola igual e faça nela os buracos para os braços e o pescoço. Cole tubos de papel-toalha, canudinhos, potes de plástico, tampas e outros materiais que pareçam pertencer a um ser mecânico. Envolva uma caixa de cereal em papel Kraft, acrescente alguns mostradores e cole no controle central do robô, ou seja, no peito dele.

Termine a geringonça com tubos, fazendo as vezes de pernas e pés; agora sim: suas crianças já podem trazer o robô à vida.

Na Hora Certa

Quantas vezes por dia você diz para seu filho: "Só um minuto!" ou "Espere alguns minutos!" ou "Já vai, um segundo!"?

Você tem realmente ideia do que isso significa para a criança?

Para descobrir, eis alguns jogos de tempo.

Pegue um relógio que marque os segundos. Peça então ao seu filho que feche os olhos e comece a contar: "Um hipopótamo, dois hipopótamos, três hipopótamos, etc.", explicando que ele precisa de um segundo para dizer a palavra "hipopótamo". Em seguida, veja se ele consegue contar os segundos mentalmente – e dizer quanto é dez segundos.

Depois, passe para períodos maiores de tempo. Mostre quanto tempo o ponteiro demora para passar por todos os números marcados no relógio e explique que uma volta completa é um minuto, acrescentando que duas voltas fazem, então, dois minutos (mesmo se seu filho sabe ver as horas, nem sempre ele tem a ideia de que o segundo ponteiro também faz um círculo completo). Experimente pedir para ele avisar quando um ou dois minutos passaram; depois, tire o relógio da vista dele e peça para ele avisar quando dois ou três minutos passaram.

A propósito, quanto tempo você demorou para ler esta atividade?

Material necessário

✓ Relógio com marcador de segundos

O (A) Guardador(a) de Garrafas e Latas

Material necessário

- ✓ Garrafas e latas de bebidas
- ✓ Lugar para estocá-las
- ✓ Papel
- ✓ Caneta

Onde você mora é costume fazer reciclagem de garrafas e latas? Em muitos lugares, as pessoas juntam e vendem para a reciclagem. Se este for o caso da sua cidade, seu filho poderia usar esse "dinheiro secreto" para desenvolver um projeto que vai ajudá-lo a aprender as possíveis maneiras de administrar os recursos da natureza e ainda ajudar os outros.

Chame-o de "Guardador de Garrafas e Latas" e peça-lhe que escolha uma instituição de caridade ou um grupo comunitário que poderia ser beneficiado com uma doação da sua família. Provavelmente você terá de ajudá-lo nessa seleção, principalmente se ele for pequeno, mas isso não é problema. O trabalho dele será: arranjar um lugar para guardar os recipientes, estocá-los durante algum tempo e levá-los para a reciclagem, dando todo o dinheiro conseguido com a venda das garrafas e latas para a instituição escolhida.

É claro que você terá de acompanhá-lo até o depósito para a reciclagem, ajudá-lo a colocar as garrafas e latas no local adequado, receber o dinheiro, etc. E, se a instituição que vai receber o dinheiro não ficar muito longe, leve-o para fazer isso pessoalmente – o que será um prazer redobrado.

Um Banco Especial

Muitas crianças pensam que o banco é um lugar que qualquer um pode ir para buscar todo o dinheiro de que precisa, livremente; quem dera fosse assim tão fácil...!

Seus filhos vão adorar brincar no "banco" da sua sala de visitas. E ainda aprenderão muito sobre dinheiro!

Tudo que você precisa para ter um "banco eletrônico" ou um "caixa" é uma cadeira cujo encosto seja aberto (é claro que você pode criar algo muito mais elaborado com uma caixa de papelão grande). Vocês vão ter de fazer algum dinheiro de mentira, a menos que você tenha um monopólio ou seja "temporariamente assaltado" durante esta brincadeira. Cupons e selos do correio fazem um excelente dinheiro (veja também atividade 68). Vocês podem ter também um talão de cheques grátis para o banco e sempre poderão usar alguns pedaços de papel para servir de comprovante de depósito. Para clientes que tenham caderneta de poupança, usem blocos de anotações para marcar as quantias depositadas e sacadas.

Finalmente, providencie algumas "moedas" – elas podem ser feitas com papel laminado e, se você quiser, pode até passar o lápis em cima das moedas de verdade e "marcar" o papel laminado, transferindo o desenho das moedas verdadeiras para ele (ver atividade 63). Outra ideia é arranjar bolsinhas para colocar as "moedas" – elas podem ser oferecidas gratuitamente aos "correntistas".

Entre na brincadeira e abra uma conta para você também. Só não espere um tratamento muito especial, com comidinhas e muitos cumprimentos; um banco de criança é como elas próprias: todo mundo está sempre com pressa!

Material necessário

✓ Dinheiro de mentira

Material opcional

✓ "Moedas" de papel laminado
✓ Bloco de notas ou caderno
✓ Caneta ou lápis

Festas das Crianças

Material necessário

✓ Caneta ou lápis

✓ Calendário

Quem disse que apenas as pessoas que foram oficialmente eleitas podem decidir sobre novos feriados no calendário oficial do país? Seus filhos também podem escolher dias certos para homenagear as pessoas e os animais, celebrar as suas festas, etc.

Deixe que as crianças criem datas ao seu gosto e escreva-as num calendário, para não serem esquecidas.

Abaixo, algumas sugestões de dias interessantes para possíveis comemorações especiais:

Dia do Azul
Semana da Limonada
Dia Nacional da Preguiça
Semana dos Soldadinhos de Chumbo
Noite da Guerra de Travesseiros
Mês dos Chicletes
Dia Oficial de Ganhar Balas
Dia do Chocolate
Semana dos Monstros
Dia do Vale-Tudo (sem broncas!)

A propósito, você já pensou na roupa que vai vestir na festa do "Dia Nacional do seu Animal de Estimação", na semana que vem? E no presente que vai levar?

O Circo das Crianças

Se seu filho gosta de circo, você pode patrocinar um logo ali na sala da sua casa ou em outro lugar tão acessível quanto este, do gosto de vocês.

Algumas sugestões:

Arme um circo colocando um lençol (ou uma tenda, se tiver) acima da mesa, ou colocando seis cadeiras em círculo, viradas para fora, e cobrindo o meio com um lençol pendurados nos encostos delas. Encha a tenda de animais de pelúcia – os artistas. Se tiver material para pintar o rostinho das crianças, melhor ainda, mas você pode usar os seus lápis de pintar os olhos, batons e sombras para fazer não apenas palhacinhos, mas também feras selvagens, tais como tigres, onças e leopardos, além de dóceis gatinhos, coelhinhos e cachorrinhos. Camisetas e sapatos de adultos podem se transformar em interessantes fantasias para os artistas. Você também pode colocar alguns bichos de pelúcia na plateia, sentados em caixas. Se as caixas estiverem amarradas umas às outras, podem virar um circo-trem. Balance alguns potes ou copos de plástico para cima e para baixo quando for a hora de começar o espetáculo. Se seu filho tiver uma fera de pelúcia, coloque-a numa jaula, para que ele possa brincar de ser o domador.

Naturalmente, você não pode se esquecer da pipoca ou de alguns salgadinhos para comer enquanto espera o espetáculo começar.

Providencie também os ingressos, que seu filho pode fazer com papel e lápis de cor, para os irmãos, muitos amigos e todos os parentes que for possível.

Aqui em casa, temos uma regra muito importante: cada vez que um circo se apresenta, faz parte do espetáculo, no final, colocar tudo no lugar. Assim é o *show biz*!

Material necessário

✓ Tenda, lençol ou cobertor

✓ Animais de pelúcia

✓ Caixas

✓ Potes e copos de plástico

✓ Cordão

Material opcional

✓ Pintura no rosto

✓ Camisetas e sapatos dos adultos

Vamos Acampar?

Material necessário

✓ Lençol

✓ Toalhas grandes ou cobertores

Material opcional

✓ Lanternas

✓ Tubos de rolo de papel higiênico

✓ Canetas hidrocor ou tinta

Se você gosta da ideia de dormir ao ar livre, mas recua só de pensar na possibilidade de dormir tendo as estrelas como teto, temos boas notícias: você pode "acampar" com as crianças na segurança da sua sala de visitas, usando apenas um cobertor ou lençol (ou mesmo toalhas grandes) e uma lanterna.

Com o lençol ou similar cubra a mesa da cozinha ou da sala de jantar e... Pronto! Uma tenda instantânea acaba de ser armada! Ofereça um saco de dormir para cada criança, feito com uma toalha grande de praia ou mesmo um cobertor. Pegue as lanternas (com baterias recarregáveis) e apague as luzes da casa.

Você pode apimentar o acampamento fazendo uma fogueira com tubos de rolo de papel higiênico decorados a caráter: como se fossem chamas vermelhas recortadas e como troncos de árvore que vão se queimando aos poucos. Neste caso, aproveite para vivenciar o sonho completamente e deixe as crianças "assarem" *marshmallows* no "carvão".

As crianças menores irão apenas curtir as alegrias de armar uma "tenda" para dormir em um espaço fechado; as maiores podem até inventar uma expedição ou contar/ouvir histórias de fantasmas e assombrações. Você, talvez, se veja obrigado a criar alguns efeitos especiais... E a dar uma mão para ajudar aqui e ali!

Cozinha Fina

Pronto para uma surpresa?
Sua despensa pode ser um lugar chocante, cheio de coisas maravilhosas para fazer joias. Eis algumas sugestões:

O macarrão com o qual você cozinha pode ser transformado em colares, braceletes, diademas, anéis e outras peças da mais fina joalheria. Basta enfiá-los em um cordão. Para fazer o fecho, cole o macarrão em um pedaço de cartolina, coloque um clipe de papel na parte de trás e pronto. (Não esqueça que os clipes devem ser mantidos fora do alcance das crianças pequenas.)

Para incrementar as sessões de joalheria com macarrão, escolha diferentes formas da massa na próxima vez que você for ao supermercado. Procure os tipos parafuso, gravatinha, estrela, concha, redondos e as mais variadas formas e tamanhos de tubos que conseguir encontrar. E você pode tornar o macarrão mais interessante ainda mergulhando-o em anilina para alimentos antes de usar, para que eles ganhem uma nova cor. Outros itens, como cascas de amendoim, também podem ser usados para fazer peças de joalheria.

É claro que todas essas joias podem ser usadas pelas crianças, mas também podem ser oferecidas aos animais que vocês têm em casa (de preferência, os de pelúcia!). Finalmente, a joalheria pode se tornar uma arte – as crianças podem fazer colagens em vez de joias para usar. E não se esqueça de mostrar as criações dos seus filhos para todos os parentes e amigos!

Material necessário

✓ Fio, cordão

✓ Macarrão

Material opcional

✓ Anilina para alimentos

Lembrete de Segurança

Partes Pequenas

Descobertas na Cozinha

Material necessário

- ✓ Papel
- ✓ Caneta, lápis ou caneta hidrocor
- ✓ Potes e utensílios da cozinha

Sua cozinha é uma fonte maravilhosa de recursos que podem ser descobertos e transformados em incríveis utensílios artísticos. Em pedaços de papel, use lápis, caneta, canetas hidrocor ou similar para desenhar uma série de tipos de objetos, que depois podem ganhar feições.

Coadores virados ao contrário e panelas podem ser usados como bases de caras muito engraçadas; os pegadores laterais podem ser as orelhas. Panelas são ótimas para algumas propostas – por exemplo, as frigideiras com cabo longo podem ser a cara e o pescoço de divertidos palhaços e outras criaturas.

Os pratos também fazem boa figura: podem ser rostos, além de ficarem perfeitos para pneus e bexigas. O mesmo para copos, xícaras e outros potes de plástico.

Potes quadrados podem ser usados para casas e prédios, enquanto colheres, facas e garfos serão as árvores.

Uma caixa de papel de alumínio faz um trem perfeito, mas também pode ser automóvel, ônibus ou caminhão.

Não se esqueça dos cortadores de biscoitos: está pensando que eles só servem para cortá-los?

Percorra a cozinha com um olhar diferente, buscando materiais que sirvam de base para novas criações. Você vai ficar surpreso com a quantidade de coisas que vai encontrar com formas interessantes. E quando seu filho mostrar para a vovó e o vovô os seus preciosos trabalhos, quem vai adivinhar que esse flamingo repousando em uma perna só é, na realidade, um dente de alho disfarçado?

Cabeça-de-Nó

Todas as pessoas têm um osso que parece um nó ou um botão nos pulsos: os cabeças-de-nó!

Eles são criaturas tímidas, mas se revelam facilmente: você fecha o pulso e, em seguida, o roda.

Experimente também desenhar uma carinha em outro osso cabeça-de-nó, colocando o dedo polegar junto ao indicador (conforme mostra o desenho). O espaço que fica entre os dois dedos pode virar uma boca e ela pode ser mexida para cima e para baixo apenas com um leve movimento.

Mostre isso ao seu filho; para um efeito melhor, use tinta lavável e não tóxica, fácil de encontrar nas papelarias, criando olhos, boca, nariz, lábios, bigodes, sobrancelhas e outros detalhes.

O que um cabeça-de-nó pode fazer?

Um monte de coisas!

Prepare-lhe um palco – algo como uma mesa – e "ele" estará pronto para ler e contar histórias, cantar, declamar versos, brincar com as palavras propondo charadas do tipo "O que é, o que é?", trava-línguas e outras formas similares de entretenimento.

Dois ou mais cabeças-de-nó podem encarnar muitos personagens em um jogo – livre ou preparado com antecedência. Experimente colocar uma criança mais velha para ser o cabeça-de-nó, enquanto os menores serão a plateia, ou ele será o pai ou a mãe e as crianças, os filhos; as possibilidades são infinitas!

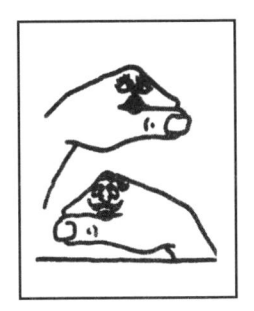

Material necessário

✓ Tinta para pintar a pele (lavável e não tóxica)

Folhas Secas

Material necessário

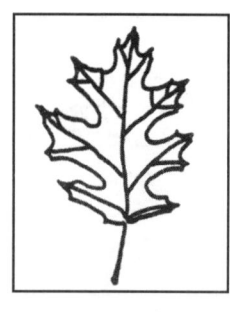

- ✓ Papel absorvente ou jornal
- ✓ Cartolina
- ✓ Livro grosso

Uma maneira de captar o espírito do outono e das folhas que caem é pressionar diferentes tipos de folhas para ressecá-las e usá-las em trabalhos manuais.

Quando você e seu filho saírem para procurar folhas, devem escolher as mais frescas que encontrarem. Evitem arrancá-las: as folhas devem estar no chão. Recolham as mais diferentes – se possível, consultem um livro especializado para saber exatamente que tipo de folhas vocês trouxeram para casa.

Esta é uma carreira bastante promissora e, além de vocês estarem protegendo a natureza, é tudo muito divertido!

Assim que chegarem em casa, coloquem as folhas dentro de um jornal ou papel absorvente, bem ajeitadas para nada dobrar errado. Em seguida, coloquem o jornal dentro de dois pedaços de cartolina e ponham um livro grosso (e pesado) em cima. As folhas não devem se tocar no papel.

Em uma semana, mais ou menos, elas já devem estar secas. Seu filho então as cola em um papel e anota o registro da expedição. Vocês podem também traçar as folhas por fora e desenhar as veias. Se quiserem colar em um pedaço de cartolina e dobrar, pode virar um cartão maravilhoso para um amigo ou parente.

Brincando com as Cartas

Material necessário

✓ Baralho

É perfeitamente possível divertir-se com as cartas, mesmo se a criança ainda não é capaz de compreendê-las e/ou não é pré-alfabetizada. Este é um jogo para dois ou mais participantes que os menores irão adorar.

Pegue um baralho e distribua-o igualmente entre todos os jogadores. A brincadeira consiste em atirar as cartas, um participante de cada vez, em direção à base de uma parede, tentando fazê-la ficar de pé, não deitada no chão. Cada vez que alguém conseguir, adquire o direito de buscar a carta e acrescentá-la às outras que tem nas mãos. Quando erra, perde a carta, que passa a fazer parte de um monte que não é de ninguém.

À medida que o participante vai ficando sem cartas, é obrigado a parar de jogar. O vencedor será aquele que tiver mais cartas no final – ou, talvez, o único que ainda tem alguma carta para jogar na parede...

Brincando com crianças maiores, aumente o desafio por meio de regras mais complicadas. Por exemplo, a criança deve pegar uma carta do seu monte com a face voltada para dentro, de modo que não possa saber qual é e atirá-la, sempre sem olhar, na parede. Apenas os naipes de copas e ouros que ficarem de pé serão contados; os outros deverão ser desprezados. Isso também quer dizer que, na primeira distribuição de cartas, será considerada mais sortuda a criança que tiver mais cartas desses naipes.

E tem mais: existe sempre a possibilidade de inventar novas e mais desafiantes regras, a qualquer momento.

Divirtam-se!

Barraca de Limonada

Material necessário

- ✓ Caixas de papelão fino
- ✓ Cartolina
- ✓ Lápis e canetas
- ✓ Caixa para ser o "caixa"
- ✓ Água
- ✓ Suco de limão
- ✓ Sal
- ✓ Açúcar
- ✓ Gelo
- ✓ Copos descartáveis

Eis um clássico do verão que vai trazer sorrisos para os rostos dos seus vizinhos.

Além de encontrar um lugar que seja um bom "ponto", cuide para que o comércio seja simples e interessante. Comece espalhando pelas redondezas muita propaganda do seu trabalho: faça folhetos oferecendo a sua limonada, coloque cartazes e até mesmo algumas setas de cartolina, indicando sua exata localização aos possíveis fregueses. Acrescente uma caixa para ser o seu "caixa", de preferência com algum dinheiro miúdo para servir de troco.

Eis uma boa receita de limonada:
8 xícaras de água
12 colheres de sopa de suco de limão
1 colher de chá de sal
1 ½ xícaras de açúcar

Modo de fazer
Misture tudo muito bem e coloque dois ou três cubos de gelo antes de servir.

O ideal é oferecer um gole para a clientela provar, em copinhos descartáveis de café, por exemplo. E nunca se esqueça de sorrir para os fregueses!

Trocando as Letras

Eis um jogo fascinante para duas pessoas, que pode proporcionar horas de diversão. É preciso apenas que seu filho saiba soletrar.

O primeiro participante diz uma letra, – A.

O segundo diz uma outra letra, mas, a partir daí, o primeiro precisa estar preparado para o desafio que o segundo pode lançar, que é formar uma palavra com as duas letras já ditas. Esta é a razão de precisarem de um dicionário: as palavras formadas não podem ser inventadas, precisam ser legítimas. E, na hora da dúvida, nada como ter um bom dicionário à mão. Ele não deixa ninguém errar: se a palavra estiver no dicionário, ela existe. Caso contrário...

Normalmente, o jogo precisa de quatro ou cinco rodadas antes que um dos participantes seja capaz de dizer uma letra que forme uma palavra legítima ou de se animar a desafiar o parceiro.

Veja um exemplo:
Jogador 1: M.
Jogador 2: A.
Jogador 1: L.
Jogador 2: U e desafia o outro a dizer uma palavra.

A palavra em questão pode ser "maluco", que é uma palavra legítima; mas se, por exemplo, o outro jogador já tivesse lançado o desafio na letra L, estaria formada uma palavra: "mal"

E assim, sucessivamente, até que se cansem.

Material necessário

✓ Dicionário

Letras e Números

Material necessário

✓ Apenas o seu tempo

Este simples jogo pede apenas um pequeno conhecimento de letras e números para ser jogado por dois jogadores ou mais.

Recorte 23 pequenos quadrados de papel, um para cada letra do alfabeto que seu filho vai escrever em cada quadradinho. Em seguida, jogue os quadradinhos em um chapéu ou sacola, para misturar bem. Peça à criança que os tire de lá, um por um, e vá atribuindo um valor a cada uma delas, escrevendo um número em cada um dos quadradinhos, na sequência.

Suponhamos que a primeira letra tenha sido Q; ela vai ter o número 1 escrito do outro lado. A segunda foi A, que vai receber o número 2 no verso e assim por diante. Anote as letras e seus valores em um pedaço de papel separado.

O jogo é muito simples: cada participante deverá formar palavras contendo as letras de valor mais alto possível. Se, por exemplo, E, C, F e A valem respectivamente, 5, 21, 6 e 9, então, a palavra "face" valerá um total de 41 pontos.

Estabeleça um tempo-limite, dê a cada participante um papel e uma caneta ou lápis e deixe-os pensar nas palavras mais valiosas. Quando o tempo expirar, é só contar os pontos e declarar o vencedor!

Biblioteca da Alegria

Os "ratos de biblioteca" vão adorar esta atividade! Confira.

Primeiro, seu filho deverá separar os livros preferidos dele. Providencie envelopes pequenos (podem ser usados) ou faça os seus próprios envelopes dobrando papel sulfite ou qualquer outro como se fosse um bolso. Cole com cola ou fita adesiva um envelope na parte de dentro da quarta capa de cada um dos livros. Escreva o título do livro e o nome do autor em uma ficha ou pedaço pequeno de cartolina e ponha dentro do envelope. Coloque os livros numa prateleira ou mesa.

À parte, faça fichas (pode ser em pedaços de cartolina) para as pessoas que vão retirar os livros por empréstimo, com espaço para colocar o nome e o endereço completo com telefone. Pode fazer também, se quiser, uma "carteirinha" de sócio da nova biblioteca, que deverá ser apresentada cada vez que for retirar ou devolver um livro.

Neste momento, seu filho – que se transformou em um bibliotecário – está pronto para abrir as portas da sua biblioteca para a família.

Após folhear e escolher um livro, o sócio apresenta sua carteirinha e assina a ficha que estava dentro do envelope, na qual o bibliotecário terá colocado um carimbo com a data da devolução do livro (ou escrito à mão, mesmo), guardando a ficha dentro de uma caixa já preparada para recebê-las (qualquer caixa pequena serve).

Crianças maiores podem se divertir muito desenvolvendo um catálogo para os livros e um sistema mais sofisticado de "empréstimo".

E não se esqueça de devolver os livros na data prevista – as multas podem ser muito altas por cada dia de atraso!

Material necessário

✓ Livros
✓ Fichas
✓ Fichário ou caixa
✓ Envelopes ou papel

Material opcional

✓ Carimbos

Leitura Labial

Material necessário

✓ Apenas o seu tempo

Se você for capaz de cantar sem fazer nenhum som, pode ajudar o seu filho a entender o mundo das pessoas que não conseguem ouvir.

Estabeleça um tempo – digamos, cinco minutos – em que ele possa falar normalmente e você apenas possa mover os lábios em silêncio.

Vocês dois conseguem se comunicar?

Quais as palavras ou sons mais fáceis para ele entender?

E os mais difíceis?

Você pode "falar" devagar e exagerando o movimento da boca, para auxiliar o entendimento do seu parceiro.

Se o jogo estiver tranquilo, experimentem trocar de posição: deixe que ele "fale" e você interpreta.

Se perceber que seu filho faz melhor essa parte, ele pode compartilhar esta atividade com os irmãos e amigos – e a casa vai ficar quietinha... Pelo menos, por alguns momentos!

Não deixe a criança ficar boa demais nisso – ela pode traduzir os xingamentos entre os jogadores durante uma partida de de futebol.

O Bingo dos Pequenos

Esta versão do bingo é para ser acompanhada por grupos de crianças pré-alfabetizadas.

Prepare cartelas feitas de papelão fino ou cartolina. Use a caneta para dividir cada uma em quatro seções. Cada seção deve ter uma cor diferente e cada cartela precisa ser única.

Agora, corte quadradinhos de cartolina e pinte-os com as mesmas cores que constam nas cartelas, mas com apenas uma cor por quadrado. Você vai precisar de um total de três quadrados para cada cor que você escolheu para as cartelas. Coloque os quadrados numa sacola e misture-os bem.

O "cantador" das cores deve enfiar a mão na sacola, tirar uma cor e dizer qual é em voz alta. Alternativamente, pode usar um dos dados gigantes da atividade 117. Se o fizer, preste atenção se todas as cores das cartelas correspondem às da face do dado.

Assim que um jogador ouvir uma cor sendo chamada, deve verificar se sua cartela a possui e, em caso afirmativo, deve, então, marcá-la em uma ficha de jogar (você pode usar também sementes de milho ou feijão).

O primeiro a preencher todas as cores grita "Bingo" e recebe como prêmio alguma coisa gostosa de comer, que já estava especialmente separada para isso. Pode ser uma barra de chocolate, um cacho de uvas, uma bala ou uma maçã.

Cada hora uma criança deve fazer o papel de "cantador" e "cantar" as cores, assim, todos terão a oportunidade de ganhar uma coisa gostosa.

(Veja também a atividade 22.)

Material necessário

✓ Cartolina

✓ Lápis ou canetas

✓ Fichas de jogar

✓ Coisas gostosas para comer

Lembrete de Segurança

Partes Pequenas

Caixa de Areia na Sala

Material necessário

- ✓ Tina grande
- ✓ Arroz, milho, farinha de trigo ou aveia, macarrão
- ✓ Utensílios da cozinha

Material opcional

- ✓ Lençol velho
- ✓ Carrinhos, bonecas ou animais

O que você faz quando o seu filho quer brincar na caixa de areia, mas está chovendo torrencialmente?

Traz a caixa de areia para dentro, é claro!

Pegue uma tina grande e coloque-a em cima de um lençol velho, para facilitar a limpeza, posteriormente. Encha a tina com arroz, macarrão, farinha de trigo e aveia, milho, feijão e tudo que você tiver disponível em casa. Depois, dê ao seu filho alguns utensílios de cozinha: colheres grandes, conchas, colheres de pau, funis, canecos de plástico e toda a sorte de coisas boas de enterrar e escavar.

Os pequenos vão adorar manipular tudo que tem dentro da nova caixa de "areia". As crianças maiores vão se divertir brincando de carrinho ou boneca, encher um caminhão ou levar os animais para passear. (A farinha faz um deserto de primeira linha! Ou uma deliciosa praia.) O macarrão, principalmente de tamanho pequeno, faz um meio ambiente perfeito para as construções.

Animais de plástico também são ótimos para caixas de areia que ficam dentro de casa. Estimule a criança a fazer montanhas, vales e outros territórios para dinossauros, selva para tigres e outras feras, buracos para cobras e tocas para coelhinhos simpáticos.

Depois que a brincadeira acabar, guarde o material usado para ser a areia em um pote grande para outras oportunidades.

Cartão de Macarrão

Seu filho pode fazer cartões realmente lindos usando apenas macarrão. Aproveite e envie para os parentes e amigos nas férias, nos aniversários ou em outros dias especiais – o cartão de macarrão vai fazer o maior sucesso.

O macarrão deve estar cru e pode ter todas as formas possíveis: lacinhos, redondos, conchas, tubos de vários tamanhos e diferentes formas podem ser usados como elementos decorativos. Com uma cola não tóxica, a criança os cola em um papel nos lugares que achar melhor; esse papel deverá ser dobrado como um cartão. Depois, é só esperar secar (uma ou duas horas é um tempo mais do que suficiente) e já poderá enfeitar ainda mais colorindo com canetas hidrocor ou pintando com guache os macarrões usados.

Ajude seu filho a escrever uma mensagem, assine e... Pronto! Aí está um cartão de macarrão personalizado.

Este cartão deverá ser entregue em mãos, pois se for colocado dentro de um envelope corre o risco de quebrar – ou melhor, isso é realmente inevitável! E vai ser muito sem graça para o destinatário receber um cartão todo desmontado!

Eles são perfeitos para os aniversários, Dia dos Pais, Dia das Mães, Natal, Páscoa, para oferecer aos avós, aos amigos e parentes em geral. Aliás, para qualquer pessoa, a qualquer dia. Nem espere por uma data especial: todo dia é dia de homenagear quem queremos bem.

Material necessário

- ✓ Papel ou cartolina
- ✓ Macarrão
- ✓ Cola
- ✓ Tinta para pintar

Peixe Magnético

Material necessário

- ✓ Cordão
- ✓ Fita adesiva
- ✓ Pequenos ímãs
- ✓ Grandes clipes para papel

Material opcional

- ✓ Fios
- ✓ Papel alumínio
- ✓ Isopor (folha)
- ✓ Caixa de papelão (grande)

Lembrete de Segurança

Partes Pequenas

O que você acha de uma boa pescaria no conforto da sua sala de estar?

Encontre um pedaço de madeira ou faça um tubo de papel enrolado sobre si mesmo ou qualquer outro material que sirva como vara de pescar para criança. Com uma fita adesiva, pregue nela um pedaço de cordão com um pequeno ímã na ponta. Se vocês quiserem, podem decorar o ímã com cordão colorido ou pedaços de alumínio, para imitar uma isca.

Faça os peixes de cartolina ou papelão fino, ou, então, recorte as gravuras de peixe que encontrar nas revistas. Coloque na boca de cada um deles um clipe de metal e deixe-os no chão, prontos para serem pescados. (Não se esqueça: mantenha objetos muito pequenos longe de crianças também pequenas!)

As crianças vão adorar pescar os peixes lá de cima do sofá, ou mesmo em uma caixa grande fingindo que estão em um barco.

As crianças maiores podem pescar "contra o relógio", ou seja, determina-se um tempo para ver quantos peixes cada um consegue pescar; ou então seguindo instruções malucas, como por exemplo: "levante-se e abaixe-se três vezes" ou "sacuda-se antes como uma minhoca", etc. Elas também podem tentar pescar dentro de uma sacola grande ou com os olhos fechados.

Uma alternativa realmente interessante é fazer os peixes de isopor, colocar o clipe na boca e jogá-los dentro de uma vasilha com água. Afinal, nada pode ser melhor do que a realidade!

(Veja também a atividade 241.)

Esculturas Magnéticas

Muito fáceis de fazer, as esculturas magnéticas oferecem muito entretenimento para seus filhos.

Para criar qualquer tipo de arte magnética você precisa de um ímã poderoso e pequenos clipes de metal (proibido para crianças pequenas, é claro!). Magnetize os clipes esfregando-os numa barra de ferro em uma única direção. Assim que eles estiverem magnetizados, as crianças podem colocá-los em uma fileira, uns atrás dos outros, vertical e horizontalmente, criando, assim, alguma forma.

Sugira todo tipo de esculturas: espantalhos, letras e números, animais, formas geométricas, etc. As crianças podem também contar quantos clipes conseguem enfileirar ou ver se conseguem puxar um outro clipe não magnetizado apenas com a força dos outros.

Esta é uma excelente oportunidade para explicar o magnetismo para as crianças maiores.

Coloque o ímã debaixo de uma folha de papel e jogue alguns filetes de aço em cima (você pode obtê-los comprando nas lojas especializadas). Os filetes se agruparão por conta própria, estabelecendo um padrão que reflete o campo magnético. Explique que um ímã tem o polo positivo e o polo negativo, e que os opostos se atraem, enquanto os iguais se repelem – exatamente como tantas coisas no mundo...

Material necessário

✓ Um bom ímã

✓ Clipes de metal

Material opcional

✓ Pedacinhos de aço

Lembrete de Segurança

Partes Pequenas

Caixa de Correio

Material necessário

- ✓ Caixa de papelão (e instrumentos para um adulto cortá-la)
- ✓ Envelopes
- ✓ Envelopes usados
- ✓ Lápis de cor
- ✓ Revistas

Se os seus filhos adoram enviar e receber cartas, esta atividade vai logo se tornar uma das favoritas.

Pegue uma caixa de papelão grande que, quando posta em pé, seja mais ou menos do tamanho da criança. Faça uma abertura em cima e crie uma porta que abra para o lado de fora. Na parte de baixo faça uma outra abertura que vai ser usada para tirar a correspondência colocada na caixa.

Providencie vários envelopes usados, que você recebeu de antigas correspondências; se elas vieram com selo, melhor ainda: já estão seladas.

Convide o seu filho para subscritar os envelopes; ele pode escrever cartas e bilhetinhos, fazer desenhos e colar gravuras tiradas de revistas, ou ainda qualquer coisa que seja importante para ele.

Em grupo, as crianças podem se revezar nas atividades: um apanha correspondência na caixa, outro a distribui, etc. As crianças maiores podem ler as cartas em voz alta para as menores.

E o melhor de tudo: você tem certeza de que a agência de correio que funciona na sua casa opera independentemente do tempo – chuva, frio, sol escaldante – e sem aumentar o preço!

Fazendo Pássaros

O que é isto? Um pássaro? Um avião? Se você fizer esta atividade direitinho, ela *pode* parecer um pássaro.

Pegue um pedaço de papel e peça à criança que desenhe o contorno de um pássaro do jeito dela, ou recorte uma gravura de uma revista, mantendo apenas o contorno e cortando o miolo, que você vai completar com uma cola não tóxica. Em seguida, jogue em cima um dos seguintes materiais:

Penas: você pode visitar um viveiro, recolher penas do seu jardim ou mesmo usar penas de galinha – sem arrancar, é claro, apenas recolhendo as que estiverem soltas. Jogue-as sobre a cola, ajeitando da melhor forma possível.

Folhas: se você vive em uma área que tem uma boa quantidade de folhas à sua disposição (sempre sem arrancar da árvore), junte-as e resseque-as como ensina a atividade 172. Depois de ressecadas, use-as para "vestir" o seu pássaro, se possível fazendo um jogo de cores com as diferentes tonalidades das folhas – por exemplo, avermelhadas para a cabeça, amareladas para o pescoço, marrons para o corpo, etc. Cole as folhas de uma maneira que pareçam penas. Quando a cola secar, vocês terão uma obra de arte que poderão exibir para os amigos e parentes.

Material necessário

✓ Papel

✓ Lápis de cor ou caneta

✓ Cola

✓ Penas ou folhas

Fazendo um Livro

Material necessário

- ✓ Gravuras de revistas e outras fontes
- ✓ Cola não tóxica
- ✓ Papel
- ✓ Grampeador

Material opcional

- ✓ Um bloco de notas ou caderno

Quem nunca pensou em escrever um livro? Você e seu filho podem virar autores. É muito fácil: procure gravuras que sejam do interesse da criança em revistas, catálogos, malas diretas e outros materiais impressos. Organize essas gravuras de maneira que elas possam formar uma história simples e linear; em seguida cole-as em folhas de papel. Coloque as folhas juntas e grampeie-as. Você pode também colá-las em um caderno ou bloco de notas.

As crianças pré-alfabetizadas podem fazer uma história junto com você. Faça perguntas do tipo: "para onde o cachorro vai?", "o que você acha que o menino vai fazer agora?", etc. O importante é que a história seja curta, pois seu filho vai se deliciar por ser capaz de "ler" sozinho o livro que vocês escreveram – e contar a história para os amigos.

As crianças maiores vão querer fazer as suas próprias histórias – sem problema. Se elas já souberem ler e escrever, você sempre poderá ajudar com uma palavra ou outra. Fique por perto e curta o rumo que a história tomar. Para usar uma linguagem editorial, você irá agir como um gerente de produção, não um editor.

Gravação de Músicas

Seu filho pode virar um artista da noite para o dia! Bem, quase isso.

Peça a ele que cante as suas músicas prediletas – bastam cinco ou seis; se necessário, você pode escrever a letra das músicas para ele. Obviamente, se a criança tem três ou quatro anos e não sabe ler, você não precisa se preocupar muito com isso.

O próximo passo é pegar o gravador e começar a gravar essas sessões. Se você souber tocar um instrumento, pode acompanhá-lo enquanto ele canta. Se realmente não souber tocar nada, sempre poderá usar instrumentos artesanais tais como colher de pau, uma caixa com grãos, etc., valendo-se materiais simples que já tem em casa. Não se preocupe em acompanhar perfeitamente o ritmo, nem mesmo se seu filho sair do tom ou desafinar – o que importa é a brincadeira.

Outra coisa que você pode fazer é o *playback*. Coloque uma música (CD ou cassete) apenas instrumental, quer dizer, sem a voz do cantor. Ao mesmo tempo que a música toca, a criança canta.

Crianças de todas as idades vão se divertir a valer: afinal, não existe criança que não goste de ouvir a sua própria voz gravada.

Agora, quanto ao contrato...

Material necessário

✓ Um gravador

Material opcional

✓ Papel

✓ Lápis ou caneta

Um Mapa Muito Especial

Material necessário

✓ Um mapa do Brasil

✓ Cartolina

✓ Cola não tóxica

Material opcional

✓ Mapa-múndi

O que você acha de fazer um quebra-cabeça com um mapa do Brasil para o seu filho – sem gastar nenhum tostão? Bem, quase nenhum!

Você só precisa de um mapa de qualquer tipo, lembrando-se de que quanto menor for a criança, maior deve ser o mapa. Cole-o numa folha de cartolina e corte-o em vários pedaços; para crianças menores, corte o mapa em quatro ou cinco partes apenas, procurando fazer com que coincidam o máximo possível com a marcação natural das divisas de um estado para o outro. Se ficar muito fácil, corte em mais um pedaço ou dois. Para as crianças maiores, você pode cortar mais vezes e até mesmo dividi-lo em estados, o que pode ser considerado o nível mais alto da brincadeira.

Crianças maiores podem ser desafiadas a montar o quebra-cabeça do mundo – ou pelo menos dos continentes, para começar. Inicie cortando cada um deles em regiões de dimensões maiores, para depois dividi-lo em mais partes, até chegar à divisão dos países

Parece difícil, mas não é: afinal, o mundo não é tão grande assim...

Feijãozinho Olímpico

A primeira coisa a fazer será plantar uma semente de feijão – as crianças vão adorar. Basta colocar um pouquinho de algodão num vidro, jogar água e pôr um grão de feijão em cima. Deixe ficar alguns dias num lugar ensolarado (a janela do quarto do seu filho é um local excelente), sempre regando com carinho; depois que o brotinho começar a crescer, transplante-o para um vaso de terra e continue regando e tirando as ervas daninhas que por acaso aparecerem.

Cada criança participante deverá plantar uma semente ou mais de feijão (na verdade, quanto mais sementes, melhor, pois as suas chances aumentarão).

Quando o brotinho de feijão apontar no meio da sua frágil folhagem, a olimpíada estará começando:

Qual deles tem mais folhinhas?
Qual deles tem a maior folha?
Em qual deles nasceu a primeira fava, que traz dentro alguns grãos de feijão?
E, principalmente, qual deles está crescendo mais depressa?

É claro que, quanto mais carinho, sol e água o feijãozinho receber, mais depressa vai crescer e mais bonito ficará.

Para encerrar a olimpíada, vocês poderão fazer uma deliciosa salada – se então tiverem coragem de comer as favas, é claro!

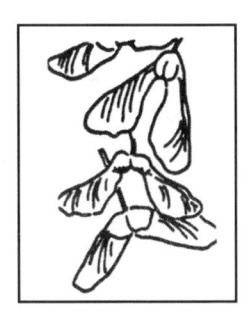

Material necessário

✓ Brotos de feijão

✓ Régua ou fita métrica

Mapeamento do Mundo

Material necessário

✓ Papel

✓ Lápis ou caneta

Material Opcional

✓ Um mapa ou atlas

Você acha que as crianças entendem a ligação que existe entre os mapas e o mundo real?

Eis um jeito de saber e ajudá-las a desenvolver o seu entendimento das relações espaciais. Para crianças pequenas comece da maneira mais simples possível: fazendo um mapa do quarto delas.

Em uma folha de papel, desenhe o contorno do quarto. Acrescente algumas coisas óbvias como a cama, a mesinha de cabeceira, o baú dos brinquedos, o guarda-roupa, etc. Pergunte onde elas desenhariam as janelas, as portas e outros detalhes de fácil localização. Continue o processo até que todo o quarto tenha sido mapeado. Você saberá se as crianças realmente entenderam fazendo uma brincadeira do tipo "caça ao tesouro".

Experimente fazer a mesma coisa com os outros cômodos da casa, um por um; depois, vá ampliando o campo de ação até chegar ao mapa da casa inteira. Aí, todos já estarão prontos para fazer um mapa da casa mais o jardim, da rua, do quarteirão, do bairro, etc. (no caso de vocês morarem em um apartamento, podem desenhar o andar inteiro, depois o prédio, o jardim, a piscina e tudo mais que houver).

Para não ficar muito complexo, lembre-se de colocar detalhes familiares às crianças – por exemplo, o supermercado da esquina, a praça em frente com a sua bela árvore centenária, a escola na rua de trás.

Para crianças maiores, você pode usar um mapa comprado na papelaria ou um Atlas e mostrar como ali está registrado cada detalhe real: a menor rua, a menor praça, todos estão presentes.

Aproveite para explicar, breve e claramente, que todos nós moramos em uma bola que gira ao redor do sol. E, com certeza, você terá tocado em um tema que dará início a grandes e interessantes discussões.

Campeonato de Bolas de Gude

Esse brinquedo antigo ainda pode proporcionar muitas horas de diversão e encantamento aos seus filhos. Experimente fazer uma corrida de bola de gude.

A pista para essa corrida pode ser feita com tubos de papel-toalha cortados ao meio no sentido do comprimento e emendados uns nos outros para formar uma autopista, que nem precisa ser necessariamente linear – ao contrário, as crianças podem construí-la em formato de labirinto e se divertir em dobro.

Abaixo, algumas ideias para construir o seu "Grand Prix" de bolinhas de gude; não se esqueça de que esta é uma atividade para crianças maiores, já que as muito pequenas podem achar as bolinhas saborosas e resolver comê-las.

Cole os tubos de papel-toalha uns nos outros para fazer a pista; se quiser aumentar o desafio, faça buracos um pouquinho menores do que o tamanho das bolinhas ao longo do tubo. O objetivo é levar as bolinhas até a linha de chegada sem cair nos buracos. Neste caso cada participante pode ajudar a sua bolinha a não cair no buraco, manipulando-a com a mão. Quanto mais buracos houver na pista, maior é o desafio.

Você também pode colar os tubos fazendo ângulos para deixar a corrida mais interessante. Se o(s) último(s) tubo(s) for(em) levantado(s), a chegada será dificultada, e tudo isto vai deixar a brincadeira mais interessante!

Ganha quem conseguir fazer a sua bolinha chegar primeiro!

Material necessário

✓ Tubos de papel-toalha
✓ Bolas de gude
✓ Cola
✓ Fita adesiva
✓ Caixa rasa

Lembrete de Segurança

Partes Pequenas

Máscaras e Capacetes

Material necessário

✓ Sacolas de papel
✓ Lápis de cor ou canetas hidrocor

Material opcional

✓ Papel machê
✓ Bexigas
✓ Papel alumínio
✓ Feltro

Lembrete de Segurança

Bexiga

Máscaras não foram feitas apenas para o *Halloween*: são brincadeiras de todo dia.

O jeito mais fácil de fazer máscaras, é claro, é cortar buracos numa sacola de papel e enfeitá-la com lápis de cor. (Todos nós nos preocupamos com o perigo de sufocamento que as sacolas de plástico trazem.)

Para máscaras mais sofisticadas, você pode usar papel machê (veja a atividade 230), que usa bexigas como fôrma. Faça buracos para os olhos e a boca, depois cubra as bexigas com papel machê; assim que ele secar, pode ser enfeitado com tinta ou guache (veja atividade 76, que detalha essas instruções). Você também pode colar um pedaço de feltro na parte interna da sacola para ficar mais confortável. Bexigas bem grandes podem ser usadas para fazer capacetes.

Abaixo, as máscaras favoritas dos nossos filhos:

Animais (fios de uma vassoura podem ser os bigodes dos tigres).

Palhaço (uma bola de pingue-pongue faz um nariz perfeito).

Astronauta.

Mergulhador (os tubos de papel-toalha são excelentes mangueiras de ar).

Robô (use papel-alumínio e canudinho para as antenas).

Certamente a máscara que vai fazer mais sucesso será um retrato do seu filho – já imaginou se disfarçar de si mesmo?

Memória Afiada

Assim como as atividades 58, 196 e 209, esta dará ao seu filho a oportunidade de "exercitar" a memória. Este jogo, no entanto, tem um toque especial.

Pegue uma caixa de ovos vazia e coloque um objeto comum da casa em cada um dos buracos. Por exemplo: no primeiro coloque um clipe de papel, no segundo um carrinho de brinquedo, no terceiro uma uva e assim por diante. Mostre ao seu filho, feche a tampa e traga uma segunda caixa de ovos vazia.

A missão da criança é encontrar objetos similares aos que já estão na primeira caixa de ovos, e colocá-los *na mesma posição* na segunda caixa.

Para aumentar o desafio aumente o número de itens e/ou diminua o tempo de observação – ou ainda faça com que o seu filho lute contra o relógio.

Se ele começar a ficar bom demais neste jogo, você pode começar a colocar dois itens em cada buraco da caixa de ovos vazia – isto, sim, será um grande desafio!

Material necessário

✓ Duas caixas de ovos (vazias)

✓ Objetos comuns de casa

Um Novo Esporte

Material necessário

✓ Duas ou mais embalagens de amaciante (com alça)

✓ Bola pequena ou sacos de feijão

✓ Tesoura ou faca (somente adultos podem usá-las)

Se você estiver procurando um novo esporte, dê uma volta na área de serviço. Se, por acaso, encontrar duas embalagens vazias de amaciante de roupas... Que sorte a sua! É exatamente o que você precisa para esta atividade.

A primeira parte é reservada para os adultos: corte-as ao meio (no sentido horizontal). Tenha cuidado, isto é um trabalho delicado. Certifique-se de que não deixou sobrar nenhuma pontinha que possa machucar as crianças.

A parte de cima vai ser usada como "gol". O objetivo é jogar a bola para o seu parceiro diretamente no "gol" e recebê-la de volta da mesma maneira, quer dizer, sem que nenhum dos dois toque a bola com a mão.

Para crianças pequenas você pode aumentar o tamanho do "gol", usando um pote maior; no lugar da bola, sacos de feijão são mais apropriados por serem mais fáceis de lançar e acertar o alvo. As crianças maiores, com mais coordenação e força, podem preferir uma raquete de tênis. Você então pode aumentar o desafio da atividade ampliando a distância entre os jogadores ou colocando mais pessoas para jogar ao mesmo tempo.

Espelho, Espelho Meu

Esta atividade exige dois jogadores (ou grupos de dois a dois); se você tem dois filhos ou consegue um amigo para fazer o par, ótimo; caso contrário, você vai ter de brincar junto!

"Brincar junto" é uma excelente maneira de descrever este exercício de espelho, que pode ser considerado favorito por muitos atores e atrizes quando estão fazendo o aquecimento, antes de entrar em cena.

Duas pessoas ficam de pé, uma de frente para a outra. Tudo o que uma faz, a outra imita. O objetivo, entretanto, não é como no jogo "siga-o-mestre", mas sim que um participante faça o mesmo movimento que o outro, ao mesmo tempo, como num espelho.

Se os dois trabalharem juntos, devagar e com cuidado, poderão chegar a um nível em que ambos farão o mesmo movimento simultaneamente.

Embora não pareça, esta atividade exige atenção e concentração: a mão de um deve ondular na mesma intensidade que a mão do outro, fazer as mesmas curvas e tiques; se um participante pisca, o "espelho" deve piscar no tempo exato em que o outro piscou...

Não, fácil não é, mas tente! Quem sabe você não é capaz de ser um espelho perfeito?!

Material necessário

✓ Apenas o seu tempo

Para Lembrar

Material necessário

✓ Apenas o seu tempo

Não há quem não tenha aprendido uma frase para se lembrar de uma outra coisa, algum dia, na vida. Sempre há uma pessoa mais velha que ensina. Hoje em dia, esses "lembretes" estão fora de mora, mas sempre é possível ressuscitá-los e trazê-los para a crista da onda!

Vamos dar um exemplo para ficar mais fácil:

Você consegue se lembrar quais são as cores do arco-íris?

As pessoas normalmente sabem mas acabam se esquecendo de uma delas... E é difícil de lembrar-se!

Para não se esquecer nunca mais, memorize a palavra VALARVAsc. Ela quer dizer: Verde, Amarelo, Laranja, Azul, Roxo, Vermelho e Azul-escuro.

Uma amiga minha morria de medo de perder os filhos nos parques. Ela usava o seguinte recurso:

"Quantos anos você tem?", perguntava para a filha.

"Cinco", ela respondia, mostrando a mão aberta.

"Então, lembre-se: se, por acaso, nos perdermos, nos encontraremos no portão 5", dizia a mãe, repetindo o gesto da filha.

As iniciais das palavras de uma frase também são um recurso muito usado:

"Preciso passar pomada na mão quando chegar".

Essa frase quer dizer: "Pipoca, Pão, Presunto, Manteiga, Queijo, Café" e é exatamente uma lista de compras.

Estimule seu filho a inventar as suas próprias dicas de memorização de nomes, endereços e outras coisas importantes como, por exemplo, os estranhos sabores de sorvete do norte do Brasil (que são o nome das frutas).

Agora, que tal inventar um jeito especial para se lembrar do nome dos planetas do sistema solar?

Mamãe e Papai Vão Trabalhar

Material necessário

✓ Roupas

Em algumas culturas, as crianças sabem exatamente o que seus pais fazem durante o dia, pois estão junto ou costumam visitá-los. Na nossa sociedade moderna, porém, trabalhar é como se fosse alguma coisa secreta, completamente desconhecida: papai e mamãe saem cedo e voltam à noite.

Este jogo é para ajudar seus filhos a entender o que vocês fazem durante o dia inteiro – e também para dar muitas risadas!

Estimule-os a vivenciar um dia típico de trabalho do pai e/ou da mãe. Para começar o dia, eles vão vestir as roupas que vocês usam – por exemplo, o jaleco de médico, ou dentista, a gravata do executivo, salto alto e batom da mamãe, o uniforme, alguma coisa que caracterize o fato de estarem "vestidos para trabalhar". Seus filhos ficaram correndo pela casa como se estivessem prontos para sair? Pergunte a eles o que acham que papai e mamãe fariam quando já estivessem no trabalho.

Dê dicas às crianças: "Eu falo muito ao telefone" ou "Eu preparo/sirvo comida para gente faminta" ou "Tenho várias reuniões por dia" ou "Levo papel e caneta e fico cuidando das máquinas, anotando tudo que elas estão fazendo ou precisam", etc.

Isso lhe parece louco? Tranquilo? Familiar?

Bolhas-Monstro

Material necessário

✓ Cabide de arame

✓ Detergente

✓ Vasilha rasa

Lembrete de Segurança

Supervisionar Atentamente

Há muitos e muitos anos que as crianças do mundo todo se divertem fazendo bolhas de sabão. Você pode introduzir novidades nesse velho tema, fazendo a sua própria mistura e criando novos tipos de sopradores.

Comece com esta receita: em uma tigela ou pote, combine seis copos de água com dois copos de detergente de lavar louça (líquido). Algumas pessoas gostam de acrescentar ¾ de copo de calda de farinha de trigo, para deixar a porção mais resistente. Deixe-a descansando durante 4 horas e coloque-a em uma vasilha rasa.

O "soprador" pode ser feito com limpadores de cachimbo ou arame de cabide dobrados em forma de um círculo com cabo. Para fazer essa forma com mais facilidade, experimente usar um tubo de papel higiênico como modelo. Para maior segurança, não permita que as crianças peguem no arame enquanto ele não tiver adquirido a sua forma final; preste bastante atenção, ao dobrá-lo, se você "escondeu" as pontas, colocando-as voltadas para dentro, e não deixando nenhuma ponta que possa machucá-las.

Agora, basta mergulhar o "soprador" na mistura e, delicadamente, balançar o braço no ar, fazendo com que o mesmo passe pela argola – pronto, o ar já se encheu de belas e coloridas bolhas de sabão. Se preferir, você (ou a criança) pode soprar suavemente que o efeito será o mesmo.

Quanto maior for o círculo do arame usado como "soprador", maior será a bolha de sabão. Com essa mistura, você pode fazer bolhas enormes. Procure soprá-las para cima, para que durem mais tempo no ar. Uma coisa que as crianças pequenas adoram é perseguir as bolhas de sabão; deixe que se divirtam o quanto conseguirem!

Uma recomendação: mantenha essa mistura longe de carpetes, tapetes e gramados.

Código Morse

Se você conhecer o código Morse, vai poder mandar mensagens secretas apenas batendo na mesa, ou uma colher na outra, ou mesmo usando uma lanterna.

Aprender o código é relativamente simples. Experimente copiar os sinais abaixo para o seu filho e ensine a ele como escrever uma mensagem letra por letra. Dá para fazer a mesma coisa com algumas fichas na mão. Opa, você precisa de ajuda? Apenas dê alguns toques: três curtos, três longos e três curtos – SOS.

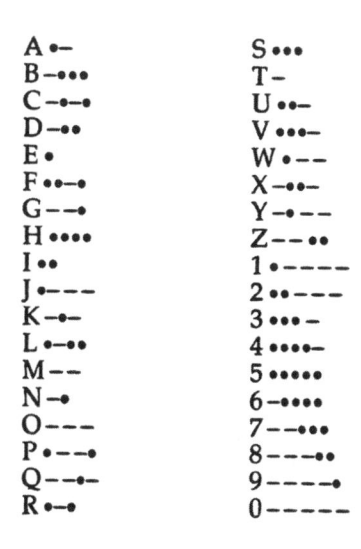

Material necessário

✓ Apenas o seu tempo

Material Opcional

✓ Colheres

✓ Lanternas

✓ Fichas médias

```
A •−             S •••
B −•••           T −
C −•−•           U ••−
D −••            V •••−
E •              W •−−
F ••−•           X −••−
G −−•            Y −•−−
H ••••           Z −−••
I ••             1 •−−−−
J •−−−           2 ••−−−
K −•−            3 •••−−
L •−••           4 ••••−
M −−             5 •••••
N −•             6 −••••
O −−−            7 −−•••
P •−−•           8 −−−••
Q −−•−           9 −−−−•
R •−•            0 −−−−−
```

A Dança das Cadeiras

Material necessário

✓ Cadeiras

✓ Música

Esta brincadeira já se tornou um clássico e é uma das prediletas de qualquer criança.

Pegue uma quantidade de cadeiras igual ao número de crianças participantes menos uma e coloque-as em círculo com o lado do assento virado para fora. Em seguida, coloque uma música bem movimentada e alegre para as crianças dançarem, enquanto giram em torno das cadeiras. Pode ser um CD, um toca-fitas ou até mesmo um instrumento que você saiba tocar. O último caso é o mais interessante, porque você poderá variar o ritmo da melodia, acelerando-a ou tocando mais devagar, de modo a obrigar os participantes a acompanharem a música, dançando no ritmo que ela está sendo tocada, o que pode ser realmente engraçado!

Quando a música para, cada um dos participantes que estava alegremente dançando precisa encontrar uma cadeira livre e sentar-se rapidamente antes que outro o faça. Aquele que não conseguir se sentar, deve sair do jogo.

Varie o tempo que você dá para a dança, entre uma rodada e outra, para que as crianças mais espertas não aprendam logo quando devem sentar-se. Preste atenção também se os participantes estão realmente dançando e girando em torno das cadeiras ou olhando com a maior atenção para os seus movimentos e "adivinhando" o que você vai fazer – por exemplo, se quando você estende a mão para dar a pausa no toca-fitas a criança já se sentou.

No final, sempre estimulante, duas crianças dançarão em torno de uma única cadeira para decidir quem irá vencer.

Para o Meu Melhor Amigo

Seu filho tem um amigo realmente especial? Pode tanto ser alguém da escola quanto um vizinho ou primo, o importante é que seja alguém próximo e que possa ser chamado de "meu melhor amigo" – se a resposta é afirmativa, por que não fazer um cartão personalizado para celebrar essa amizade?

É muito fácil: ofereça ao seu filho uma tesoura sem ponta e um pedaço de cartolina e peça a ele que a corte em um retângulo do tamanho certo para um cartão. Se a criança for muito pequena, você pode fazer isso para ela. (Lembre-se: não permita que crianças pequenas usem outro tipo de tesoura!)

Em seguida, diga a ele que pense nas qualidades que fazem esse amigo tão especial: será por que eles compartilham brinquedos e brincadeiras? Ou gostam de brincar das mesmas coisas? Será que eles têm alguma coisa realmente em comum para curtir – por exemplo, fazem aniversário no mesmo dia? Ou gostam do mesmo tipo de comida? Vai ver que é porque costumam passar as férias juntos... Ou vão juntos à escola, todo dia, e sentam-se em carteiras vizinhas.

Não importa o motivo: escreva-o no cartão (se a criança for muito pequena, você pode fazer isso para ela ou ajudá-la com as palavras). E ela pode agora começar a decorá-lo do jeito que achar melhor, sempre usando muita cor e fazendo desenhos bem bonitos (neste livro, ensinamos muitas maneiras diferentes de decorar um cartão).

Quando estiver pronto, ela terá chegado à parte mais divertida: entregá-lo ao amigo em questão. É muito gostoso poder compartilhar o amor que sentimos por outra pessoa!

Material necessário

✓ Cartolina
✓ Tesouras sem ponta
✓ Lápis de cor
✓ Lápis ou canetas

Novidade à Mesa

Material necessário

- ✓ Cartolina
- ✓ Cola não tóxica
- ✓ Lápis de cor ou caneta hidrocor
- ✓ Papel contact transparente
- ✓ Tesouras sem ponta
- ✓ Gravuras de revistas

Todo dia você põe o mesmo forrinho mesa no lugar da mesa onde seu filho se senta? Ele já deve estar cansado de ver sempre a mesma coisa... Experimente algo novo!

Primeiro, corte um pedaço de cartolina do tamanho de um forrinho – aproximadamente 25x40 cm. Pode ser também um pedaço de papelão, mas aí ele precisaria ser recoberto com um papel branco e colado na parte de trás com cola não tóxica ou fita adesiva. Em seguida, basta que a criança faça uma decoração bem caprichada, com os temas que quiser, usando lápis de cor ou canetas hidrocor e as gravuras que ela recortou das revistas. Folhas secas (atividade 172) e/ou flores (atividade 110) também podem ser interessantes para a decoração do forrinho.

Quando a arte-final estiver pronta, cubra-a com um papel *contact* transparente (trabalho para um adulto). Para o acabamento ficar perfeito, corte o papel *contact* um pouquinho maior do que o forrinho e vire-o para dentro, colocando outro pedaço, agora menor, na parte de trás. Dobre os cantos como se estivesse encapando um caderno, de preferência mantendo todos os lados iguais, e terá o belo e exclusivo forrinho superprotegido contra queda de sucos e grãos em geral.

Agora é só sentar-se à mesa para o jantar!

Pistas Misteriosas

Você pode fazer esta atividade em qualquer lugar ou momento. Experimente brincar de Pistas Misteriosas enquanto espera a comida chegar em um restaurante ou mesmo enquanto você faz o almoço ou arruma algo na casa – qualquer coisa que você estiver fazendo que lhe permita conversar é compatível com ela. E esta brincadeira pode ser a sua salvação nos momentos em que realmente precise entreter a criança.

Escolha um tema – por exemplo, animais – e diga:

"Estou pensando em um animal que fique em pé sobre suas quatro patas, tenha um rabo pequeno e...". Vá enumerando as características dele e estimule seu filho a fazer perguntas, tais como: "Ele é grande ou pequeno?", "Tem pelo macio ou uma pele áspera?", "Gosta de água?", etc.

Quando responder às perguntas, preste atenção para preencher as lacunas de informação de modo a permitir que a criança peça mais informações e logo consiga "adivinhar" qual o animal você escolheu, caso contrário ela ficará frustrada.

Você pode, então, alternar os papéis e deixar que ela pense num animal ou objeto e o descreva, enquanto você tenta adivinhar o que ela pensou.

O jogo precisa ser adaptado à idade, às habilidades, ao interesse e à vivência da criança. Para crianças maiores, experimente aproveitar coisas que elas já estejam estudando na escola, tais como eventos históricos; mas, de qualquer maneira, as possibilidades são infinitas.

Bom divertimento para vocês!

Material necessário

✓ Apenas o seu tempo

Jogo dos Nomes

Material necessário

✓ Apenas o seu tempo

Normalmente as crianças adoram brincar de inventar nomes engraçados para as pessoas e as coisas – por isso esta atividade será um prato cheio de risadas!

Comece com um nome, o seu, por exemplo, quer dizer, neste caso, o meu: Steve Bennett. Diga o seu nome: Steve; os participantes deverão então pensar numa qualidade ou em outro nome com a primeira letra do seu sobrenome – podem usar também animais, objetos, etc. –, que deverá ser substituído. Assim, Steve Bennett vira Steve Babão. Ou Steve Bobão. Ou Steve Balão. Depois, as crianças vão pegar a segunda letra – E – e fazer a mesma coisa, continuando até que tenham esgotado todas as letras do seu sobrenome e você tenha ganho um nome completamente diferente.

Se a atividade não estiver rendendo bem, estiver truncada e devagar, você pode sugerir outros recursos às crianças. Até mesmo as menores podem brincar, usando um dicionário infantil ou livro com gravuras em ordem alfabética para ter ideias.

Uma variação desta atividade pode ser a exigência de que os participantes repitam toda a lista de nomes – assim, para continuar usando o exemplo acima:

"Steve Babão Elefante Novela Nota Edifício Tatu Tesoura".

Pode-se exigir mais ainda das crianças maiores: elas deverão formar uma frase com as palavras que tenham as primeiras letras do sobrenome, por exemplo:

"Steve Babão Encontrou uma Noiva Nascida na Elegante Terra do Tatu".

Solte a imaginação e prepare-se para rir muito!

Variações do Nome

O que tem em um nome? Algo de animais e carros com móveis e naves espaciais, dinossauros e comidas – pelo menos é isso o que este jogo propõe!

Para participar, a criança precisa ser alfabetizada ou, no mínimo, ter noções de letras e nomes. (É claro que você sempre poderá ajudar as menores!)

Corte grandes quadrados de cartolina (10x10 ou 15x15 cm) e peça para cada criança escrever as letras do nome dela, uma em cada quadrado. Em seguida, peça a elas que procurem nas revistas gravuras de objetos que comecem com cada uma das letras do nome. Por exemplo: para o nome Regina, a criança precisa encontrar gravuras de uma rua, um elefante, um gato, uma igreja, uma nave e um ator.

Elas deverão, então, recortar as figuras e colá-las no lugar certo. Depois, podem enfeitar mais, com lápis de cor ou canetas. Caso não encontrem uma gravura, sempre terão a possibilidade de fazer um desenho cujo nome começa com a mesma letra da palavra que está faltando.

Coloque os quadrados em um lugar de honra na casa, pois eles são um obra de arte importante e preciosa – e ainda poderão servir para outras brincadeiras no futuro.

Como variação, as crianças poderão criar pôsteres e livros utilizando o nome das pessoas da família, o que pode vir a ser um presente interessante para ser oferecido em datas especiais ou a qualquer momento.

Material necessário

✓ Papel ou cartolina
✓ Revistas
✓ Lápis de cor ou similares

Um Mostruário Natural

Material necessário

- ✓ Sacola ou cesta
- ✓ Coleção de objetos naturais
- ✓ Caixa
- ✓ Papel
- ✓ Cola

Mesmo o mais minguado dos quintais ou a mais mirrada das trilhas da vizinhança podem oferecer alguma coisa em termos de encantamento pela natureza.

Faça uma caminhada com as crianças para recolher folhas, flores, pedras, frutas, sementes ou qualquer outra coisa que seja do interesse delas. Não se esqueça de levar uma sacola para trazer os tesouros para casa.

Ensine aos colecionadores que só devem pegar o que precisarem e que devem evitar arrancar flores e folhas das árvores, recolhendo apenas as que estão no chão; já as frutas podem ser colhidas, mas apenas se estiverem maduras. Aproveite a oportunidade para explicar que as flores das plantas são não apenas as futuras frutas, mas também a maneira que elas usam para se reproduzir.

Quando voltarem para casa, vocês vão preparar uma caixa para ser o mostruário da nova coleção: peguem uma caixa (a de cereais é o modelo ideal, mas pode ser qualquer outra disponível), recortem a frente, deixando apenas um centímetro ou dois em cada lado, e decorem-na no fundo e nas paredes com o material recolhido da natureza. Lembrem-se de colocar os mais pesados no fundo da caixa. Agora, é só colar com cuidado um papel transparente e curtir a exposição!

Se quiserem, escrevam o nome de um parque ou do lugar que vocês visitaram.

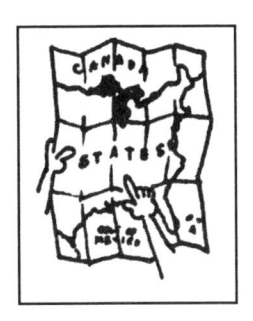

Preencha os Espaços

Material necessário

✓ Enciclopédia ou similar

Onde você encontra tudo sobre o seu estado de nascimento? Na biblioteca, com certeza – mas com matérias suplementares escritas por seu filho, é claro!

Primeiro, ele deverá procurar em uma enciclopédia os artigos referentes ao local em questão. Pode ser o lugar onde vocês moram, ou outro que tenham visitado recentemente ou pretendam conhecer nas próximas férias, não importa; apenas escolham um lugar para usar como referência nesta atividade.

Caso não encontrem nada na enciclopédia, ele mesmo pode escrever um verbete usando uma enciclopédia atual como modelo, e "acrescentá-lo" no local certo. Caso o artigo já exista, ele pode ser "embelezado" com a opinião de uma pessoa que goste do lugar – seu filho – contando o que mais aprecia, por que gosta de viver ali, qual estação do ano prefere, etc. No caso de ser uma cidade, ele pode informar quais os melhores sorvetes e a praça mais gostosa para brincar, por exemplo, e ainda entrevistar outras pessoas da família, bem como as pessoas mais velhas, perguntando como a cidade era alguns anos antes, quais as casas ou construções mais antigas e que fazem parte de sua história e quais os desafios que ela enfrentou para chegar a ser o que é hoje.

Não precisa ser um artigo longo e, sim, cheio de coisas interessantes, que contenha as respostas sobre os questionamentos que normalmente as crianças se fazem sobre o local onde moram. E você, aposto, nunca imaginou seu filho enriquecendo as informações de uma enciclopédia, não é mesmo?

Guia Turístico do Bairro

Material necessário

- ✓ Papel
- ✓ Lápis de cor ou canetas hidrocor

Material opcional

- ✓ Máquina fotográfica
- ✓ Gravador
- ✓ Bloco de notas

Qual é a maior atração do seu bairro? Seu filho pode ter pensamentos interessantes a esse respeito... Esta atividade ensina justamente a fazer um guia turístico baseado no conhecimento que seu filho tem do local.

A primeira coisa a fazer será dar uma volta pelas redondezas; a criança é que vai ser o guia, mostrando para você o que acha mais interessante: praças, flores, árvores, prédios, lojas, parques, etc. Se seu filho ficou particularmente excitado por causa de uma pipa perto de um telefone público na rua de trás, por exemplo, aproveite a oportunidade para conversar com ele sobre como se faz uma pipa, cuidados que se devem ter ao empiná-la, podendo ao mesmo tempo falar sobre o telefone, como era quando ele não existia, quem o inventou, etc.

Você pode documentar os pontos mais altos do bairro: anote itens para discussões posteriores, ajude seu filho a tirar uma foto, oriente-o a fazer um mapa da área, recolha amostras – por exemplo, folhas da árvore predileta dele ou um guardanapo da sorveteria de que ele mais gosta – e ajude-o a colocar tudo isso num caderno ou bloco de anotações.

Compartilhe os resultados da pesquisa de vocês com todas as pessoas da família, amigos, vizinhos e interessados. Provavelmente, logo os outros perceberão o que faz a sua comunidade tão especial.

Alfabeto Numérico

5910341045803403653803915146091610 0

Você diria que seu filho é capaz de memorizar um número enorme como este?

Com certeza! A chave para registrar qualquer coisa na memória é encontrar um jeito de fazer as informações ao acaso se tornarem significativas. É possível fazer isso com qualquer número apenas empregando uma tabela de alfabeto numérico.

Faça uma grade separando os números, para facilitar; coloque-os todos, de 1 a 9, alinhados na parte superior e, começando do 1, vá escrevendo o alfabeto; quando chegar ao 9, volte para o 1 e recomece. Eis a tabela:

1	2	3	4	5	6	7	8	9
A	B	C	D	E	F	G	H	I
J	K	L	M	N	O	P	Q	R
S	T	U	V	W	X	Y	Z	

Use o "0" (zero) para separar as palavras; para colocar um ponto final na frase, use "00" (zero-zero).

Depois de toda essa explicação, acho que seu filho já é perfeitamente capaz de entender que aquele número enorme quer dizer: "Era uma vez um coelho chamado Rafa".

Material necessário

✓ Apenas o seu tempo

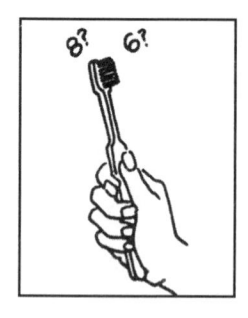

Os Caçadores de Números

Material necessário

✓ Apenas o seu tempo

A qualquer momento e em qualquer lugar você pode desenvolver esta atividade.

Escolha um número e diga-o em voz alta; depois, deixe o seu filho livre pela casa para encontrar objetos que representem aquele número. Por exemplo, se você estiver fazendo o jantar e desejar manter as crianças sob seu controle, peça a elas que procurem objetos na cozinha. Um rolo de fazer massa é reto, mas tem o meio e dois pegadores, o que o qualificaria tanto para o número dois quanto para o três. Um garfo tem quatro dentes, o fogão tem seis bocas e assim por diante.

Você ainda pode inventar numerosas variações – por exemplo, peça para a criança encontrar um objeto em cada cômodo da casa que atenda à exigência do número que você pediu; se ela não conseguir, dê dicas para estimulá-la.

Finalmente, se você realmente quiser manter as crianças ocupadas, sugira que, quando você diz um número, por exemplo, três, elas devem encontrar três objetos que representem o número três e assim também com os outros números.

Quanto mais vocês jogarem, mais refinado se tornará o poder de observação do seu filho.

Agora responda rápido: quantos grupos de cerdas tem a sua escova de dentes?

Corrida com Obstáculos (dentro de casa)

Material necessário

- ✓ Móveis
- ✓ Cordão
- ✓ Almofadas
- ✓ Papel
- ✓ Cola
- ✓ Objetos da casa

Lembrete de Segurança

Supervisionar Atentamente

Você pode aumentar a agilidade dos seus filhos ao transformar a sua casa – ou apenas a sala de estar ou o quarto das crianças – em um local para corrida de obstáculos.

A corrida pode ter os seguintes tipos de desafios a serem superados: engatinhar por baixo de mesas e cadeiras; idem por baixo das mesas sem balançar as bexigas ali colocadas; escorregar ou engatinhar por baixo de um cordão colocado perto do chão e preso de um lado à perna da mesa e do outro à perna de uma cadeira; deslizar dentro de um túnel feito de almofadas; andar sobre folhas de papel distribuídas pelo chão.

Você ainda pode desafiar as crianças pedindo que façam todas as atividades com um tubo de rolo de papel higiênico em cada mão ou ainda usando um chapéu enorme na cabeça – o chapéu não pode cair, é claro, senão seu dono é obrigado a voltar para o começo.

Invente regras malucas – por exemplo, pular para frente e para trás três vezes após completar cada "estação" ou cantar uma música em um determinado ponto da corrida. As variações são quase infinitas, mas não importa o que você fizer, leve sempre em consideração o ponto de vista e a perspectiva da criança. Para isso, é claro, você só precisa esquecer o seu tamanho (e a sua idade) e tentar fazer você mesmo a atividade que sugere para ele – de costas!

Esta atividade exige uma supervisão permanente de um adulto.

A História do Mundo

Material necessário

✓ Livros para pesquisa

Shazam! Sua família foi transformada em um livro vivo de história e o título é: "A História do Mundo".

Destaque um evento histórico ou uma era – por exemplo, a Idade do Gelo, a Idade Média, Ascensão e Queda do Império Romano ou qualquer outra do seu agrado – para cada pessoa da família. Os participantes podem usar todos os livros de referência que estiverem à mão: enciclopédias, jornais, revistas, livros, etc., para pesquisar tudo o que for possível sobre a época em questão.

Quando a pesquisa estiver pronta, traga o seu livro para a vida: cada um dos membros da família tem meia hora para expor o que descobriu, apresentar desenhos, gravuras, gráficos e tudo o mais que compilou. Se quiser, pode fazer perguntas para ver se os participantes estavam prestando atenção ou responder às perguntas deles.

Os historiadores da família podem ainda misturar a ordem dos acontecimentos em suas apresentações, contando a história de um fato fora da sequência cronológica: podem começar com a eleição do último presidente, continuar pela Idade da Pedra e terminar no período jurrássico – algo assim, meio *non sense*.

Assim, qual dinossauro você acha tem a melhor chance de ser eleito o próximo governador da Terra?

A Velha e Boa Amarelinha

Mesmo se você foi fã da amarelinha quando criança, pode já ter esquecido as regras, como aconteceu com a maioria dos adultos. Então, aí vão elas para refrescar a sua memória.

Desenhe as "casas" no chão (veja ilustração nesta página). Algumas lojas de brinquedos vendem este desenho em plástico, que você pode, então, comprar pronto, se quiser.

Brinca-se, assim: o primeiro jogador atira uma pedra ou saco de feijão no quadrado número 1; em seguida, ele deve pular com um pé só para o número 2, saltando por cima do número 1 e continuando para o quadrado número 3 com um pé só, passando a usar os dois pés nos números 4 e 5, voltando a usar um pé só no número 6 para novamente usar os dois nos números 7 e 8. De um pulo só, o jogador gira 180°, voltando a cair com os dois nos números 7 e 8 e voltando da mesma maneira que foi – pulando do número 2 para fora das "casas", o que significa pular novamente o número 1. Entretanto, ao chegar na "casa" do número 2, ele deve abaixar-se e pegar a pedra ou saco de feijão que tinha posto na "casa" 1.

Se o jogador conseguir fazer tudo isso sem errar, terá o direito de continuar jogando, isto é, de jogar agora a pedra ou saco de feijão no número 2 e repetir o processo, agora pulando sobre o número 2 (ou seja, sem pisar nele). E assim por diante, até que erre, quando passará, então, a ser a vez de outro jogador.

Uma dica: se as crianças com quem você estiver brincando forem muito pequenas, podem fazer pausas maiores ou usar os dois pés para terminar.

Material necessário
- Giz
- Pedras

Material opcional
- Uma grade pronta
- Sacos de feijão

Papel Artesanal

Material necessário

- ✓ Liquidificador
- ✓ Água
- ✓ Arame
- ✓ Toalhas
- ✓ Dois potes de plástico (retangulares)
- ✓ Jornal cortado em tiras
- ✓ Rolo de macarrão

Lembrete de Segurança

Supervisionar Atentamente

Esta atividade, que é mais interessante para crianças maiores, pede alguns acessórios e muita paciência, mas realmente vale a pena. Os primeiros passos devem ser dados por um adulto: encha $2/3$ de um liquidificador com água morna. Com o liquidificador ligado, jogue na água mais ou menos dez tiras estreitas de jornal e deixe batendo até que vire uma massa. Não use nenhum outro tipo de papel – especialmente brilhante, como, por exemplo, o papel usado para revistas ou prospectos – nem permita que crianças pequenas o ajudem.

Corte dois pedaços de arame – pode usar um cabide para isto – do tamanho dos dois potes de plástico, para ser a moldura; destes potes você já cortou o fundo ou a lateral, fazendo um retângulo. Pode fazer esta fôrma de plástico na espessura que quiser que o seu papel artesanal fique. Abrangendo os quatro lados dessa fôrma de plástico, do lado de dentro, você coloca o arame como se fosse outra moldura. Agora, jogue o conteúdo do liquidificador sobre as fôrmas que você preparou com o arame e o pote cortado.

Escorra o excesso de água da polpa na pia e deixe a mistura secar no fundo. Remova o pote de plástico e, em seguida, a moldura de arame e a polpa, deixando-a sobre a mesa da cozinha ou algum lugar plano. Agora, coloque a outra moldura de arame na polpa, cubra com plástico e amasse com um rolo de macarrão, cuidadosamente. Tire o plástico, mas não a moldura, e pressione com um pano e alguma coisa pesada, deixando repousar.

Normalmente, a mistura precisará de um a três dias para secar e, quando isto acontecer, seu papel artesanal estará pronto para ser usado!

Escrita à Moda Antiga

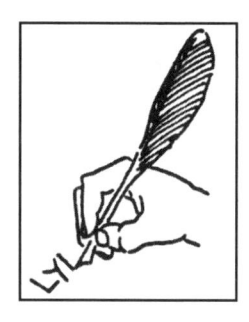

Material necessário

- ✓ Uma pena
- ✓ Guache ou tinta similar
- ✓ Papel
- ✓ Dois potes de iogurte

Muitas pessoas, hoje em dia, acham que os computadores e os processadores de texto nos deixaram muito mimados – e fizeram da caligrafia uma arte do passado. Você pode mudar isso: basta pegar uma pena e pôr mãos à obra. Pode ser uma pena de qualquer pássaro, inclusive de galinha, e logo você e seu filho farão uma viagem no tempo, quando talvez – apenas talvez – escrever era uma forma mais racional e deliberada de organização de palavras do que é hoje.

Pegue a pena e corte a ponta na diagonal, antes de oferecê-la à criança. Em seguida, pegue dois potes de iogurte, colocando água em um deles e, no outro, guache.

Uma pequena explicação faz-se necessária: conte ao seu filho que era assim que as pessoas escreviam, antigamente – e, para algumas culturas, ainda é: molhando a pena na tinta e escrevendo sobre o papel, delicadamente. A operação precisará ser feita repetidas vezes, até que a carta esteja pronta.

Deixe que a criança se exercite em escrever assim – ela vai precisar treinar várias vezes antes de fazê-lo corretamente.

Quando isso acontecer, você poderá ajudá-la a escrever uma carta para uma pessoa da especial preferência dela – por exemplo, os avós ou uma tia. Se quiser, use o papel artesanal que vocês fizeram (atividade 214). Não se esqueça de esperar que a tinta seque completamente antes de dobrar a carta e mandá-la pelo correio.

Papel Enrolado

Material necessário

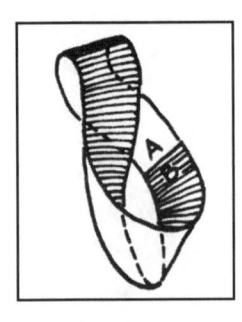

- ✓ Papel
- ✓ Tesoura sem ponta
- ✓ Fita adesiva

Um pedaço de papel com um lado só? Impossível! Ou não?!

Trata-se de uma engenhosa maneira de virar uma tira de papel que fará com que ela fique parecendo ter um lado só. Diante dos olhos do seu filho, corte uma tira comprida de papel e cole as duas pontas, tendo antes o cuidado de "torcer" uma delas, virando-a para o outro lado (veja o desenho nesta página). Você fará apenas um *looping* e pronto – siga a superfície do papel e você terá a impressão de que ele tem realmente um lado só.

Se você cortar esta tira ao meio no sentido do comprimento, ela permanecerá unida, como era, só que com o dobro do tamanho e duas voltas. Corte novamente e a mesma coisa vai acontecer, quer dizer, você vai ter uma tira com o dobro do tamanho – e assim, indefinidamente.

Todo mundo vai pensar que é mágica...

Novidade

Imagine o brinquedo perfeito: não tóxico, fácil de fazer, fácil de limpar e que garante muitas horas de diversão. E tudo o que você precisa está na sua despensa!

Misture amido de milho e água na proporção certa. O resultado é um material único para brincar: a superfície é dura e tem uma crosta, mas aperte-a e verá que ela é suficientemente fluida para ser coada.

À medida que os seus filhos a colocam entre os dedos, ela, continuamente, mudará de dura para semilíquida de uma maneira que parece mágica.

Para fazer a sua própria mistura, simplesmente adicione duas partes de amido de milho para uma parte de água em uma vasilha. Misture tudo muito bem até que o preparado comece a ficar fino. Agora, é a hora da festa: dê aos seus filhos colheres, funis, pás e vários utensílios de cozinha (depois, basta lavá-los com água e sabão). Para criar efeitos inusitados, sugira às crianças que joguem uma ou duas colheres de chá de anilina para alimentos, sem misturar muito, para que apareçam manchas coloridas.

Independentemente do que você experimentar, a mistura sempre apresentará inúmeras transformações em forma e textura, oferecendo uma diversão sem limites.

Material necessário

✓ Amido de milho

✓ Água

✓ Uma vasilha

Material opcional

✓ Anilina para alimentos

✓ Utensílios de cozinha

Móbile Natural

Material necessário

✓ Objetos naturais como sementes, galhos, conchas, etc.

✓ Cordão

✓ Cola

Como você já deve ter percebido, o que mais usamos neste livro como suplemento para as nossas artes e ofícios são as coisas naturais – aquele material que nos é oferecido gratuitamente pela natureza. Para esta atividade, também, você precisa buscar alguns itens naturais e fazer um móbile.

Comece recolhendo com o seu filho grãos, sementes, pinhas, cones, galhinhos, conchas, etc.; qualquer coisa que não se deteriore pode ser considerada candidata a fazer parte do seu móbile. Não se esqueça de recolher galhos pequenos, porém fortes, para o suporte.

Depois dessa busca, coloque a coleção de objetos em cima da mesa e experimente vários arranjos diferentes. O suporte do móbile pode ser um galho grande ou vários galhos pequenos (veja a ilustração desta página). De qualquer maneira, deixe que a criança arrume as peças ao gosto dela; caso elas fiquem desequilibradas, sugira outras alternativas.

Assim que o *layout* for estabelecido, cole os objetos naturais a um cordão; use cola não tóxica, se for possível. Espere até que ela esteja bem seca, antes de amarrar o cordão nos galhos do móbile. Se vocês estiverem criando um móbile com vários níveis – e portanto vários galhos em diferentes alturas –, você pode usar como variação uma linha de pescar. Não se esqueça, porém, de que este material deve ser manipulado por um adulto.

Orientação

Eis aqui alguns jogos que farão com que fique fácil para o seu filho aprender a distinguir o norte do sul e o leste do oeste.

O primeiro trabalho é seu: você precisa descobrir se a casa/apartamento onde moram fica no alinhamento norte—sul, se é que você ainda não sabe. Olhar no mapa da cidade é uma maneira; olhar a sua sombra ao meio dia é outra – ela aponta para o norte, a essa hora.

Mostre o norte para a criança e diga-lhe que o sul é o lado oposto, o leste é do lado direito do norte e o oeste é do lado esquerdo, ou seja, oposto ao leste.

Em seguida, peça para ela lhe mostrar as várias direções que acabou de aprender. Inverta o jogo, trocando intencionalmente os lados, para ter certeza de que ela "pegou" a ideia.

Assim que essa ideia básica ficar clara, experimente dar-lhe instruções do tipo:

"Ande dois passos para o norte; depois, pule três vezes para o leste e volte de costas cinco passos para o oeste; olhe para o lado sul..." e assim por diante. Você também pode criar uma "Caça ao Tesouro" usando essas indicações, inclusive fazendo um mapa baseado em passos e direções.

Finalmente, assista a um pôr do sol com a criança e lhe pergunte se ela sabe qual o caminho que o sol vai percorrer no céu e de que lado ela acha que o sol vai nascer – assim, vocês poderão descobrir isso sem que todo mundo precise se levantar às cinco horas da manhã!

Material necessário

✓ Apenas o seu tempo

Material opcional

✓ Um mapa local

✓

Torta de Verão

Material necessário

✓ Terra
✓ Água
✓ Balde
✓ Pá
✓ Panela

O verão não vai chegar oficialmente na sua casa enquanto seu filho não fizer a sua primeira torta. A receita é simples e ele pode adaptá-la. Basta dar-lhe um balde ou lata, uma pequena pá ou similar e um pouco de terra do seu jardim ou quintal. O resto acontece naturalmente.

Assim que a criança fizer uma mistura com a textura ao seu agrado, a brincadeira pode começar. Segue abaixo, o que os nossos filhos mais gostam de fazer:

Uma torta clássica: dê-lhe uma fôrma (uma caixa reciclável é uma boa escolha) que ele possa encher com a massa e, depois, basta esperar que seque ao sol e fique no ponto de ser servida.

Guarnição: pedras pequenas, sementes ou mesmo um punhado de grama cortada com a mão podem ser excelentes guarnições para uma torta. O ideal é colocar uma massa fina na fôrma, para que ela mesma se parta ao secar, compondo os pedaços pequenos que deverão ser "servidos".

E o que você acha de fazer uma lasanha ou um "pão de carne"? Eles são ideais para as noites mornas do início do verão.

E se seu filho não tiver certeza sobre o que servir aos seus convidados? Bem, não que seja o ideal, mas você até pode lhes oferecer alguns hambúrgueres com refrigerantes e batatas fritas...

Palíndromo

Palíndromo são frases cujas palavras podem ser lidas de trás para a frente sem alterar o seu sentido.

Esta atividade é mais adequada para crianças maiores, que darão muitas risadas e também poderão se divertir a valer inventando as suas. Por exemplo: "Ana ama Ana".

Será que esta frase quer dizer que a Ana se ama ou que ama a amiga que tem o mesmo nome?

"Madam, I'm Adam."

Frase em inglês que quer dizer "Madame, eu sou Adão" – tem gente que jura que estas foram as primeiras palavras ditas por um ser humano, pois não parece que foi assim que Adão se apresentou a Eva? (Embora seja um mistério como eles sabiam falar assim – e em inglês!)

"He won a Toyota now, eh?"

Frase também em inglês que significa "Bem, ele ganhou um Toyota", mas você pode fazer algumas loucuras e, quem sabe, merecer o seu Volkswagen... (Experimente fazer a mesma coisa com as palavras "Volkswagen" e "Fährvergnugen".)

Material necessário

✓ Apenas o seu tempo

Avião de Papel

Material necessário

✓ Papel

✓ Fita adesiva

Material opcional

✓ Lápis de cor ou canetas hidrocor

Fazer um avião de papel é moleza – se você souber as dobras certas! Siga as ilustrações abaixo e você comprovará o que estou dizendo.

Primeiro, dobre uma folha de papel ao meio; em seguida, dobre as duas pontas superiores para dentro, até o meio da folha (ver figura A).

Dobre o papel ao meio novamente, conforme mostra a figura B, dobrando cada lado para o centro, como mostra a figura C.

Dobre novamente os lados para dentro, conforme mostra a figura D – e você já tem as asas.

Coloque um pedacinho de fita adesiva sobre as asas, para evitar que se abram.

Pronto! Agora, é só seu filho enfeitar o avião com todas as cores e formas que quiser e vocês já poderão fazer o primeiro voo juntos!

Boa viagem!

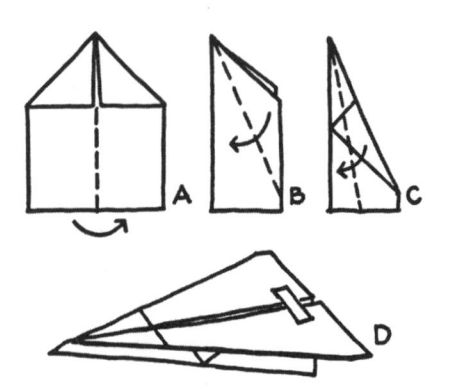

Cesta de Papel

Esta é uma cestinha simples, que pode ser usada como lixo no quarto da criança (principalmente para ela jogar fora os papéis usados, de bala, de chocolate, etc.) ou nas mais variadas situações – por exemplo, para guardar objetos pequenos.

Corte um pedaço de papel quadrado, do tamanho que você quiser – suponhamos 16 cm. Meça 4 cm de cada lado e faça uma marca quadrada, conforme mostra a ilustração desta página. Você pode escolher entre dobrar e colar com cola ou cortar com a tesoura os quatro quadradinhos de cada canto ou dobrar e colar com fita adesiva – a única coisa que importa é que seja feito um fundo quadrado, com (neste caso) 4 cm de profundidade, para ser a base da cestinha.

Separadamente, corte uma tira fina comprida, suponhamos 2 cm de largura por 30 ou 40 de comprimento, e prenda-a nos dois lados opostos da cesta – ela é a alça.

Seu filho pode decorar a cestinha com lápis de cor, canetas hidrocor ou guache, ou mesmo com gravuras recortadas das revistas. Se vocês preferirem, podem fazer pequenos pontos como se fossem botões, desenhar tiras que passem uma pela outra para criar a aparência de textura trançada das cestas artesanais e mil outras ideias. A única limitação é o tipo de papel que vocês têm em casa – mas sempre poderão dar um pulinho à papelaria mais próxima...

Uma dica: será mais fácil enfeitar a cestinha enquanto ela ainda não estiver armada.

Vocês podem fazer cestas de qualquer tamanho e material e enfeitá-las do jeito que preferirem – esta é apenas a sugestão mais simples que existe.

Material necessário

✓ Papel ou papelão fino

✓ Cola ou fita adesiva

✓ Lápis de cor, ou canetas hidrocor

Material opcional

✓ Tesoura sem ponta

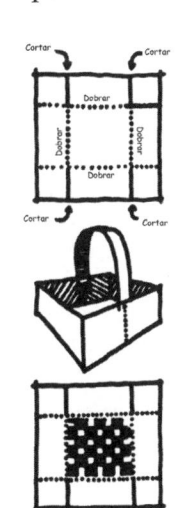

Papel em Cadeia

Material necessário

- ✓ Papéis coloridos
- ✓ Tesouras sem ponta
- ✓ Fita adesiva

Você provavelmente vai se lembrar das cadeias de papel que via na escola – e, eventualmente, até ficar com saudades delas... Era uma decoração muito usada nas festas de todas as ocasiões, e é até hoje em alguns lugares.

Você pode fazer o mesmo: usar essa decoração nas festinhas infantis – por exemplo, no aniversário de uma das crianças ou em outras ocasiões especiais.

Com tesouras sem ponta, ajude seu filho a cortar uma porção de tiras de papel de, digamos, 4 cm de largura por 24 cm de comprimento. As tiras podem ser do mesmo tamanho, mas de cores diferentes (correntes de uma cor só são tediosas...).

Cole as pontas de uma tira usando uma fita adesiva, se possível, transparente, enrolando-a como se fosse uma argola. Pegue outra tira, passe dentro desta e enrole-a também como se fosse uma argola, e mais outra, e mais outra, e mais outra, até formar uma cadeia de tiras enroladas... E enfeite a casa inteira com elas!

O comprimento citado acima é apenas sugestão. Você pode fazer as tiras do tamanho que quiser; pode, inclusive, variar não apenas as cores mas o tamanho e a largura também.

Bom divertimento!

Recortes em Papel

Se você tem uma porção de restos de folhas de papel, poderá usá-los para dar muito divertimento à ponta dos seus dedos!

Tudo que você precisa é de uma tesoura para iniciar-se na requintada arte do papel recortado. Eis algumas técnicas:

Uma versão bem simples sugere que você dobre os pedaços de papel duas ou três vezes, de modo a obter marcas que o dividam em quatro ou oito partes. Com a tesoura (sem ponta, se for usada por crianças), recorte pequenos triângulos ou faça pequenos "entalhes" ao longo das bordas. Desdobre e terá um pedaço de papel cheio de intrincados padrões.

Seus filhos podem enfeitar as marcas do papel, colocando, por exemplo, um pouco de cor em redor de cada furinho, ou você pode colar o papel "furado" sobre um papel de outra cor e criar uma colorida peça de arte.

Para fazer um modelo alternativo, você pode traçar um círculo sobre o papel (com um prato ou uma tigela), recortá-lo, destacando-o da folha, e então dobrá-lo e cortar as pequenas formas geométricas ao longo das bordas. Você pode usar os mesmos métodos decorativos ensinados acima.

Fica muito bonito se você amarrar um cordão numa das pontas e dependurá-los pela casa ou como parte da decoração do quarto das crianças, inclusive criando um móbile exclusivo, caso resolva colocar vários recortes de papel juntos e em diferentes níveis de altura. Também fica muito interessante o efeito de colá-los numa janela e deixar que a luz que vem de fora os ilumine.

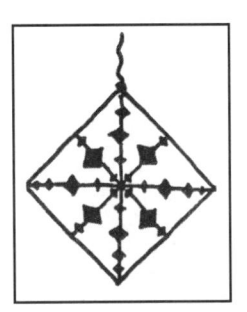

Material necessário

✓ Pedaços de papel

✓ Tesouras sem ponta

Material opcional

✓ Folhas de papel inteiras

✓ Cola

✓ Cordão

✓ Gancho

Chapéu de Papel

Material necessário

✓ Papel

Um chapéu de papel não é apenas ótimo para se usar – além disso, ele não custa praticamente nem um centavo e nem exige muito material. E pode ser usado em muitas das atividades deste livro que requerem roupas e fantasias.

Para fazer um chapéu grande, que servirá até em um adulto, pegue uma folha de jornal, dobre-a ao meio e, em seguida, dobre as duas pontas da direita e da esquerda para o meio, conforme mostra a ilustração "a". Deixe alguns poucos centímetros de borda sobrando no final da folha e dobre-os para fora, um de cada lado. Abra o fundo e seu chapéu está pronto!

Para fazer um chapéu de criança, pegue um chapéu de adulto e abra-o para o outro lado, colocando as partes da frente e de trás juntas, de modo a formar um losango – pronto, agora é só virar para cima as pontas de baixo, juntando-as à ponta de cima, conforme mostra a ilustração "b". Agora, é só puxar as pontas e seu filho já poderá usar o seu chapéu!

Para fazer um chapéu de bombeiro, coloque apenas uma das pontas para o alto, abra o chapéu e deixe a parte mais comprida para trás.

Viu como é fácil?

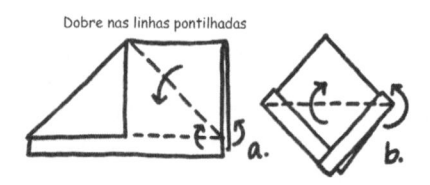

Dobre nas linhas pontilhadas

Helicóptero de Papel

Se você não tem aquela árvore linda que espalha umas flores muito loucas, que rodopiam como helicópteros (com hélice e tudo!) antes de cair no chão, faça com seus filhos belos helicópteros de papel para imitar a natureza.

Corte um papel não muito pesado em tiras de, digamos, 5 x 23 cm (lembre-se de que cortar é uma atividade para adultos, e que as crianças devem usar tesouras sem ponta). Faça os três cortes indicados na ilustração "a" pelas linhas contínuas. Faça o corte A para formar as hélices do helicóptero. Dobre, no local marcado pela linha pontilhada, uma hélice para o seu lado e outra para o lado oposto. Faça os cortes B e C para poder dobrar a outra parte da tira de papel e ter três dobras no sentido do comprimento. Dobre então a ponta desta parte para cima cerca de 2 cm e prenda-a com um clipe para acrescentar-lhe peso. Veja na ilustração "b" como deve ficar, e mantenha clipes longe das mãos das crianças menores.

Pinte as hélices para conseguir giros coloridos e lance o helicóptero para vê-lo rodopiar.

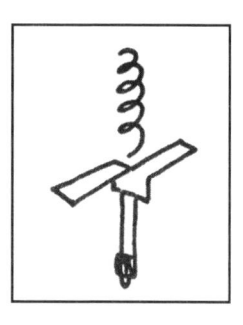

Material necessário

✓ Papel

✓ Clipe grande

✓ Tesoura (apenas para uso dos adultos)

Lembrete de Segurança

Partes Pequenas

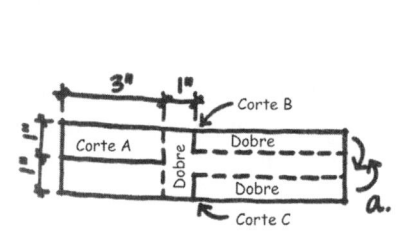

Máscaras de Veneza

Material necessário

- ✓ Folhas de papel
- ✓ Lápis de cor ou canetas hidrocor
- ✓ Barbante ou fio
- ✓ Lixa ou limpadores de cachimbo
- ✓ Tubos de papelão ou canudinhos

A excitação de vestir-se para o *Halloween* não precisa ser sentida apenas uma vez por ano; uma folha de papel e alguns materiais para enfeitar proverão seus filhos de muita diversão a qualquer dia da semana!

É muito fácil fazer uma máscara de papel daquele tipo usado no Carnaval de Veneza.

Pegue uma folha de papel, corte-a no tamanho aproximado do rosto e recorte os buracos dos olhos (lembre-se de que usar a tesoura é uma atividade para adultos). Em seguida, peça ao seu filho que a enfeite com lápis de cor ou canetas hidrocor. Se você quer algo mais incrementado, use pedaços de algodão ou barbante para fazer cabelos, barba ou bigodes de animais. E ainda pode usar tiras de lixa para fazer as sobrancelhas e o bigode "de gente", ou pintar de preto o contorno dos olhos como se fosse uma maquiagem. Você também pode recortar em cartolina as orelhas, os chifres e outros detalhes, se for o caso, e colá-los na máscara. As possibilidades de criação são infinitas!

Finalmente, cole na parte de baixo da máscara, pelo lado de dentro, um cabo para segurá-la – pode ser uma colher, um tubo de rolo de papel-toalha ou higiênico, um pedaço de madeira ou papelão rígido, canudinhos, etc.

Agora, é só brincar. Se você fizer ou ajudar muitas crianças a fazerem as suas máscaras, dá até para pensar em montar um zoológico!

Papel, Tesoura, Pedra

Este jogo vem resolvendo há décadas os conflitos entre as crianças – em casos de emergência, não existe nada melhor – e, uma vez que seus filhos aprendam a brincadeira, ficarão fãs dela e vão resolver assim quem vai fazer alguma coisa primeiro, quem vai ficar com a melhor parte, o que vão fazer agora, etc.

O jogo é baseado nas três posições da mão mostradas pela ilustração: papel, tesoura e pedra, respectivamente. Cada posição é superior a uma das outras e inferior à que restar. Resumindo: o papel sempre cobre a pedra; a pedra sempre tira o corte da tesoura; e a tesoura sempre corta o papel.

Assim, suponhamos que as crianças precisem escolher quem vai começar um certo jogo. Dois jogadores fecham os punhos, contam um-dois-três e mostram uma dessas três posições das mãos. O conflito foi resolvido! E este jogo é divertido mesmo se for para brincar só dele.

Se você quiser experimentar, aproveite a primeira oportunidade, no trabalho, por exemplo, quando alguém pedir alguma coisa e você estiver em cima do prazo para entregar um material!

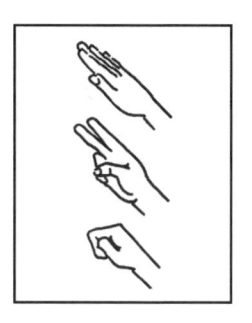

Material necessário

✓ Apenas o seu tempo

Papel Machê

Material necessário

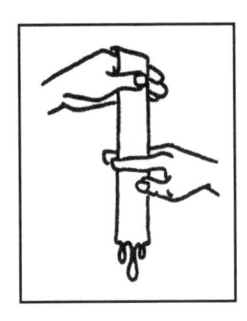

- ✓ Jornal
- ✓ Farinha
- ✓ Água
- ✓ Misturador
- ✓ Tinta (guache ou similar)
- ✓ Outros materiais para dar forma

Lembrete de Segurança

Plástico Transparente

Não existe nada mais interessante para se fazer com jornais velhos, um pouco de farinha e água do que esta atividade. Basta colocá-los todos juntos – eis a técnica básica:

Rasgue uma boa quantidade de jornais em tiras. Escolha uma fôrma: um grande tubo de rolo de papel higiênico pode ser usado para fazer um túnel, uma caixa de cereais pode ser um edifício. Você também pode fazer fôrmas de madeira ou qualquer outro material. Quando escolher a fôrma que vai fazer, lembre-se de que terá de removê-la ao acabar o projeto; então, cubra-a com um plástico antes de manuseá-la (este é um trabalho para um adulto).

Em uma tigela ou vasilha similar, coloque água e farinha até que obtenha uma pasta suficientemente fina para cobrir as tiras de papel. (Experimente antes pequenas quantidades da mistura; se estiver fina demais, o papel vai desmanchar.) Mergulhe o papel na pasta; mostre às crianças como usar os dois dedos para preparar as tiras. Envolva as pequenas crostas de papel ao redor da fôrma, cruzando alternadamente para ajeitar uma camada sobre a outra. Quando a criação estiver finalizada, coloque-a num local seco e ventilado; quando estiver completamente seca, remova a fôrma e peça às crianças que a pintem com tinta.

Paraquedas

Veja como é fácil fazer um paraquedas que vai deixar seu filho deslumbrado ao descer à terra.

Comece com um pedaço de pano branco e quatro pedaços de cordão ou barbante do *mesmo tamanho* – é muito importante que sejam do mesmo tamanho. Faça um paraquedas e estimule seu filho a enfeitá-lo, fazendo alguns desenhos e/ou pinturas com tinta à base de água ou canetas especiais para tecido, que são encontradas em lojas especializadas e, muitas vezes, até em papelarias comuns. Supervisione de perto esta etapa da atividade.

Quando a criança tiver acabado, espere secar completamente, se for o caso, e coloque os cordões nas pontas do paraquedas como se este fosse um guarda-chuva (veja a ilustração nesta página). Depois, pegue as partes soltas dos quatro cordões e prenda-as em uma argola de chave (ou em uma argola feita de arame); para finalizar, pegue outro cordão e amarre uma ponta na argola e outra em um brinquedo pequeno (se possível, representando uma pessoa – por exemplo, uma bonequinha ou um soldadinho).

Solte o paraquedas do alto de uma escada ou pelo menos de uma cadeira. Seu filho pode pegá-lo no ar ou direto do chão, onde o voo vai acabar.

Experimente prender junto com o boneco algum outro objeto e, por causa do peso, vocês poderão brincar de marcar o tempo que o paraquedas leva para chegar ao chão.

Material necessário

- ✓ Pedaço de pano branco
- ✓ Cordão
- ✓ Brinquedo pequeno
- ✓ Argola de chave (ou arame)
- ✓ Tinta à base de água ou canetas para tecido

Adivinhação

Material necessário

✓ Apenas o seu tempo

Além de divertir as crianças, esta atividade também dará muito prazer! E tudo que você precisa é de duas pessoas adultas, os conspiradores – um "apontador" e um "adivinhador".

O adivinhador deixa a sala; uma criança pega um objeto. O adivinhador volta e o apontador aponta para vários objetos, um por um, perguntando se é aquele que a criança tinha escolhido.

O que a criança não sabe é que o apontador e o adivinhador tinham combinado antes que o objeto escolhido pela criança sempre seguiria um determinado objeto da sala que eles já tinham combinado antes – digamos, o sofá. Assim, o adivinhador sabe que o apontador pode mostrar qualquer objeto da sala, um por um, que ele vai dizer que não – até que ele mostra o sofá. Essa é a senha: o objeto seguinte será o que a criança escolheu e o adivinhador vai acertar sempre.

Para o caso de não poderem se comunicar, eles podem combinar um sinal – por exemplo, duas piscadas com o olho esquerdo – para avisar o outro de que o próximo objeto foi o escolhido pela criança.

Faça isso bem-feito e seus filhos vão acreditar que você é realmente capaz de adivinhar as coisas ou ler os pensamentos! E se você decidir compartilhar o segredo com eles, todos os amigos vão ficar realmente impressionados com vocês!

Amigos por Correspondência

Muitas crianças adoram receber e enviar cartas. Veja a seguir como desenvolver um sistema de correspondência com elas.

Primeiro, diga aos parentes ou pai/mãe de um dos amiguinhos dos seus filhos que vocês gostariam de começar um sistema de amizade por correspondência. Esse sistema tem apenas uma regra: cada um dos participantes deve responder às cartas em, no máximo, cinco dias.

Quando o jogo começar, ajude as crianças que ainda não estão alfabetizadas, escrevendo as cartas que elas ditarem, se for o caso. A carta pode descrever eventos ou situações especiais que acabaram de acontecer – por exemplo, uma visita ao parque ou ao zoo, as férias, algo que aconteceu na escola, etc. A carta também pode conter informações sobre o dia a dia em casa e na comunidade.

Deixe que a criança assine a carta, independentemente da sua idade, depois coloque-a em um envelope e sele. Vá com a criança até a caixa de correspondência da rua (ou à agência de correio) e deixe que ela coloque a carta no lugar adequado.

Na semana seguinte, quando a resposta chegar, vocês terão outra atividade para fazer.

Uma dica: você pode criar uma "caixa de correspondência" dentro da própria casa, para que as pessoas da família escrevam umas para as outras – a irmã, o irmão, o pai, a mãe, etc. Todos vão mandar e receber cartas uns dos outros. A vantagem é que você economiza o selo!

Material necessário

✓ Papel

✓ Envelope

✓ Selos

Filatelia

Material necessário

- ✓ Envelopes usados com selos carimbados
- ✓ Um prato com água
- ✓ Papel
- ✓ Cola ou fita adesiva

O que é a filatelia?

É um jeito sofisticado de dizer "coleção de selos".

E esta é uma das mais populares coleções em todo o mundo, um *hobby* dos mais simples e fáceis de começar, porque todo mundo recebe cartas.

Seus filhos não precisam começar a coleção com selos famosos de Mônaco ou da Indonésia; ao contrário, devem iniciar com os selos mais comuns da sua correspondência rotineira.

Basta recortar do envelope a parte onde o selo está colado e colocá-lo na água durante 30 segundos, aproximadamente. Após este tempo, o selo se separará facilmente do papel.

A próxima etapa é colecioná-los realmente: para os iniciantes, colá-los em uma folha de papel ou caderno bonito será mais do que suficiente. Os mais avançados nas artes da filatelia, porém, vão querer comprar selos novos nas agências de correio, selos fora de uso, que têm os mais variados preços (prepare seu bolso!), e álbuns especiais onde podem ser guardados.

A coleção pode ser ampliada em várias direções, mas, normalmente, ela cresce com selos de outros países, que os amigos em viagem poderão mandar ou trazer.

Você já contou quantos tipos diferentes de selo seu filho conseguiu juntar?

(Veja também as atividades 51 e 253.)

Código do Telefone

Muitos pais e mães gostam que seus filhos saibam o número do telefone de casa, para o caso de acontecer alguma emergência. Para tornar esse conhecimento mais fácil (e divertido de aprender), ajude seu filho a transformar o número do telefone em uma frase ou palavra, usando o alfabeto numérico do seu aparelho.

Funciona mais ou menos como um código. Para refrescar a sua memória (se for o caso), você encontra abaixo as combinações letras/números do telefone:

1: não possui letras
2: ABC
3: DEF
4: GHI
5: JKL
6: MNO
7: PQRS
8: TUV
9: WXYZ
0: não possui letras

É sempre bom dar uma conferida no seu telefone: alguns deles "comeram" as letras Q e Z, e você deve procurar uma solução criativa para isso ou perguntar o que fazer na companhia telefônica da sua região.

De qualquer maneira, será muito interessante ter como número de telefone a palavra ROZXALEG... Mas como fazer se a palavra tem consoantes demais e fica impronunciável?

Use soluções criativas – por exemplo, por que não manter o prefixo e acrescentar as letras apenas aos números finais?

O seu número de telefone poderia vir a ser, por exemplo, 3721.LOBO. Impossível de esquecer!

Material necessário

✓ Apenas o seu tempo

Memória Fotográfica

Material necessário

✓ Livros de histórias ou revistas

Esta atividade é um excelente teste de memória.

Selecione uma gravura de um livro de histórias ou revista e peça ao seu filho que preste atenção nela. Pegue o livro das mãos dele e, virando-o apenas para o seu lado, comece a fazer perguntas para ver como a criança irá descrever os detalhes da gravura que examinou.

Não se esqueça de manter as perguntas no nível da idade e da habilidade dela. Para crianças pequenas, faça perguntas simples, tais como:

"Tem algum animal neste desenho?";
"De que cor é o urso?".

Aumente a complexidade e o desafio perguntando coisas mais difíceis, por exemplo:

"Quantos animais você viu?";
"O que as pessoas estão fazendo?".

Você também pode regular a dificuldade pela variação do tempo de observação da gravura que permite à criança.

Desafie as crianças maiores mostrando-lhes várias gravuras ao mesmo tempo, rapidamente, ou uma de cada vez por um certo tempo. Depois, faça perguntas sobre os detalhes de cada uma delas – as pessoas, os lugares sobre o que elas parecem tratar, etc.

Prepare divertidas armadilhas, para realmente testá-los: se uma gravura mostrou uma casa amarela, por exemplo, pergunte sobre a casa branca e veja o que acontece. Depois, quando a sessão de perguntas e respostas tiver acabado, mostre a gravura e converse com a criança a respeito dela.

Estúdio de Fotografia

Esta atividade mudará o seu conceito de "fotografia instantânea".

Pegue uma caixa grande de papelão e corte um quadrado de bom tamanho na parte de trás. Em seguida, corte um buraco redondo na frente, do tamanho exato de um copinho de iogurte, que deve ser colocado no local, depois que tiver o seu fundo retirado, de modo a ficar vazado – você acabou de fazer uma "lente" precisa. Recorte uma fenda na parte de trás, perto do buraco quadrado. Desenhe um botão na lateral, que será usado para "ativar" a máquina. Finalmente, coloque uma toalha ou pedaço de pano na parte de trás da caixa, onde você fez o buraco maior e coloque a "câmera" em cima de uma cadeira.

Antes de começar a operar o estúdio fotográfico, selecione algumas fotos das pessoas da família que vão tirar uma foto com vocês. Explique que as câmeras antigas exigiam que os fotógrafos tivessem um pedaço de pano a lhes cobrir a cabeça, por isso a toalha na parte de trás. Seu filho, o fotógrafo, vai apertar o botão, na hora em que estiver tudo pronto.

O "processo" de revelação é rápido e consiste na escolha imediata da foto mais adequada para a situação, que deverá estar escondida dentro da fenda, de onde só precisa sair para ser admirada.

Desenhos das pessoas fotografadas feitos pelas crianças (previamente, é claro!) também funcionam muito bem.

Um brinde à arte de fotografar, hoje e sempre – saúde!

Material necessário

✓ Uma caixa grande de papelão
✓ Copinhos de iogurte
✓ Uma toalha
✓ Fotos da família

Banco do Porquinho

Material necessário

- ✓ Caixa de leite
- ✓ 4 filmes de plástico ou embalagens de remédio
- ✓ Canetas hidrocor
- ✓ Pedaço de barbante

Lembrete de Segurança

Partes Pequenas

Dê uma olhada na ilustração desta página e responda: qual a imagem que lhe vem à cabeça? Um porco? Ou um cofre de porquinho – quer dizer – um banco de porquinho?

Para fazer um banco do porquinho – que não deve ser usado por crianças com menos de quatro anos – pegue uma embalagem de leite vazia e recorte uma abertura na parte de cima, do tamanho suficiente para passar as moedas que vai colocar lá dentro (não se esqueça que cortar é atividade para adultos). Agora você precisa de quatro pernas: pegue embalagens de filmes já revelados ou embalagens plásticas de remédio.

Faça a cara dele: seu filho pode desenhar os olhos com canetas hidrocor ou recortá-los em papel e colá-los no lugar certo. A mesma coisa pode ser feita para a boca. A parte de cima de uma garrafa de plástico faz um focinho perfeito – apenas coloque os furos do nariz, cobrindo a abertura com papel e fazendo um desenho deles ou realmente furando o papel (lembre-se de manter esses acessórios miúdos fora do alcance de crianças pequenas). Você também pode amarrar tudo na cara do porquinho.

Um pedaço de barbante colado na parte traseira fará um lindo rabo retorcido, mas você pode usar outros materiais que tiver à disposição.

O banco do porquinho ficou pronto. Agora é só colocar as moedas dentro dele (novamente, lembre-se de que esta atividade não é para crianças pequenas) e ensinar seu filho a poupar.

Pingue-Pongue

Este é um jogo do tipo faça-você-mesmo ótimo para testar a destreza do seu filho e ao mesmo tempo divertir todo mundo.

Pegue um pedaço de papelão de mais ou menos 60 x 50 centímetros – um lado de uma caixa grande serve perfeitamente bem. Faça cinco ou seis buracos do tamanho de uma bola de pingue-pongue, tomando o cuidado de não colocá-los muito próximos às laterais do papelão (lembre-se de que cortar é um trabalho para os adultos). Em seguida, faça uma moldura para este papelão, colocando em toda a volta um outro pedaço de papelão comprido, com aproximadamente 3 ou 4 centímetros de largura. Prenda muito bem em toda a volta, principalmente nos cantos, para criar o efeito mostrado a figura desta página.

Coloque uma bola de pingue-pongue no canto mais distante de você, o jogador. O objetivo é manobrar o pedaço de papelão de modo a levar a bola para o outro lado, sem que ela caia em nenhum dos buracos no meio do caminho.

Você pode variar as dificuldades, colocando no papelão um número maior ou menor de buracos, bem como colocando-os mais próximos ou mais afastados uns dos outros.

Outra variação é mudar os "para-choques" das laterais, colocando-os mais altos ou mais baixos e até mesmo tirando-os, de modo que o jogador tenha de se preocupar também em não deixar a bola cair fora do "tablado" – além de não deixá-la cair nos buracos, claro.

No final, experimentem fazer o mais difícil de tudo: jogar com mais de uma bola ao mesmo tempo!

Boa sorte!

Material necessário

✓ Tesoura (usada somente pelos adultos)

✓ Papelão

✓ Fita adesiva

✓ Bolas de pingue-pongue

A Rosa-dos-Ventos

Material necessário

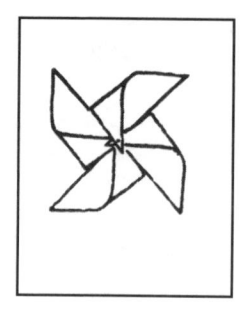

- ✓ Papel rígido
- ✓ Lápis de cor ou canetas hidrocor
- ✓ Alfinete
- ✓ Papelão
- ✓ Lápis com borracha

Lembrete de Segurança

Objetos Cortantes

Para fazer uma rosa-dos-ventos, pegue um pedaço de papel de uns 15 ou 20 centímetros e peça ao seu filho que o enfeite com círculos, linhas, faixas ou o que for do seu agrado, usando bastante cor.

Dobre o papel decorado, diagonalmente, nos dois lados, conforme mostra o desenho desta página. Agora apenas o adulto deve trabalhar; corte em diagonal até pouco mais da metade do papel, como mostra a linha contínua, e dobre quatro cantos para o meio, fazendo uma certa pressão para que fiquem firme no centro, onde você vai colocar ainda um alfinete para prender melhor, acrescentando um pequeno pedaço de papelão. Pegue agora o lápis com borracha na outra ponta e enfie o alfinete na borracha.

Certifique-se de que o alfinete permite que a rosa-dos-ventos gire livremente; para segurança, vire a ponta do alfinete para dentro, prestando atenção se não lhe será possível machucar uma pessoa. E não se esqueça de que esta atividade não é apropriada para as crianças menores.

Guarde a rosa-dos-ventos para um dia de vento ou use-a um dia qualquer para ver de que lado o vento está soprando (atividade 348).

Para ver qual é capaz de mover-se em maior velocidade, seu filho pode experimentar fazer a rosa-dos-ventos em vários tamanhos diferentes.

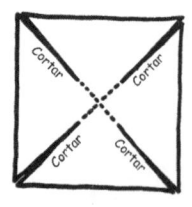

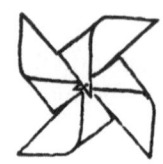

Pescaria

Esta atividade é uma variação da 182, "Peixe Magnético", e requer um pouco mais de habilidade da criança. De qualquer maneira, também pode ser desenvolvida com crianças pequenas e elas adorarão, bastando que seja feita uma pequena adaptação no nível exigido.

Faça primeiro uma vara de pescar para a criança, conforme descrito na atividade 182; depois, em vez de colocar um ímã na ponta, prenda um limpador de cachimbo ou mesmo um gancho, se possível, para ficar bem "real".

Para acrescentar mais diversão, peça à criança que decore a "vara" com barbante ou cordão, papel ou outros materiais que você tiver em casa, tendo o cuidado de não exagerar. Para dar um pouco mais de peso, você pode acrescentar a ela uma chave.

Faça o peixe de papel-cartão ou papelão ou destaque figuras de peixe das revistas e cole-as no papelão, recortando com capricho. Faça um buraco na "boca" do peixe, onde vai passar uma argola. Você pode aumentar ou diminuir o grau de dificuldade da atividade, aumentando ou diminuindo o tamanho dessa argola.

Coloque o peixe no chão e dê as varas com linha para seus filhos pescarem – eles podem ficar sentados em cima da mesa ou do sofá, que vão virar rapidamente um barco de pescaria ou uma plataforma.

Material necessário

- ✓ Tubo ou vara
- ✓ Cordão
- ✓ Cola ou fita adesiva
- ✓ Limpadores de cachimbo
- ✓ Argolas
- ✓ Papelão

Material opcional

- ✓ Barbante
- ✓ Pedaços de papel
- ✓ Gancho

Basquete de Meia

Material necessário

✓ Meias
✓ Travesseiros
✓ Atilho
✓ Cesta

As mães geralmente não gostam quando as crianças querem treinar dentro de casa para ser craques da bola... Mas o basquete de meia é uma atividade que, se for reservada para um dia de chuva, por exemplo, pode resolver o que fazer com as crianças sem que elas ameacem demolir a casa inteira a todo momento.

Estabeleça um local para ser a "cesta". Pode ser uma cesta de verdade, daquelas de colocar roupa suja ou ir às compras; mas também pode ser apenas um lugar que recebeu este nome para a ocasião. A cesta é, na verdade, o lugar em que as crianças vão jogar a bola.

Bola?

Mais ou menos... Quer dizer, pode ser que sim, pode ser que não!

A bola não passa de dois pés de meia enrolados um no outro e envolvidos completamente por um terceiro pé de meia avulso; tudo isso vai ser preso por um elástico ou atilho (borrachinha de prender dinheiro). Eis a bola! E você ainda aproveitou para dar um destino interessante para as meias velhas das crianças.

Elas vão jogar este basquete doméstico de um jeito parecido com o original: uma vai tentar tomar a bola da outra, que vai tentar acertar a cesta e marcar pontos para o seu time.

Se a turma preferir, também pode jogar beisebol ou futebol. A única coisa que você não pode esquecer é de "limpar" a área, tirando do "campo" todos os objetos que possam vir a ser quebrados ou danificados de alguma forma, mesmo com essa bola de meia que representa muito menos perigo. E bom jogo para vocês!

Entrega de Pizzas

Em muitos lugares, pedir que uma pizza seja entregue em casa é a coisa mais normal do mundo, embora em outros isso possa ser considerado impossível, tanto por ser fora de moda, coisa do passado, quanto, ao contrário, por ainda nem ter sido conhecido. Isso, no entanto, não importa! Seu filho pode se divertir muito fazendo e entregando pizzas em domicílio – pizzas de argila, é claro! Elas não servem para ser comidas, apenas admiradas.

Em primeiro lugar, faça uma receita de argila para modelagem (veja as atividades 247, se for para um recipiente normal, e 248 para uma grande e suculenta pizza). Ofereça ao seu filho um rolo de macarrão para fazer uma massa fina e "crocante" e um pedaço de papel-manteiga para ele poder colocá-la sem problema no "forno" – que pode ser feito com uma caixa de papelão. Abra um buraco grande na frente para ser a porta e não se esqueça de deixar a parte de baixo presa, para se poder abrir e fechar. Com os lápis de cor ou canetas hidrocor, ele pode fazer os botões de uso e os queimadores na parte de cima – ou qualquer coisa que ele imagine fazer parte de um fogão com forno. Se vocês preferirem, usem botões de verdade ou potes pequenos de plástico.

É claro que ele vai precisar cobrir a sua pizza de queijo – feito com papéis coloridos, naturalmente. E com os papéis dá para fazer outras variedades de alimentos, tais como tomate, azeitona, ovos, linguiça, enfim, tudo que lhe pareça gostoso.

Agora, é só pegar um bloco e uma caneta para anotar os pedidos e esperar que o entregador traga pizza e um jantar gostoso para a família inteira!

Material necessário

✓ Argila para modelar
✓ Caixa de papelão
✓ Lápis de cor ou similar
✓ Papel-manteiga
✓ Bloco
✓ Caneta

Material opcional

✓ Botões grandes
✓ Papéis coloridos

Gravura Secreta

Material necessário

- ✓ Gravuras recortadas das revistas
- ✓ Mesa da sala de jantar ou cozinha

Esta atividade pode ser uma divertida transição entre o jantar e o início das atividades da noite e pode tornar mais fácil para você distrair as crianças naquela hora chamada de "horário nobre".

Recorte muitas gravuras de revistas, catálogos e jornais, sempre lembrando-se de que usar a tesoura é trabalho para os adultos.

Depois que a mesa for posta, cada membro da família escolhe uma gravura do estoque e esconde-a debaixo da toalha ou do seu jogo americano de cobrir a mesa.

Após o jantar, uma pessoa começa a dar dicas sobre a gravura que escondeu. Quando alguém conseguir adivinhar o que é, o "dono" da gravura tem de cantar uma música, fazer gestos e/ou falar as palavras mágicas e fazer com que ela apareça, materializando o misterioso animal ou objeto diante dos olhos de todo mundo! A pessoa que acertou será, então, a próxima a dar as dicas. Como opção, pode ser escolhida a pessoa que estiver sentada à direita de quem começou o jogo e ir seguindo nesta ordem, independentemente de quem acertar.

Uma variação da brincadeira é quando uma criança põe a mesa para o jantar e esconde as gravuras que ela própria escolheu para os outros. Isso a manterá em evidência durante todo o tempo da atividade e a forçará a lembrar-se qual figura colocou para cada uma das pessoas presentes.

Desse jeito vocês vão ficar um bom tempo na mesa!

Móbile dos Planetas

Você acha que seu filho tem alguma mínima ideia do sistema solar? Se tiver, vai adorar ter um móbile dos planetas dependurado no quarto.

Para fazer o móbile você precisa antes preparar uma série de esferas de papel machê (veja a atividade 230). O segredo é criar a esfera na proporção certa e isso é muito fácil de fazer se você usar bexigas, que serão enchidas de ar no tamanho certo dos planetas maiores. Para os restantes, é uma questão de usar a mão mesmo. E não se esqueça de que as crianças pequenas não devem brincar com bexigas.

Use as seguintes dimensões para fazer o seu móbile: a Terra deve ter 1 centímetro de diâmetro; a partir dela você calculará a dimensão dos outros planetas:

Mercúrio: 3/8 da Terra
Vênus: 15/16
Terra: 1 centímetro
Marte: 5/8
Júpiter: 11
Saturno: 10
Urano: 4
Netuno: 4
Plutão: 1/4

Esta é a ordem dos planetas, a partir do mais próximo do Sol (Mercúrio) para o mais distante (Plutão).

Coloque uma argola em cada esfera que representa os planetas para dependurar. Quando o papel machê estiver completamente seco, seu filho poderá pintar os planetas; você fará os anéis de Saturno de papelão. No final, passe um cordão pelas argolas, amarre-o numa vara e dependure-o no teto.

Material necessário

✓ Bexigas
✓ Papel machê
✓ Canudinho
✓ Guache ou tinta similar
✓ Embalagens
✓ Cordão
✓ Argolas

Lembrete de Segurança

Bexiga

Mapa das Plantas

Material necessário

- ✓ Mapa-múndi ou Atlas
- ✓ Gravuras de plantas

Seu filho certamente já viu muitas figuras de plantas que não podem ser encontradas no jardim de casa ou na praça da esquina. Onde elas crescem? Eis um jeito de obter esta resposta!

Pegue um mapa do Brasil e gravuras diferentes de plantas e árvores. Uma revista que fale sobre viagem pode ser um bom começo, embora qualquer revista ofereça uma variedade daquilo que vocês querem.

Agora, você vai colocar a gravura no lugar do país onde aquela planta se origina – por exemplo, cole a figura de um cacto no Nordeste ou de uma araucária no Sul.

Você pode fazer o mesmo com um mapa de outros países ou mesmo um mapa-múndi.

Além de mostrar onde a planta em questão se origina, você pode comentar sobre os frutos que ela dá; fale também sobre os legumes e as verduras.

Se a criança for maior e essas informações já estiverem sendo do interesse dela, converse sobre o tipo de clima e de solo que provoca o nascimento de uma determinada planta, tomando o cuidado de usar uma linguagem à altura da compreensão da criança – por exemplo, mostre a diferença entre uma planta que cresce na Amazônia ou no Nordeste e outra da região Centro-Oeste ou Sul.

Se a criança demonstrar muito interesse, uma visita a uma biblioteca ou livraria não deverá ficar fora de questão!

Massa para Modelar

Eis uma atividade que encanta as crianças e os adultos. Essa massa é tão fácil de modelar quanto a argila e ainda mais fácil de limpar.

A primeira parte deve ser preparada por uma pessoa adulta.

Misture ½ xícara de farinha, 1 de açúcar e 1 colher de sopa de massa para modelar, que pode ser encontrado nas lojas de temperos e especiarias. Acrescente uma colher de sopa de óleo e 1 xícara de água fervendo. Mexa tudo até que esfrie, quando, então, você acrescentará a anilina colorida – parte que as crianças vão adorar fazer.

Quando a massa ficar pronta, dê às crianças um cortador de biscoitos, um rolo de macarrão, um espremedor de alho, espátulas e outros instrumentos que sirvam para marcar, cortar e dar forma. Mantenha afastados secadores de louça, pratos, panelas e similares, para o caso de elas pensarem que é uma festa.

Essa massa dura meses. Apenas tenha o cuidado de colocá-la em potes bem fechados, quando não a estiver usando, para que não resseque. Se isso acontecer, você ainda pode rejuvenescê-la, borrifando-a com água e colocando-a dentro de um recipiente; após um dia ou dois, tire-a e amasse-a, que logo ficará como nova.

Material necessário

✓ Farinha
✓ Açúcar
✓ Óleo
✓ Massa para modelar
✓ Potes
✓ Cortador de biscoitos
✓ Utensílios de cozinha
✓ Anilina para alimentos

Lembrete de Segurança

Fogão

Massa para Modelar (avançado)

Material necessário

- ✓ Farinha
- ✓ Sal
- ✓ Água
- ✓ Óleo
- ✓ Argila
- ✓ Utensílios da cozinha

Se seu filho gostou da atividade 247, que ensinava a fazer uma massa para modelar simples, aqui está uma outra fórmula que o desafiará ainda mais ao unir uma argila firme com uma textura mais bonita. Não que ele precise fazer primeiro o PhD em Química, mas que você vai precisar de braços fortes, isso a gente garante!

Em uma vasilha especial para molho, junte 3 xícaras de farinha, 1 ½ xícara de sal, 3 de água, 2 colheres de sopa de óleo para cozinhar, 1 colher de sopa de argila e um pouco de anilina colorida. Leve a mistura ao fogo brando (trabalho de adulto), mexendo constantemente até que a massa comece a endurecer a partir das laterais da panela e você já não consiga mais mexer a colher (momento em que vai ter certeza da necessidade de braços fortes). Tire a mistura da panela; depois que esfriar, sove-a por uns 3 ou 4 minutos até que fique macia. Agora, sim, vocês estão prontos para a ação!

Ofereça a massa de modelar às crianças junto com rolos de macarrão, cortadores de biscoitos, objetos redondos para fazer peças circulares, tais como copos de plástico ou pires, e vários utensílios de cozinha que possam dar forma à massa. Um espremedor de alho produz um formato engraçado e interessante.

Guarde a mistura em potes bem fechados; se, por acaso, ela endurecer, acrescente algumas gotas de óleo ou água e você lhe dará vida nova.

O Escritório das Crianças

Material necessário

- ✓ Mesa pequena ou caixa de papelão
- ✓ Envelopes usados
- ✓ Lápis de cor ou similar
- ✓ Telefone de brinquedo
- ✓ Caixas de sapato
- ✓ Material de escritório

Se você ou seu parceiro trabalham em um escritório, esta atividade naturalmente passará a fazer parte das brincadeiras das crianças – e isso quer dizer que o ideal é você criar o escritório das crianças.

A primeira coisa que você precisa é de uma mesa. Se tem uma mesa de dimensões infantis, coloque duas caixas de sapato sobre ela, para que as crianças possam colocar os apetrechos. Uma pode ser para tratar dos assuntos que chegaram e a outra para os assuntos que deverão sair para ser tratados com outras pessoas. Caso você não tenha uma mesa como essa, use uma caixa de papelão para fazer uma.

Durante alguns dias, não jogue fora os restos da sua correspondência: envelopes, prospectos, impressos – ao contrário, guarde-os porque serão importantes para esta atividade, e você já pode colocá-los nas caixas.

Providencie lápis, caneta, lápis de cor, papel, fita adesiva, uma calculadora, um caderno ou blocos de notas, enfim, tudo que você achar que poderá servir para seu filho.

Ele ainda quer mais?

Traga tecnologia, criando um computador a partir de uma caixa de papelão. Desenhe a tela com os lápis de cor, faça um teclado com um retângulo de papelão e desenhe as letras e símbolos; dá para fazer até mesmo alguns disquetes de papelão.

Falta alguma coisa?

Ah, sim, o telefone.

Mas chega de ficar falando de negócios!

Que tal uma pausa para o lanche?

Observatório

Material necessário

✓ Um tubo com 6 cm de diâmetro (no mínimo)

✓ Uma caixa com 1 m de comprimento (no mínimo)

✓ Revistas para recortar

✓ Papel

✓ Lápis de cor

✓ Lápis e caneta

Esta atividade, embora simples, simula uma experiência de ver a lua e os planetas por meio de um telescópio de verdade.

Você precisa de um tubo de papelão com 6 cm de diâmetro, no mínimo, que pode ser encontrado em lojas especializadas em desenho. Arranje uma caixa de papelão com pelo menos um metro de comprimento, que consiga parar de pé sobre um dos lados. Mais ou menos a 5 cm do alto da caixa, recorte um buraco de diâmetro suficiente para passar o tubo, fazendo o mesmo do outro lado, conforme mostra a ilustração (lembre-se de que cortar é tarefa para um adulto).

Recorte figuras das revistas e jornais que mostrem os planetas, a lua, os cometas, etc. e cole em pedaços quadrados de papelão. Seu filho pode, também, fazer desenhos bem bonitos sobre o tema.

Durante o dia, mantenha o telescópio voltado para a janela e, à noite, para um abajur (nunca para uma lâmpada elétrica).

Pegue um desenho ou gravura e coloque no final da abertura do tubo, pedindo ao seu filho que olhe pelo telescópio e descreva o que vê no "céu"; depois, troque de gravura, colocando outra no lugar. É diversão garantida!

Se você quiser fazer tudo muito bem feito, pegue um livro de astronomia e instrua-se sobre o que acontece no céu, quando visto através de um telescópio, ou divirta-se fazendo montagens de fotografias e colocando, por exemplo, seu filho pilotando uma nave espacial.

Casinha de Palitos

Você gostaria de construir uma peça de madeira absolutamente perfeita?

Experimente os palitos. Eles são um material excelente para construir objetos, como você pode ver nesta atividade. E ainda apresentam versões variadas de tamanho, espessura, qualidade, etc

Não, você não vai precisar pedir a todo mundo que conhece para chupar muito picolé e guardar os palitinhos para você. Hoje já é possível encontrá-los para comprar nas lojas, em pacotes de cem.

Seu filho pode usar cola não tóxica para colá-los uns aos outros e, assim, fazer casas, prédios, estações de trem e até mesmo carros, barcos e submarinos. O único limite é a imaginação, embora você também possa ajudar, oferecendo à criança dicas de como construir coisas mais sólidas e duráveis. (Campanários de cabeça para baixo, por exemplo, achamos que não são construções confiáveis...)

A maioria das crianças gosta de fazer coisas abstratas, quando começa a brincar com varetas e palitos, e você não deve se preocupar com isso – mesmo se ela nunca resolver fazer coisas concretas, daquele tipo que todo mundo sabe o que é. Afinal, os gênios também têm de começar de alguma forma!

Material necessário

✓ Palitos de picolé ou varetas

✓ Cola não tóxica

O Retratista

Material necessário

- ✓ Folhas de papel (grandes)
- ✓ Lápis de cor ou similar
- ✓ Lápis
- ✓ Tintas e pincéis
- ✓ Papelão grande
- ✓ Avental

Com esta atividade, você pode economizar o dinheiro de mandar fazer um quadro da família (afinal, ia custar uma fortuna!) e ainda proporcionar muita diversão para todo mundo!

Faça um cavalete colando um pedaço de papelão nas costas de uma cadeira. Se quiser, cubra a cadeira primeiro, com um pano ou lençol velho. Providencie todo o material que seu filho vai precisar: papel, lápis de cor, tinta, pincel, etc. Uma boina ou chapéu (veja atividade 226) e um avental vão completar o visual com muito charme.

Reúna a família. Peça à criança que indique as roupas que gostaria que as pessoas usassem e, depois, quando todos estiverem prontos, ela também pode decidir quem vai ficar em pé ou sentado.

Quem quiser ter o seu retrato individual também vai ter de se submeter ao bom gosto do jovem pintor e aceitar a pose que ele escolher, a expressão do rosto, o penteado e assim por diante.

Enquanto ele está pintando, você pode ir preparando as molduras onde os retratos serão colocados: pegue grandes pedaços de papelão para forrar a pintura por baixo e outros menores (e enfeitados, se vocês quiserem) para colocar nas laterais.

É importante que o quadro esteja assinado, e você não pode se esquecer de colocar a data e o nome nas costas da obra-prima – quando crescerem, seus filhos irão adorar essas pinturas!

Hoje, a sala de visitas da família. Amanhã, (quem sabe?) o *Louvre*.

Correio

Muitas crianças acham as atividades de correio simplesmente fascinantes. Se você ainda não levou seu filho pequeno para visitar uma agência, não perca mais tempo e vá logo! Isso irá motivá-lo para esta atividade.

Uma cadeira que tenha o encosto aberto serve perfeitamente para ser o balcão da sua agência dos correios. Se preferir, faça um mais elaborado, usando uma caixa de papelão grande.

Providencie uma balança (do banheiro ou da cozinha) para pesar as cartas. Uma esponja umedecida com tinta não tóxica e um carimbo de batata (veja a atividade 255) também não podem faltar.

Quanto aos selos, seu filho pode fazê-los em pequenos pedaços quadrados de papel ou papelão, desenhados e pintados com lápis de cor, ou, então, pegar os selos já usados e colá-los novamente com fita adesiva dupla face.

Junte envelopes usados, material de propaganda, mala-direta, pequenas caixas para as "encomendas", papel Kraft para os pacotes e itens similares. Para crianças maiores, providencie um mapa do Brasil e deixe que elas façam postagens para longas distâncias também (esta é uma excelente oportunidade para aprender Geografia). As crianças menores dirão que qualquer pacote ou carta custa o mesmo preço, mas você não vai se importar.

Vamos aos negócios!
(Veja também a atividade 234.)

Material necessário

- ✓ Envelopes e caixas
- ✓ Papel
- ✓ Lápis de cor
- ✓ Lápis
- ✓ Fita adesiva dupla face

Material opcional

- ✓ Régua
- ✓ Caixas pequenas

Cabeça de Batata

Material necessário

- ✓ Batatas
- ✓ Argila
- ✓ Papéis coloridos
- ✓ Feltro
- ✓ Palitos-de-dente
- ✓ Fita
- ✓ Escova

Fazer uma cabeça de batata é uma atividade antiquíssima, mas sempre traz muita diversão para toda a criançada.

Pegue uma batata e lave-a muito bem, esfregando com uma escova. Em seguida, ofereça-a ao seu filho, dando junto um pouco de argila para ele moldar o nariz, a boca e as orelhas; pedacinhos de feltro podem ser os olhos, a boca, o bigode, a barba. Use pedacinhos de palito (supervisione de perto esta etapa ou faça você mesmo para a criança) prendendo o feltro e a argila na batata. Uma velha escova de plástico pode ser usada para fazer os cabelos, assim como pedacinhos de lã.

Se a criança quiser fazer muitas cabeças de batata, por que não ser uma para cada pessoa da família? Vocês podem colocar um laço no cabelo da menina, um chapéu na cabeça do menino, etc.

E agora, que tal uma batata normal para o jantar?

Carimbo de Batata

Acredite, se quiser, mas tudo de que você precisa para começar a montar uma loja de carimbos são algumas batatas e alguns itens normais de cozinha.

Primeiro, corte uma batata no sentido do comprimento. Em cada metade da batata seu filho pode fazer uma letra do próprio nome. Explique a ele que é preciso escrever o nome (e cada letra, é claro) ao contrário – se for preciso, ajude-o.

O próximo passo deve ser dado por você: com um estilete ou faca com ponta, tire a polpa da batata da volta da letra, com alguns milímetros de profundidade. Quando estiver pronto, você terá um nome escrito como se fosse um carimbo de borracha normal.

Coloque um pouco de guache em um recipiente raso. Seu filho, agora, vai molhar a letra/palavra do carimbo na tinta e apertar o carimbo contra o papel.

Uau! Funciona mesmo!

Continuem fazendo o mesmo com as letras seguintes e logo ele já terá escrito o próprio nome! Que emoção! Ele não é demais? (Não se esqueça de que foi assim que Gutenberg começou!)

Muitas vezes, a criança prefere fazer uma arte mais abstrata com as batatas, dependendo da sua idade e da sua habilidade. Não se preocupe, vai ficar bonito, também! Curta tudo que você tem direito!

Material necessário

✓ Batatas grandes

✓ Estilete ou faca com ponta

✓ Guache ou similar

✓ Papel

Lembrete de Segurança

Supervisionar Atentamente

Corrida com Saco

Material necessário
- ✓ Fronhas velhas
- ✓ Giz ou barbante

Material opcional
- ✓ Cronômetro
- ✓ Travesseiros/ almofada/ regador

Lembrete de Segurança
Supervisionar Atentamente

Como não é fácil para a maioria das pessoas como nós o acesso a sacos de batata – que seriam ideais para esta atividade –, sugerimos fronhas (capas de travesseiros), que todo mundo tem em casa e faz o mesmo efeito. É claro que você vai escolher as mais velhas, que podem ser "sacrificadas", se for o caso.

A brincadeira começa com cada criança se enfiando dentro de uma fronha, com os dois pés, até a altura da cintura. Elas devem segurar a abertura com as duas mãos, adaptando a altura, caso necessário. A um sinal, todas devem começar a pular para chegar a uma determinada linha marcada no chão com giz ou barbante.

Se puder ser num local aberto e sobre uma grama verde e macia, melhor ainda. Dentro de casa, escolha um cômodo com um carpete ou tapete macio e tire todos os móveis da frente, colocando-os perto da parede. Cuidado com as escadas: as fronhas não servem de paraquedas! Monitore tudo de perto, para maior segurança.

Você pode aumentar o prazer da garotada inventando regras malucas – por exemplo, o primeiro a cruzar a linha antes do cronômetro soar ganha pontos extra. Ou, antes de cruzar a linha de chegada, a criança precisa cantar três vezes uma determinada música. Experimente acrescentar um obstáculo à corrida, algo como vários travesseiros ou almofadas, dentro de casa, e um regador, se a corrida for no jardim.

Esta atividade requer a supervisão de um adulto.

Potes e Panelas

Esta atividade usa o dado gigante que vocês fizeram na atividade 117.

Pinte uma cor em cada lado do dado. Arrume meia dúzia de potes e panelas no chão. Coloque um pedacinho de papel colorido em cada um deles ou cole ao lado, de modo que cada um corresponda a um dos lados do dado.

As crianças se revezam uma de cada vez para girar o dado. A cada cor que ele mostrar, a criança tentará jogar um saco de feijão (veja a atividade 19, que ensina a fazer um) dentro do pote ou panela com a cor correspondente.

Como variação, designe uma cor para ser o "coringa", o que quer dizer que, quando ela sair, o saco de feijão pode ser jogado em qualquer pote de qualquer cor. As crianças maiores podem inventar maiores desafios e novas regras.

Para aumentar a dificuldade, você pode colocar os potes e panelas menores mais próximos e os maiores mais distantes. É claro, se seus filhos preferirem, você pode arrumá-los aleatoriamente no chão, o que seria o mais apropriado.

Material necessário

✓ Dado gigante

✓ Potes e panelas

✓ Papéis coloridos

✓ Sacos de feijão

Deliciosos Biscoitos

Material necessário

- ✓ Fermento
- ✓ Açúcar
- ✓ Sal
- ✓ Ovo
- ✓ Farinha
- ✓ Sal grosso

Lembrete de Segurança

Fogão

As crianças adoram fazer coisas na cozinha, principalmente doces que mamãe e papai proclamam estar deliciosos! Esta receita para fazer biscoitos é excelente para crianças de todas as idades.

Dissolva um pacote de fermento em 1½ xícara de água morna. Adicione três a quatro colheres de chá de sal e uma colher e meia de chá de açúcar. Misture quatro xícaras de farinha até que a mistura fique macia e pastosa. Corte-a em pedaços pequenos – é aqui que a festa da meninada vai começar!

Sugira às crianças que enrolem e moldem a massa do biscoito, de modo a fazer letras avulsas, seus nomes, o contorno do corpo de alguns animais, de prédios, castelos, pessoas, as mais diversas formas; elas também podem fazer estranhas criações abstratas e tudo que lhes vier à mente, estimuladas pela fantasia.

Bata um ovo em uma tigela à parte. Quando os biscoitos estiverem moldados, pincele-os com o ovo batido. Se vocês gostarem, ponham um pouco de sal grosso sobre algumas delas.

A parte de cozinhar a massa é apenas para adultos: ligue o forno a 425 graus durante 15 minutos ou até que fiquem dourados. Quando os biscoitos estiverem frios, vocês podem começar a fazer o mais importante: comê-las!

Bom apetite!

Menu Maravilhoso

Temos boas notícias: seu filho acabou de ser selecionado entre mais de mil candidatos para ser o *chef* da cozinha de um dos mais famosos restaurantes do mundo! Agora, a má notícia: os donos do restaurante não estão satisfeitos com o menu e querem que ele o refaça completamente.

A tarefa dele é, então, criar um menu que incorpore todo o conhecimento que ele tem sobre nutrição. Ele deve incluir, também, uma variedade de pratos capaz de agradar a paladares diferentes.

Reveja os tipos de pratos com a criança, para certificar-se de que ela balanceou adequadamente os nutrientes, incluindo muitas frutas, legumes e verduras, vários tipos de grãos, proteínas em quantidade suficiente, etc.

Assim que o seu *chef* tiver uma variedade de opções para café da manhã, almoço, jantar e aperitivos, já pode começar a criar um menu. As crianças pequenas podem desenhar os pratos e as maiores podem escrever os nomes e uma descrição da maneira como são preparados.

Sugira às crianças que comparem os menus que prepararam com os dos restaurantes que vocês costumam frequentar. O que os restaurantes em questão podem aprender com o gosto e o senso de nutrição dos seus filhos?

Material necessário

✓ Apenas o seu tempo

O Arco-Íris Maluco

Material necessário

✓ Papel

✓ Lápis de cor

Para esta atividade, prepare um lápis de cor preto ou azul-marinho e uma infinidade de outros de todas as cores que puder.

Providencie folhas de papel – aproveite para reciclar as já usadas do seu escritório em casa – e peça ao seu filho para esfregar bastante um lápis de cor escuro nas folhas de papel. Como variação, ele também pode usar diferentes cores, todas misturadas, umas em cima das outras; ou ainda fazendo camadas contínuas de cores; ele pode fazer. Por cima de tudo, mais traços de lápis de cor preto ou azul marinho, de modo que o papel fique completamente coberto pela cor escura e as cores se tornem praticamente invisíveis sob as últimas camadas escuras.

Agora é que o charme vai começar: mostre ao seu filho como "desenhar" com o cabo de uma colher, delicadamente tirando a parte de cima (escura) do papel e fazendo aparecer as partes coloridas embaixo do traço por meio de um determinado desenho intencional. E ele poderá desenhar um animal, uma boneca, um automóvel, o que quiser, em cima do preto ou azul, que estará sendo removido para mostrar o que estava embaixo.

Resultado: o arco-íris maravilhoso que estava escondido sob as nuvens escuras mostrou-se com todas as suas cores!

Conte-*me* uma História

Material necessário

✓ Um livro de histórias

Você gasta um tempo enorme lendo histórias para os seus filhos. O que você acha de virar a mesa e pedir que eles lhe concedam esse benefício?

Esta atividade é ainda mais engraçada quando feita com crianças que *não sabem* ler.

Pegue o livro favorito das crianças e entregue nas mãos delas, dizendo que hoje é a sua vez de ouvir a história.

Peça que treinem um pouquinho antes de começar e vá fazer outra coisa por um momento. Você verá que elas vão abrir o livro e treinar todas as inflexões de voz necessárias, gastando um tempo enorme nesse "ensaio" da melhor maneira de contar a história, quer dizer, a sua, porque elas vão copiar os seus mínimos gestos e tons de voz! E se alguém não se lembrar da história direitinho vai inventar outra melhor ainda!

Curta as improvisações dos seus filhos e nunca fique preocupado com elas! Pode até ser que "Era uma vez uma coisa grande que conversava com uma outra coisa que estava atrasada e, então, o cachorro encontrou a coisa que estava sumida" não seja o jeito clássico e "correto" de começar uma narrativa, mas se você lhes der uma ideia e eles conseguirem desenvolvê-la de alguma forma, já está ótimo (alguns novos leitores são excelentes em neologismos! Você é quem vai aprender um monte deles!).

De qualquer maneira, o mais importante é deitar junto, prestar atenção e compartilhar os cobertores!

Uma Carta Gravada

Material necessário

✓ Gravador

✓ Material para cartas

Normalmente, os parentes que moram em outras cidades ou países vivem ansiosos para saber as novidades, sobretudo das crianças da família. O jeito tradicional de resolver o problema é estimular a criança a escrever cartas – e ela acaba escrevendo qualquer coisa mais ou menos assim:

"Querida vovó, querido vovô, como vão vocês?
Aqui está tudo bem.
Beijos, Helena".

Uma carta gravada trará mais diversão, tanto para as crianças quanto para quem vai recebê-la.

Pegue um gravador, sente-se com a criança em um local silencioso e peça a ela que:

Conte ou leia a sua história favorita: se a criança ainda não sabe ler, pode contar a história com as suas próprias palavras e vai ser realmente agradável ouvir aquela vozinha deliciosa cheia de trejeitos infantis... Você pode colocar música de fundo, se quiser.

Cante uma música: a criança tanto pode cantar enquanto conta a história quanto fazer disso uma atividade especial – e você pode "tirar um som" de acompanhamento a partir de alguns instrumentos de percussão que vocês mesmos fizeram.

Descreva o seu próprio quarto: sugira à criança que fale dos seus brinquedos e atividades preferidos, os novos desenhos que andou fazendo e dê ênfase especial ao lugar onde colocou o(s) presente(s) recebido(s) daquelas pessoas para quem está contando.

Fale das férias: pode ser tanto sobre as últimas férias quanto sobre os planos para as próximas; se aquelas pessoas em questão estiverem envolvidas, melhor ainda.

Seu filho pode ajudá-lo a fazer o pacote, selar e mandar para os parentes distantes. E prepare-se para receber os elogios entusiasmados do destinatário!

No Restaurante

Nosso filho gostava de nos servir jantares que ele mesmo preparava com argila e massa para modelar, então, nós o estimulamos a fazer um restaurante. O resultado chama-se: "Restaurante do Noah" e hoje é o nosso preferido na cidade.

Seu filho também pode montar o dele. Tudo que você precisa é de alguns pratos e talheres de plástico (os descartáveis são uma boa opção, por serem seguros, praticamente inquebráveis e baratos), alguns potes pequenos de plástico para guardar as especiarias, algumas embalagens de alimentos (muito comuns quando se compra comida chinesa ou hambúrgueres) e um pouco de argila ou massa para modelar.

Você pode estabelecer uma mesa especial para o restaurante do seu filho, por exemplo, a mesa do jardim ou da cozinha, que ele mesmo deve arrumar, colocando flores e música, se for possível. Se mais crianças (irmãos ou amigos) estiverem presentes, eles podem brincar de ser o *maître*, o garçom, a moça da recepção, etc.

Preparar o cardápio é uma das etapas mais fascinantes desta atividade. As crianças (principalmente as pequenas) podem fazer desenhos ou usar gravuras de comidas recortadas das revistas e colá-las em folhas grandes de papel, acrescentando os preços ao lado – não se espante se diferentes pratos tiverem o mesmo preço ou se tiver de pagar uma fortuna por um hambúrguer!

Você pode ajudá-las, se for preciso, escrevendo o nome dos pratos; crianças maiores poderão inventar comidas malucas; enfim, tudo é válido.

Quentinho, saindo do forno, um rosbife à milanesa com calda de banana – quem vai querer?

Material necessário

✓ Pratos e talheres de plástico

✓ Argila

✓ Embalagens de alimentos

✓ Folha grande de papel

✓ Lápis de cor ou similar

✓ Revistas

Outro Jogo-da-Velha

Material necessário

✓ Papel

✓ Caneta ou lápis

O clássico jogo-da-velha pôs uma roupa nova e voltou à cena para divertir as crianças: o objetivo agora é *não* fazer 3 fileiras!

Uma mudança refrescante, que vai exigir um pensamento diferente daquele que elas estão acostumadas a usar no jogo tradicional. E você verá como é interessante (e invejável!) a facilidade com que as crianças se adaptam às novidades.

Existe apenas uma nova regra que precisa realmente ser respeitada: a pessoa que começa o jogo deve sempre marcar o quadrado do centro, o que colocará este participante em uma situação de desvantagem em relação ao outro. Isso ficará evidente ao longo da disputa; então, o melhor que você tem a fazer é estabelecer, antes do início do jogo, que a cada vez um deve começar, o que equilibra o jogo e anula a desvantagem (você deve se lembrar de que o quadrado do meio é o mais cobiçado no jogo tradicional).

Experimente você também: este é um exercício fascinante de reversão de pensamento.

Bom jogo para vocês!

Escrita ao Contrário

É claro que seu filho, já não tão pequeno assim, sabe escrever o próprio nome, mas, será que ele sabe escrever o nome ao contrário, também?

Escrever ao contrário não afeta algumas letras simétricas, por exemplo, A, H ou M, mas as letras assimétricas forçarão qualquer um a vê-las de um outro jeito, por exemplo, J, R ou Z. É claro que a sequência das letras também precisa ser ao contrário.

Experimente pedir ao seu filho que escreva uma frase do jeito normal e, em seguida, que escreva a mesma frase ao contrário. Depois, basta conferir no espelho, pois só este é capaz de decodificar correta e rapidamente essas estranhas mensagens.

Chame a atenção da criança para as letras ou palavras que ficam praticamente ilegíveis, quando escritas ao contrário.

Agora, coloque este livro no espelho para decodificar a minha mensagem abaixo. Isso será um bom exercício para ajudá-lo a entender e a fazer a brincadeira.

?ESARF ATSE REL EUGESNOC ÊCOV

Material necessário

✓ Papel

✓ Caneta ou lápis

O Jogo das Rimas

Material necessário

✓ Apenas o seu tempo

Quer despertar o poeta adormecido em seu filho?

Experimente esta atividade. Ela também é excelente para as crianças desenvolveram habilidades linguísticas.

Escolha palavras comuns e peça ao seu filho que diga outra palavra que tenha a mesma terminação. Basta que tenha o mesmo som; neste caso, a escrita é secundária.

Evite usar verbos: cantar com falar, amar, com andar, etc., porque a rima fica muito pobre, quer dizer, fácil! O mesmo acontece com as palavras terminadas em "ão", mas, coração, aí já é muita tentação, e eu, perder essa – não vou não!

Abaixo, uma lista de palavras do vocabulário rotineiro da criança que rimam entre si.

Boneca – careca – sapeca
Remela – amarela
Barata – desata – mata
Bonita – fita – infinita
Florida – metida
Assustada – amada
Curiosidade – liberdade – beldade
Beijoca – minhoca
Instrumento – momento – pensamento
Horta – porta
Legal – tal – astral
Amor – cor – flor – dor
Paisagem – molecagem
Hortelã – avelã – anã
Laranja – canja
Mel – fel – céu – léu

Maracás de Arroz

As crianças adoram barulho, principalmente quando são elas que estão fazendo... Nesta atividade, seus filhos estarão autorizados a fazer barulho, mas, em compensação, você poderá lhes dar algumas noções de ritmo.

Pegue dois copos de plástico (ou descartáveis) iguais. Encha a metade de um deles com grãos de arroz cru. Coloque o copo vazio em cima, alinhe bem, para ficarem bem juntos, e passe fita adesiva no ponto em que se encontram (melhor passar mais de uma vez para ficar firme e não correr o risco de abrir durante o uso).

Faça quantos maracás você e as crianças quiserem e comecem a dançar mambo.

Chame a atenção das crianças para a variedade de sons e ritmos que é possível produzir com o maracá, apenas mudando a maneira de balançá-lo: mais depressa ou mais devagar, com uma paradinha no meio, batendo a mão no ar uma, duas, ou três vezes, enfim, sacuda-o das mais variadas maneiras e com as mais diferentes velocidades que conseguir.

Fica muito bom também usar dois maracás ao mesmo tempo, um em cada mão.

Atenção, um, dois, três, rumba!

Material necessário

✓ Arroz

✓ Copos de plástico (ou descartáveis)

✓ Fita adesiva

Algarismos Romanos

Material necessário

✓ Apenas o seu tempo

Seu filho já aprendeu a escrever os números em algarismos romanos?
Não é difícil!
Existem apenas alguns símbolos básicos: (I = 1, V = 5, X = 10, L = 50, C = 100, D = 500, M = 1.000)
E apenas duas regras: colocando um número de menor valor *antes* de outro de maior valor, o número resultante será o maior menos o menor, isto é, um decresce o outro na quantidade indicada pelo menor; colocando-se um número menor depois de um número maior, o número resultante será a soma dos dois, quer dizer, aumenta o valor do maior.
Mostre a tabela abaixo para o seu filho e experimentem juntos escrever números simples e redondos para começar.

1 = I   8 = VIII
2 = II   9 = IX
3 = III   10 = X
4 = IV   40 = XL
5 = V   50 = L
6 = VI   60 = LX
7 = VII
1.776 = MDCCLXXVI
(1.000+ 500 + 200 + 50 + 20 + 5 + 1)
1999 = MCMXCIX
(1.000 + [1.000 - 100] + [100 - 10] + [10 - 1])

Agora é a vez de vocês: experimentem escrever os seguintes números em algarismos romanos: 300, 99, 1.001, 1.199, 1.552.

Coisas da Terra

Com esta atividade, você pode mostrar aos seus filhos o maravilhoso crescimento das raízes, ali mesmo, no canto da cozinha da sua casa.

Pegue uma batata e enfie 3 palitos de dente na sua parte superior, de fora para o meio, de modo a fazer um suporte que a mantenha no meio de um copo com água (veja ilustração nesta página). Apenas metade dela deve ficar submersa.

Mais ou menos uma semana depois, as raízes da batata começarão a brotar dentro do copo; pequenos brotos também aflorarão do lado seco.

Você pode fazer a mesma coisa com um abacate. Apenas coloque a parte mais pontuda para cima e logo as raízes começarão a brotar embaixo; no meio, brotos e folhas vão aflorar – é a natureza em miniatura!

Finalmente, você pode fazer nascer raízes e brotos na metade de um abacaxi, também; apenas corte a parte de cima e coloque a parte de baixo em uma vasilha com água. É claro que vai precisar de uma vasilha grande e de um sistema de suporte mais elaborado, mas, na verdade, você pode fazer a mesma coisa com quase todas as frutas e legumes.

Use esta atividade para explicar às crianças como a raiz absorve a água para a planta e leva até a parte de cima, mas não se prenda demais à parte educacional, afinal, batatas, abacates e abacaxis têm uma aparência bonita e também são ótimos de se olhar!

Material necessário

✓ Uma batata

✓ Três palitos de dente

✓ Um copo

Material opcional

✓ Um abacate

✓ Um abacaxi

Copiando as Folhas

Material necessário

- ✓ Papel-manteiga
- ✓ Folhas frescas
- ✓ Tecido ou papel fino
- ✓ Lápis de cor

Material opcional

- ✓ Um guia de identificação das plantas

A natureza nos oferece uma abundante variedade de suplementos para as nossas artes e ofícios. Pegue, por exemplo, a folha mais comum que encontrar. As crianças podem ressecá-la e colocá-la dentro de um livro (veja atividade 172) para fazer colagens maravilhosas.

Aproveite todas as folhas que caírem no chão para fazer várias atividades diferentes. Agora, por exemplo, experimente pegar uma folha qualquer que acabou de cair e colocá-la debaixo de um pedaço de pano ou papel fino (papel de seda, por exemplo). Em seguida, rabisque o papel com um lápis de cor – isso fará passar para o papel todas as marcas que a folha apresenta: seu contorno, as linhas, as veias, etc.

Copiar as folhas é uma atividade agradável de fazer e de olhar, mas elas também podem servir para se aprender sobre os diferentes tipos de árvores. Se você não sabe a diferença entre um eucalipto e um *Liriodendron tulipifera* (tulipa), talvez seja interessante comprar um guia de identificação das árvores.

Você também pode usar esta atividade para ensinar às crianças um pouco sobre a fisiologia das plantas, mostrando que as veias da folha são como as veias cheias de sangue do corpo das pessoas: servem para levar os nutrientes, dando assim, condições para que a planta viva.

Estude a possibilidade de fazer um livro de folhas copiadas das árvores da sua região. Esta é uma outra maneira de lembrar aos seus filhos os vínculos que eles têm em comum com a vizinhança.

Corda de Pular

Muitas pessoas têm o costume de guardar as borrachinhas e arames recobertos que costumam segurar alguns tipos de pacotes de pão ou bolachas, jornais ou outros produtos. Eles podem ser mais finos – como os de prender dinheiro – ou mais grosssos, mas isso não tem importância.

Se você for uma dessas pessoas, ótimo! Pegue as borrachinhas mais grossas que tiver e junte-as, amarrando-as umas às outras para fazer um longo cordão – quanto maior, melhor. Evite usar as mais finas, porque acabam se arrebentando (e facilmente).

Agora, passemos à ação: uma corda de borracha é ótima para ser pulada, inclusive por várias crianças! Experimente várias maneiras.

Uma dica é prender uma ponta na maçaneta da porta – veja como esse *playground* vai funcionar.

Vocês podem inventar muitas coisas diferentes – por exemplo, competição de quem consegue saltar mais alto; ou mais baixo, passando por baixo dela; se arrastando no chão, mas de costas, não de gatinhas, que isso é fácil; de costas e andando com as quatro "patas" no chão!

Esta atividade é simples, livre e divertida – o que mais você espera de uma brincadeira?

Atenção: a supervisão da mãe ou do pai é essencial, pois quando uma criança pula de volta, pode prender o pé e cair. Crianças pequenas não devem brincar com cordas de borracha.

Material necessário

✓ Atilho ou similar

Regras para o Dia

Material necessário

✓ Apenas o seu tempo

Pergunte ao seu filho se ele é capaz de:

- Passar o dia inteiro sem dizer a palavra "sim".
- Ficar o dia inteiro sentado no mesmo sofá.
- Não falar nenhuma palavra que comece com a letra T.

Quem sabe...? Vamos ver do que ele é capaz. Abaixo você encontra uma lista de regras malucas. Veja se seu filho é capaz de segui-las por um tempo predeterminado. Uma hora? Um dia inteiro? Uma tarde inteira? Você decide!

- Entrar na cozinha sempre em três passos/pulos.
- Falar com o irmão ou irmã chamando-o(a) sempre pelo nome completo.
- Abrir todas as portas com a mão esquerda.
- Dizer o alfabeto inteiro antes de sentar-se (onde quer que seja).
- Estalar os dedos a cada vez que ouvir o próprio nome dito por outra pessoa.
- Andar com um livro na cabeça durante cinco minutos pelo menos seis vezes.
- Contar até dez de trás para a frente a cada vez que passar perto de um espelho.
- Dar dez pulos cada vez que ouvir o telefone tocar.
- Não falar "eu" nem "me" nem "mim" (muito difícil!).

Após tão hercúleos esforços, você bem que poderia incluir uma nova regra: quando acabar o tempo estabelecido para as atividades, todos os participantes têm direito a um sorvete!

Jogo de Dardos sem Riscos

Eis uma excelente alternativa para os (perigosos) dardos – exigindo dos participantes a mesma habilidade!

Primeiramente, você precisa envolver algumas bolas de pingue-pongue em pedaços autoadesivos de velcro. Em seguida, faça um "quadro", pegando uma caixa de papelão medindo cerca de 60 x 60 centímetros. Cubra-a com flanela ou feltro e prenda as pontas na parte de trás com cola ou fita adesiva. Se preferir, faça o alvo tradicional, cheio de círculos, com uma bola no meio, ou imite um com o desenho de bolas de pingue-pongue.

Coloque o alvo no chão ou sobre uma cadeira devidamente forrada para evitar acidentes. Você também pode colocar um gancho no "quadro" e dependurá-lo no lugar de uma pintura, por exemplo, para aproveitar o prego da parede.

As crianças pequenas se divertirão apenas atirando as bolas de pingue-pongue forradas no "quadro" e observando como elas grudam; para as crianças maiores, você pode inventar outros critérios – por exemplo, criar zonas no "quadro", usando tinta para tecido e cores, indicando os melhores lugares para se acertar a bola – e dando mais pontos ao participante, é claro. Invente outros critérios: acertar muito longe do alvo é negativo, então, a criança perde uma bola; ou ofereça outra chance como bônus àquelas que acertarem nas zonas positivas. Outra dica é pedir que as crianças fiquem em posições desconfortáveis para dificultar o lançamento.

Estabeleça como objetivo que a criança atinja um certo nível, não que ganhe dos outros participantes. A vida já é suficientemente cheia de competição para ficarmos inventando outras!

Material necessário

- ✓ Bolas de pingue-pongue
- ✓ Um velcro autoadesivo
- ✓ Embalagens
- ✓ Flanela ou feltro
- ✓ Cola ou fita adesiva

Pintura com Areia

Material necessário

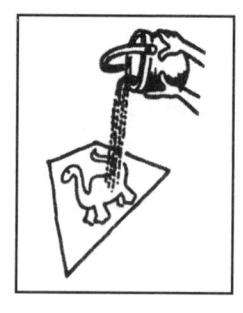

- ✓ Areia
- ✓ Cola branca
- ✓ Papel
- ✓ Guache ou similar
- ✓ Cotonete

Da próxima vez que seu filho chegar da escola ou da praça com os sapatos cheios de areia, não pegue o aspirador de pó; guarde a areia para esta atividade!

Para fazer uma pintura com areia, a primeira coisa é desenhar ou pedir que seu filho desenhe um objeto, animal, paisagem ou o que for do seu agrado em uma folha de papel, usando um lápis macio. Pode também usar um desenho anteriormente feito ou uma forma ao acaso. Em seguida, coloque um pouco de cola branca em um potinho de iogurte e use um cotonete para aplicá-la no desenho (na verdade, se você usar a ponta dos dedos com cuidado, o efeito será o mesmo). Mantenha a camada de cola sempre suave, procurando respeitar o contorno das linhas. Salpique um pouco de areia sobre a cola e, quando secar, retire o excesso de areia e pinte o restante da figura com guache ou uma tinta similar.

Você também pode acrescentar outros desenhos ou pinturas à sua pintura com areia. Por exemplo: seu filho pode desenhar algumas árvores e um céu ensolarado (ou cheio de nuvens) para ser recortado e colado como cenário da pintura com areia de um dinossauro, ou ainda vocês podem embelezar a pintura com uma casa, pessoas e carros recortados de uma revista.

Não importa o que fizerem, será sempre uma obra de arte para colocar em um quadro ou mostruário e enfeitar a galeria de artes da família.

Esconde-Esconde das Sardinhas

O tradicional jogo do esconde-esconde ainda é um dos campeões no coração de muitas crianças em todo o mundo. Aqui vai, uma variação dele, com o qual um grupo de crianças pode se divertir tendo uma área bem espaçosa.

Uma criança deixa o grupo e procura um escondeirijo – um que seja grande o bastante para caber a turma toda, como um armário enorme ou o espaço debaixo de um cama de casal bem grande. Após contar até cinquenta, outra criança deixa o grupo para procurar aquele que está escondido. Assim que encontra a primeira criança, a segunda entra no esconderijo, também.

Enquanto isso, uma terceira criança conta até quarenta e cinco e sai à procura. Quando encontra seus companheiros de jogo, o terceiro "descobridor" se junta aos "escondidos". Uma quarta criança conta até quarenta antes de começar a procura.

O processo continua até restar apenas um. Sua tarefa é encontrar as crianças – que, em geral, estão num lugar não muito fácil de se achar. Apenas curta os risos e gargalhadas.

Material necessário

✓ Apenas o seu tempo

Gincana

Material necessário

- ✓ Papel
- ✓ Lápis de cor
- ✓ Objetos da casa

Material opcional

- ✓ Sacola de papel ou tecido
- ✓ Uma cesta

Não há quem não tenha participado de uma gincana pelo menos uma vez na vida: na escola, no clube, na rua. Se você não conhece essa brincadeira, certamente está perdendo um dos maiores divertimentos das crianças – e até dos jovens. Recapture esta diversão, assim:

Faça uma lista dos objetos da casa, do quintal, do jardim e mesmo da vizinhança. Sua lista poderá ir até o limite de espaço no qual você quer manter os participantes.

Seja bem específico. Uma criança em idade pré-escolar vai curtir a atividade se você lhe der uma lista desenhada; ela deve ser fácil: uma meia azul, um carrinho vermelho, uma boneca morena, um livro que tenha urso na história, e assim por diante. Dê à criança a lista e uma cesta para recolher os objetos solicitados – se possível, especialmente decorada para a ocasião. Marque um tempo para que ela cumpra todas as tarefas.

Se você tiver dúvidas quanto à escolha dos objetos, peça a ajuda das crianças. Ou apenas lembre-se de que é mais fácil quando o objeto está à vista ou pelo menos pouco acima do chão (na altura dos olhos delas).

Todo mundo deve trabalhar junto para buscar os objetos. Estimule a equipe a ser mais rápida da próxima vez.

Como alternativa, as próprias crianças podem fazer uma lista de objetos a serem encontrados e trocar entre si, isto é, um grupo faz uma lista para o outro procurar. Dê-lhes um tempo marcado para executar todas as tarefas, para que elas não disputem entre si, mas contra o relógio.

Mistura Fina!

Outra atividade que vai precisar do dado gigante (ver atividade 117) e que vai testar quão flexível você é.

Cada lado do dado deve estar pintado de uma cor diferente. Use os lápis de cor ou similar. Pegue dezoito folhas de papel medindo aproximadamente 20 x 30 cm e pinte-as completamente, para ter, assim, três folhas para cada lado do dado. Em seguida, arrume ao acaso as folhas de papel coloridas no chão, deixando-as ficar onde caírem. Cole no chão com fita adesiva cada uma delas – eis um bom trabalho para o seu filho. Agora está tudo preparado para vocês começarem a brincar.

Role o dado e preste atenção à cor que ficou por cima. Você precisa prender uma parte do seu corpo em uma das folhas com a cor correspondente à do dado. Role-o novamente e escolha outro quadrado com a cor que ficou por cima e coloque outra parte do seu corpo no local.

Como alternativa, você pode jogar ao mesmo tempo com outro participante, revezando-se a rolar o dado. Inevitavelmente, vocês dois logo estarão enrolados um no outro. Quando isso acontecer – se vocês não morrerem de rir antes – é a hora de outra dupla entrar em cena.

Pronto? É preciso coragem para jogar o mistura fina!

Quando você também brincar, deixe sua criança escolher qual a parte do seu corpo vai ficar presa na folha que tiver a mesma cor do dado!

Material necessário

✓ Um dado gigante de uma cor só (atividade 117)

✓ Pedaços de papel

✓ Lápis de cor ou similares

✓ Fita adesiva

Investigação!

Material necessário

✓ Brinquedos ou objetos comuns

✓ Lanterna

Lembrete de Segurança

Supervisionar Atentamente

Com as luzes acesas, espalhe alguns objetos pela sala: brinquedos como animais, carrinhos, bonecas, livros; objetos como roupas, sapatos, etc. Apague as luzes, diga o que você escondeu e peça ao seu filho que os encontre com uma lanterna (dê preferência às que usem baterias recarregáveis).

Se quiser, faça um chapéu de detetive para ele, especialmente para a ocasião, e nem precisa ser igual ao do Sherloch Holmes! Qualquer chapéu novo pode ser chamado de especial.

Para grupos de crianças, você pode determinar a cada uma qual o objeto que deverá encontrar. A falta da luz acrescentará charme e encantamento à atividade.

A experiência nos conta que as crianças menores se divertirão apenas pelo fato de poderem andar pela casa com uma lanterna na mão (recomenda-se a supervisão de um adulto). Já as maiores apreciarão mais o desafio, de modo que o ideal será marcar um tempo para que encontrem os objetos solicitados; elas deverão brigar com o relógio.

Este jogo pode lhe ajudar a fazer seu filho começar a comer cenoura: que criança não vai querer melhorar sua visão no escuro, depois de uma boa caçada com a lanterna?

Aperto de Mão Secreto

Material necessário

✓ Apenas o seu tempo

O que você acha da ideia de sentar-se com o seu filho e treinar entre vocês um aperto de mão secreto?

Ele pode servir como senha e cumprimento para vocês confidenciarem encontros, mensagens codificadas e outras comunicações clandestinas.

E também pode trazer diversão apenas em ser praticado.

Abaixo, algumas ideias dos tipos de aperto de mão secretos que já circularam pela nossa família. Por razões de segurança, não podemos divulgar os que usamos atualmente nem o significado de cada um deles.

Duas balançadas na mão do outro.

Cruzar os indicadores antes de tocar a mão do outro.

Estalar os dedos enquanto aperta a mão do companheiro.

Bater a palma da mão na do outro.

Apertar a mão fortemente duas vezes.

Apertar a mão colocando um dedo no meio.

A mão direita de um aperta a mão esquerda do outro.

Todos podem ser incrementados com um olhar especial – por exemplo, um longo aperto de mão olhando para o chão, etc.

Palavra Secreta

Material necessário

✓ Papel

✓ Caneta ou lápis

Neste jogo para três participantes ou mais, todos – exceto um – devem conhecer uma palavra secreta, que deve ser mostrada por escrito em uma folha de papel. Se crianças ainda não alfabetizadas estiverem no grupo, cochiche a palavra escolhida no ouvido delas para que também possam participar, tendo o cuidado de não deixar que o outro a ouça, para não estragar a brincadeira.

O objetivo é fazer a pessoa que desconhece a palavra adivinhar qual é ela e dizê-la *sem que ninguém mova as mãos*. Só é permitido falar.

Uma primeira pessoa começa a falar, de um jeito casual, tratando de introduzir naturalmente na conversa a palavra em questão, que não deve ser pronunciada com destaque. Tente fazer com que o outro adivinhe.

É claro que, quanto menores forem as crianças, mais fáceis devem ser as pistas que você dará além de frases mais completas; por exemplo:

"É vermelho e redondo, tem dentro um suco com sementes, pode ser colocado dentro de um hambúrger e rima com abacate".

Hum... O que pode ser?

Autorretrato

Sugira ao seu filho que faça uma pintura ou desenho do próprio rosto. O meio escolhido para fazer isso – lápis-de-cor, canetinhas, guache – importa menos do que a atmosfera necessária para a obra-de-arte ser criada.

Faça perguntas para ajudá-lo. O que você está fazendo agora? Como você pretende se desenhar/pintar, sério ou sorrindo? No retrato, para onde você está olhando? O que você está vendo? Você está triste ou alegre, neste momento?

Procure abrir um leque de opções para ele – a imaginação de seu filho pode surpreender você.

Por outro lado, se ele estiver meio sem ideias, você pode ajudá-lo sugerindo: "E se você se pintasse comendo um chocolate bem grande?".

Em seguida, afaste-se e veja o que acontece.

Se seu filho quiser, você pode colocar um espelho para ele se olhar ou, quem sabe, oferecer aquela fotografia linda tirada no mês passado.

Material necessário

✓ Material para desenhar/pintar

Material opcional

✓ Espelho
✓ Fotografias

O Que Você Vê?

Material necessário

✓ Lápis ou caneta

✓ Papel ou bloco

Material opcional

✓ Lápis de cor ou canetas hidrocor

Esta atividade é excelente e funciona bem para crianças de todas as idades, desde que você ajude as que ainda não estão alfabetizadas.

Peça à criança que se sente e fique bem quietinha por um momento, olhando à sua volta e prestando muita atenção ao que vê. Em seguida, pergunte:

"O que você vê?".

Suponhamos que ela responda:

"Uma mesa, quatro cadeiras, um jarro com flor, dois quadros na parede, uma estante cheia de livros".

Tudo deverá ser anotado numa folha de papel.

"E lá fora, o que você vê?"

"Um cachorro preto no jardim, perto da casinha e do balanço. Vejo também um carro preto estacionado na porta e muitas árvores."

Passe, então, a fazer perguntas sobre os outros sentidos:

"O que você está ouvindo? Você está sentindo cheiro de alguma coisa? Sua mão está tocando algum objeto?"

E assim por diante.

Os resultados são frequentemente fascinantes, quando não poéticos. Descobrimos que são as crianças menores que podem resgatar as mais cativantes imagens. Esteja, pois, consciente da sua missão de escrevente e faça jus às descrições delas!

Você também pode pedir à criança que desenhe o resultado de suas observações; não se esqueça de expor o desenho na sala das obras-de-arte e guardá-lo para o futuro.

Uma Frase por Dia

Esta é uma daquelas atividades que pedem um minuto a cada dia, mas que trarão muita diversão o tempo todo!

Tenha um bloco de anotações ou caderno especial para seu filho bem à mão; no alto da página, você pode escrever:

"Uma Frase por Dia
Hoje, dia ...."

Depois, a cada dia, se possível no mesmo horário, peça à criança que diga uma frase – apenas uma frase – para ir formando uma história, e escreva-a no bloco.

As crianças maiores podem fazer sozinhas a preparação descrita acima; as menores vão certamente precisar que você escreva tudo (ou quase) para elas.

No começo, pode ser um pouco difícil escrever apenas uma frase da história por dia, mas à medida que o tempo for passando e a história for ficando mais comprida, o jogo vai ficar mais divertido também.

Ofereça sugestões, se houver necessidade, ajudando nas primeiras frases. Tenha o cuidado de começar com ideias que aticem a curiosidade da criança. Se você escrever, por exemplo, "Era uma vez uma menina", provavelmente não vai despertar muito interesse para o dia seguinte. Veja a diferença:

"Era uma vez uma menina que tinha um ninho de passarinho na orelha esquerda".

Você pode pedir ao seu filho que faça um desenho por dia, também, acrescentando mais motivação à história que ele está criando.

Material necessário

✓ Bloco ou caderno

✓ Lápis ou caneta

Material opcional

✓ Lápis de cor

Cartões Costurados

Material necessário

- ✓ Papel-cartão
- ✓ Cordão ou fio
- ✓ Furador

Você não precisa ser um profissional de corte e costura para fazer esta atividade. Na verdade, seus filhos vão desenvolvê-la sem encostar a mão em uma agulha! Veja como.

Em um pedaço de papelão fino ou papel-cartão, desenhe um animal, em outro uma casa, em outro um carro, uma boneca ou quaisquer outras coisas do interesse da criança. Em determinados ângulos ou pontos do desenho, faça um furo – por exemplo, no lugar onde o telhado da casa encontra a parede, ao fim de cada linha reta de uma parede, etc.

Dê à criança um fio ou cordão mais fino do que o furo que você fez (pode usar um furador para sair bem certinho, ou usar a ponta de uma tesoura, sempre lembrando-se de que isso é tarefa para uma pessoa adulta). O objetivo é passar o fio ou cordão de um furo para outro, contornando o traço do desenho anteriormente feito com o lápis.

Em cada uma das pontas, coloque um pedaço de fita adesiva, para que o fio não escape, e dê um nó ou laço.

Crianças pequenas certamente precisarão de ajuda para enfiar o fio no buraco ou mesmo para passá-lo de um buraco para o outro, mas as maiores, que farão isso com facilidade, adorarão inventar coisas diferentes, por exemplo, variar a cor do fio em algumas partes do desenho.

Quando o fio tiver passado por todos os furos, junte as pontas e dê um nó na parte de trás.

Pronto! Agora, é só dependurar na galeria de artes da família e deixar que todo mundo curta mais uma obra do seu filho.

Casa Verde

As caixas de ovos são fantásticos receptáculos para sementes – nelas você pode plantar verduras, legumes e flores.

Compre as sementes nas lojas especializadas ou em supermercados. Preste atenção na data adequada para o plantio de determinadas espécies, escrita na embalagem.

Faça furinhos para drenar a água no fundo da caixa de ovos e encha cada compartimento com terra adubada. Plante várias sementes em cada um deles, na profundidade sugerida pela embalagem. Se você plantar qualidades diferentes de sementes, não se esqueça de rotular os compartimentos, para saber o que vai nascer.

Em seguida, forre uma caixa de sapatos com papel alumínio, coloque a caixa de ovos dentro dela e cubra tudo com um plástico transparente (mantenha-o fora do alcance de crianças pequenas).

Esta é a sua "casa verde". Mantenha-a em um lugar agradável e escuro; quando as sementes brotarem, leve a "casa" para o Sol, tendo antes o cuidado de tirar o plástico.

Seu filho vai adorar ser o encarregado de regar as sementes. As crianças maiores podem anotar num bloco ou caderno o tempo que cada espécie demora para germinar.

Quando as plantinhas ficarem maiores do que a caixa de ovos, você deve transplantá-las para um local maior, que tanto pode ser um vaso quanto seu jardim ou quintal.

Acompanhar o crescimento de plantas é um prazer para crianças e adultos e em todos desenvolve um grande respeito pela natureza e por todas as coisas vivas.

Material necessário

✓ Caixa de ovos
✓ Caixa de sapato
✓ Plástico transparente
✓ Folha de alumínio

Material opcional

✓ Calendário
✓ Bloco ou caderno
✓ Material para decoração

Minha Guitarra

Material necessário

✓ Caixa de sapatos

✓ Tesoura

✓ Atilho ou similar

Lembrete de Segurança

Partes Pequenas

Com esta guitarra feita com uma caixa, seu filho pode começar a aprender alguma coisa sobre o som. Embora ela não seja afinada – e, portanto, incapaz de produzir música de verdade –, pode proporcionar muita diversão e é menos irritante do que um tambor feito com potes e panelas, por exemplo.

Corte uma abertura para a saída de som na tampa da caixa de sapatos – uma tarefa para adultos, já que envolve o uso de uma tesoura ou estilete –, que é onde você vai colocar as "cordas". Em seguida, pegue de quatro a seis atilhos ou similares em tamanhos diferentes. Procure escolher os mais rígidos, que não arrebentem facilmente. Lembre-se de que você não deve permitir que crianças pequenas brinquem com essas borrachinhas.

Antes de cortar a abertura para a saída de som, force a tampa da caixa levemente, de modo a deixá-la afundada no centro; a ideia é impedir que as "cordas" toquem a tampa em outros lugares senão nas duas bordas laterais.

Essa abertura deve medir mais ou menos 7 cm de diâmetro (veja na ilustração como a caixa deve ficar).

Depois de cortada, recoloque a tampa na caixa e passe os quatro ou seis atilhos em volta dela, bem em cima da abertura.

Pronto! O *show* já pode começar.

O Truque da História

Procure aquelas revistas, catálogos e similares que você estava guardando para um dia de chuva ou, se seguiu os nossos conselhos de ir juntando e arquivando seus recortes, apenas apanhe o seu arquivo de figuras e comece a brincar! Esta atividade precisa de muitos deles.

Cole cada gravura em um pedaço de embalagem ou papel-cartão, papelão, o que você tiver à mão, inclusive cartões de fichário. As figuras não precisam ser do mesmo tamanho. Coloque-as umas sobre as outras fazendo uma pilha; sem escolher ou ordenar, pegue a primeira do monte e peça para seu filho começar uma história. Faça sugestões, se for preciso; por exemplo, se a escolhida tiver sido a gravura de uma casa, você pode dizer:

"Esta é a casa do Rodolfo. Hoje, ele dormiu demais, perdeu a hora e está atrasado para ir à escola".

Em seguida, pegue a gravura seguinte; suponhamos que seja de uma nave espacial, e peça para ele continuar a história, por exemplo:

"E sabe por que ele dormiu demais? Porque estava sonhando que fazia uma viagem numa nave espacial, uma viagem a Marte".

Pegue a terceira gravura do monte para continuar a história e assim por diante.

Como você pode ver, a ideia é criar uma história – maluca, meio sem pé nem cabeça, divertida. Para o lado que a gravura for, a história irá também. E quando a pilha de gravuras acabar, basta misturá-las e começar tudo de novo!

Não se esqueça de anotar ou gravar as histórias. Este pode ser o começo da carreira do maior escritor do século!

Material necessário

- ✓ Gravuras de revistas, catálogos e similares
- ✓ Embalagem ou cartões de fichário
- ✓ Cola

Jogo Silencioso

Material necessário

✓ Apenas o seu tempo

    Esta atividade exige uma pequena colaboração do seu filho – mas isso só pode acontecer se *você* estiver disposto a dar uma chance ao jogo.
    Eis a questão: Como será ficar o dia inteiro sem conseguir se comunicar pela fala com as pessoas a sua volta?
    O único jeito de saber é tentar ficar em silêncio durante algum tempo – digamos dez minutos para os iniciantes.
    É muito mais difícil do que você pode imaginar. Escrever o que se quer dizer é trapacear – afinal a ideia básica é fazer-se entender, é comunicar-se *sem* o recurso da linguagem comum. Esta experiência oferece a fascinante possibilidade de avaliar como devem sentir-se os estrangeiros que não falam português quando visitam ou mesmo mudam-se para o Brasil. Você vai se sentir como eles, enfrentar as mesmas dificuldades, vai rir das circunstâncias engraçadas que aparecem quando quer explicar alguma coisa e o outro não entende ou – pior – entende errado.
    Este jogo só vai funcionar bem se ficar claro para a criança que ela estará aprendendo algo sobre os meios de comunicação. E o melhor é que você seja o primeiro voluntário!
    Vamos ver o que acontece!
    (Veja também a atividade 178.)

Silhuetas

Uma fotografia capta um momento e a aparência, mas a velha silhueta faz uma coisa a mais, que uma câmera não consegue: captura o contorno do corpo inteiro do seu filho.

Use fita adesiva para prender uma folha grande de papel na parede; depois, peça à criança que fique de pé e de perfil diante da folha. Pegue uma lâmpada (pode ser de um abajur sem a parte que o recobre, que é chamada de "saia") e posicione-a de um jeito que projete a sombra completa da criança no papel. Quanto mais longe a lâmpada estiver, menores serão as distorções; quanto mais longe do papel a criança estiver, maior a sombra será; portanto, mova a lâmpada até que consiga achar a posição ideal, que é aquela que projeta o seu filho tal e qual ele é, respeitando até mesmo o tamanho.

Pegue um lápis e trace o contorno dessa sombra. Depois, remova o papel e recorte o contorno que você desenhou. Coloque a data e a idade da criança no verso.

Ele pode enfeitar a sombra, se quiser, e você pode fazer a silhueta de todas as pessoas da família. Não se esqueça de dependurá-la na galeria das obras de arte da família.

Se a criança quiser, pode fazer a silhueta de seus brinquedos e até mesmo dos amigos.

Material necessário

✓ Lâmpada

✓ Papel

✓ Lápis

✓ Lápis de cor

✓ Fita adesiva

Código de Linguagem

Material necessário

✓ Bloco de anotações em espiral

Este código foi especialmente criado para crianças pré-alfabetizadas.

A primeira coisa a fazer é estabelecer com o seu filho algumas regras para a preparação dos códigos, principalmente no que se refere aos critérios usados para a correspondência entre as palavras.

Por exemplo: "leite" pode ser "telei" ou "litei", que é a inversão ou mistura das sílabas, assim como uma palavra que não tenha nada a ver, por exemplo, "porta", ou uma próxima como "café", o que caracterizaria apenas uma "troca" de palavras que designem grupos de coisas. Pode ser também uma palavra sem sentido – zumpi – ou um número – 3, por exemplo.

Estabelecidos os critérios, comece com palavras simples e veja as que são mais fáceis para seu filho; suponhamos que "leite" vai ser "telei", comer vai ser "merco", "tomar", "marto", e "pãozinho", "nhopãozi".

Aos poucos, vocês podem aumentar e incrementar o vocabulário em código – é só você perceber que a habilidade dele está aumentando.

Experimentem realmente conversar assim. Isso pode criar a necessidade de que preparem um dicionário para futuras referências e também para a geração futura. Não se esqueça de que ele deve ser mantido bem escondido, por tratar de palavras escritas em código secreto.

De qualquer maneira, agora é hora de ele merco o nhopãozi e marto doto o telei. Tetipea bom!

(Para outras atividades em código, veja também as atividades 46, 67, 128, 199.)

Pequenos Navios

A sua cozinha – nem você sabia! – é um estaleiro fantástico, que contém um verdadeiro depósito de materiais náuticos prontinhos para ser lançados ao mar.

Leve em conta todas as embalagens de isopor que circulam por lá. Você pode, facilmente, cortá-las para que se transformem em miniaturas das coisas do mar – barcos, canoas, veleiros, etc. Acrescente uma vareta ou palito, e um pedacinho de papel em formato de vela, e a nova embarcação já pode se aventurar pelas águas da sua banheira.

Bandeja de isopor com carne recém-chegada do supermercado só precisa de um banho para se tornar uma jangada sensacional. O mesmo acontece com a embalagem de leite vazia. Aproveite para dar uma olhada na ilustração desta página, para ter uma ideia de como pode ser fácil fazer uma embarcação à vela no melhor estilo dos filmes de aventura.

E o que dizer dos pequenos botes que você pode fazer com as cascas das nozes? Você pode colocar dentro de cada uma delas um pedacinho de argila para ter onde colocar o palito de dente, quer dizer, o mastro, no qual vai colar um papelzinho colorido que tanto pode ser a bandeira quanto a vela.

Para um navio mais orgânico, experimente fazer um casco de aipo.

Com efeito, a sua geladeira está cheia de material para fazer barcos e navios. Lembre-se: se flutua, é perfeito!

Material necessário

✓ Materiais que flutuem

✓ Argila

✓ Papel

✓ Palitos de dente

O Mundo do Nariz

Material necessário

✓ Tigelas
✓ Alimentos
✓ Especiarias

Descubra se seu filho é capaz de navegar pelo mundo a bordo do... Nariz!

Pegue quatro ou cinco pratos de plástico ou descartáveis e coloque diferentes tipos de temperos e alimentos com aromas distintos. Por exemplo: salpique canela em um prato, coloque um pouco de manteiga de amendoim no outro, esmague alguns cravos-da-índia no terceiro.

Deixe que ele se familiarize com o aroma de cada um dos ingredientes colocados nos pratos; em seguida, cubra os olhos dele com um lenço e peça que ele cheire os pratos e diga o que cada um contém apenas pelo olfato.

Você pode ir aumentando o desafio de várias maneiras. Primeiro, coloque especiarias com aromas similares em dois pratos diferentes e veja se ele consegue distinguir um do outro – por exemplo, canela e noz-moscada. Ou combine os alimentos para compor um aroma novo e fora do habitual – por exemplo, um pouco de chocolate em pó, mel e xarope de groselha. Será que ele vai ser capaz de distinguir cada um dos ingredientes?

Você pode brincar de cheirar usando perfumes também.

Para encerrar a brincadeira, experimente dar a ele um prato vazio e pergunte o que tem ali. Você provavelmente vai rir muito das respostas!

Todos os Números

Eis uma atividade que responde à velha pergunta: "O que fazer com todos aqueles catálogos que eu tenho guardados?".

Antes de enviá-los para a reciclagem, convide seu filho para brincar e faça um jogo no qual os catálogos serão necessários.

Dê o catálogo para a criança ou, se forem várias crianças, dê algumas páginas para cada uma ou mesmo um catálogo inteiro, se você tiver vários. Em seguida, diga um número qualquer – por exemplo, 34 – e veja quanto tempo ela precisa para encontrar um número de telefone cuja soma dê 34 – por exemplo, 555 6391.

Se a criança for muito pequena para esta atividade, experimente escolher um número menor e pedir que ela some apenas o prefixo ou os quatro últimos números – no exemplo acima, o número escolhido seria 91. No caso de seus filhos serem realmente muito bons em matemática, você pode acrescentar os códigos DDD.

Conte quantos números de telefone eles conseguem encontrar que somem o número dado e dê-lhes um tempo predeterminado – digamos, cinco minutos – ou conte quanto tempo um grupo de crianças precisa para encontrar dez números com o total solicitado.

E para a atividade mais desafiante que se possa imaginar, peça ao seu filho que encontre números de telefone que, ao serem multiplicados um pelo outro, apresentem como resultado 6432!

Material necessário

✓ Um catálogo de telefones (ou mais)

Paisagem de Inverno

Material necessário

✓ Pote de plástico
✓ Brinquedos pequenos
✓ Gliter
✓ Água
✓ Colher

Lembrete de Segurança

Partes Pequenas

Não há quem não conheça esses pequenos recipientes fechados que têm dentro neve artificial – basta que sejam sacudidos e a "neve" começa a cair sobre um pequeno chalé suíço, uma menina de casaco, bota, gorro e luvas ou outra paisagem qualquer. Isso é fácil de fazer – e divertido! Seus filhos vão adorar.

Pegue um pequeno pote de plástico e coloque um ou mais brinquedos de plástico dentro dele, no fundo, na posição em que o brinquedo ficar melhor. Você pode usar animais, casinhas, bonecas, etc. Como ele não deve flutuar ou ficar solto, cole-o com uma moedinha na base, caso seja necessário.

Em seguida, encha o pote com água suficiente para cobrir o brinquedo, jogue *gliter* prateado na água, em quantidade suficiente para imitar a neve. Quando o *gliter* assentar, mexa a água com uma colher e crie outra "tempestade de neve". Se o pote tiver uma boa tampa, pode fazer como nos brinquedos originais: sacudir.

Você também pode usar *gliter* de cores diferentes na água para criar efeitos especiais – inclusive, experimente apagar a luz do teto e jogar o facho de luz de uma lanterna no brinquedo novo: os reflexos darão um show de luz e cor!

Futebol de Meia

Na atividade 242, mostramos como usar algumas meias velhas para fazer bolas capazes de ajudar seu filho a desenvolver habilidade, perícia e destreza nos esportes; neste caso, jogando basquetebol dentro de casa sem fazer (muita) bagunça e sem quebrar (quase) nada. Agora, esta atividade vai ensiná-lo a jogar futebol usando a mesma bola: duas meias enroladas entre si e cobertas por uma terceira, amarradas com um atilho.

Além de jogar o futebol tradicional, com um gol de cada lado e usando apenas os pés, as crianças podem inventar outras regras, por exemplo: um jogo no qual o objetivo seja manter a bola no ar sem deixá-la tocar o chão, mas usando apenas os pés e valendo chutar com todas as partes do pé – peito, calcanhar, bico, "chaleira", sola, etc.

Experimente contar quantas vezes a criança precisa chutar a bola para conseguir mantê-la no ar.

Mais difícil ainda ficará se você propuser o mesmo jogo com duas crianças, uma passando a bola para a outra: uma criança chuta para a outra, que tem de aparar a bola com o pé e devolver para a primeira – sempre usando apenas os pés. Continua proibido tocar a bola com as mãos. (Afinal, esse é um jogo de futebol!)

E a maior vantagem de tudo isso é que você já tem o que fazer com aqueles pés de meia sem par que andam circulando pela cesta de roupas sujas...!

Material necessário

✓ Meias
✓ Atilho

Fantoches de Meia

Material necessário

- ✓ Meias velhas
- ✓ Canetas
- ✓ Limpadores de cachimbo
- ✓ Fio
- ✓ Feltro
- ✓ Algodão

Fáceis de moldar, gostosas de manusear, veja como divertir os seus filhos usando aquelas meias velhas com as quais você não sabia o que fazer!

Pegue uma meia e enfie na sua própria mão, tendo o cuidado de colocar a parte do calcanhar no lado oposto à palma: é para ser manipulado nesta posição que seu fantoche deverá ser feito. A boca vai ficar no lugar onde seus quatro dedos unidos se encontram com o polegar, para que o fantoche seja capaz de "falar" quando você movimentá-lo.

Depois que os fantoches ficarem prontos, construa um "teatro" colocando um pano ou lençol em cima de algumas cadeiras. O manipulador se esconde atrás do pano e esconde do público a parte do braço que não está coberta com o fantoche, para que só o fantoche possa ser visto em ação.

As crianças pequenas gostam que a mãe e o pai apresentem o show – se você se sentir inibido, experimente contar uma das histórias favoritas dos seus filhos ou um evento recentemente ocorrido em forma de história. Você pode usar, como alternativa, uma situação real – algum problema que seu filho esteja enfrentando, no momento –, e aproveitar a oportunidade de falar sobre algo sensível ou difícil como se estivesse ocorrendo com o personagem.

As crianças maiores provavelmente terão as suas próprias ideias para contar em forma de histórias, mas se você quiser dar uma dica interessante – além dos livros de história, é claro – sugira que eles inventem um teatro no qual são os bonecos e a mãe e o pai interagem também como personagens. Você poderá ficar surpreso com o resultado!

Astronauta

Esta atividade é ótima para qualquer dia do ano, mas é melhor ainda para divertir a criançada nas festas, sobretudo à fantasia, e, claro, no Halloween.

Primeiro, faça um capacete de sacola de papel. Cole com cola branca ou fita adesiva os canudinhos para fingir que são as antenas, tubos e outros apetrechos que se espera estejam presentes numa roupa de astronauta. Se estiver faltando algum material, desenhe-os com lápis de cor ou canetas hidrocor.

A roupa propriamente dita pode ser um pijama, um moletom mais justinho no corpo ou roupa de fazer ginástica. Antes que a criança morra sufocada, faça um reservatório de ar com as embalagens de papelão fino. Faça "ombreiras gravitacionais" com cordões ou fios para seu astronauta, tomando especial cuidado se ele for muito pequeno. Para fazer uma mangueira de ar, cole vários tubos de papel-toalha e/ou higiênico (cole-os um no outro no sentido do comprimento, apertando um pouco as pontas para um entrar dentro do outro) e faça alguns cortes em alturas estratégicas para ficarem maleáveis. Não se esqueça de unir o capacete ao reservatório de ar das costas.

Comece a contagem regressiva: nove, oito, sete, seis, cinco, quatro, três, dois, um... Foi!

Ainda bem que você tem certeza de que o seu astronauta estará de volta para o jantar! (Nem que seja só para comer a sobremesa!)

Material necessário

✓ Saco

✓ Lápis de cor ou canetas hidrocor

✓ Canudinhos

✓ Cola

✓ Embalagens de papelão (de preferência: caixas de cereais)

Barcos Velozes

Material necessário

✓ Embalagem de leite

✓ Bexigas

Material opcional

✓ Embalagens

✓ Atilho

Lembrete de Segurança

Bexiga

Uma embalagem de leite ou suco faz um casco perfeito para o veloz barco que vai navegar pelas águas nada tranquilas da sua banheira ou piscina. Veja abaixo como fazer o seu!

Pegue uma embalagem vazia de leite ou suco e corte-a no sentido do comprimento, conforme mostra a ilustração desta página. Reforce a parte de dentro com cola ou fita adesiva e não deixe nenhuma borda sobrando. Em seguida, faça um buraco na parte de trás, mais ou menos com 1 cm de diâmetro. Encha a bexiga para a criança, coloque-a dentro da embalagem e enfie a ponta pelo buraco. Enquanto fazia isso, você estava segurando a ponta da bexiga para prender o ar, mas agora já pode passar essa tarefa para a criança – e, assim que ela se ajeitar, pode soltar e o barco irá velozmente cruzar as águas! (Não se esqueça de supervisionar de perto as brincadeiras que envolvam bexigas.)

Para grupos de crianças, organize corridas e campeonatos de barcos. Para excitar a corrida, acrescente obstáculos tais como pedaços de isopor ou outros objetos flutuantes; você pode usar também a tampa da embalagem de leite.

Se precisar, invente regras novas: tocar o obstáculo desclassifica o barco; ou, ao contrário, o barco que mais objetos tocar é o campeão.

Finalmente, pense a respeito de embelezar os barcos, colocando um pedaço de papelão fino para fazer um convés – prenda-o com atilhos. E seu filho pode até criar uma cabina e outras coisas convenientes para uma corrida mais longa.

Corrida de Colher

Entretenimento e desafio – eis o que você encontra nesta atividade deliciosa tanto para uma criança se divertir sozinha quanto para um grupo.

A ideia é muito simples: colocar uma bola de pingue-pongue numa colher e andar pela casa.

Isso, porém, é pouco; você pode inventar coisas ainda mais divertidas, por exemplo: o que acha de pedir para a criança seguir um determinado caminho ou caminhar sobre uma linha sem deixar a bola cair?

Assim que as crianças forem ficando melhores na brincadeira, coloque obstáculos no caminho (veja atividade 211) ou faça uma corrida de obstáculos, equilibrando a colher e a bolinha; ou, ainda, relacione uma porção de coisas para ela fazer com uma mão só (enquanto a outra segura a colher) – por exemplo, levar um livro de um quarto para outro, abrir e fechar a porta ou a gaveta, andar com a mão livre na cabeça, etc.

Se a criança for mais velha, peça a ela que pule sem deixar a bola cair – pode ser com os dois pés, mas também podem ser dois ou três pulos num pé só. Para dificultar ainda mais, ponha a bola numa colher pequena.

Grupos de crianças podem fazer corridas com a colher e a bolinha na mão, ou ainda brincar de esconde-esconde: todos os participantes deverão balançar a colher com a bola, enquanto procuram um lugar para se esconder. A primeira bola que cair mostrará o local onde elas devem se esconder.

Material necessário

✓ Colher

✓ Bola de pingue-pongue

Colher no Nariz

Material necessário

✓ Colher

Você já experimentou pedir aos seus filhos que coloquem uma colher no nariz?

Não parece, num primeiro momento, mas esta é uma maneira divertidíssima de passar uma meia horinha brincando com as crianças.

É realmente hilariante: pegue uma colher de chá e sopre delicadamente na parte de dentro; você verá que uma névoa se formou na colher (ela ficou embaçada). Esfregue um pano ou toalha na colher até que ela fique brilhando; em seguida, levante um pouquinho a cabeça e aplique essa cavidade da colher na ponta do seu nariz.

Provavelmente, vocês precisarão treinar um pouco, até que consigam determinar a combinação exata do local, pressão e equilíbrio que faz com que a colher fique equilibrada na ponta do seu nariz sem esforço algum.

É muito interessante ver pais e mães tentando fazer isso – as crianças, certamente, vão ter de aprender a segurar o riso, senão nem elas conseguirão!

Pintura com Spray

Esta atividade faz um pouco de bagunça, mas os meios justificam plenamente os fins!

Peça para o seu filho colorir uma folha de papel para pintar com os dedos (papel extremamente delicado e polido) com uma tinta lavável. A ilustração pode conter um alvo, manchas de cor, ou desenhos de animais, objetos, letras, números, o próprio nome, listras, bolas, etc. Em seguida, pegue o papel e cole-o na parede acima da banheira ou no box do chuveiro.

Com um *spray* de plástico (daqueles usados para regar as plantas, por exemplo) seu filho vai borrifar o desenho sem tocá-lo, apenas lançando a água como se pretendesse "lavar" o desenho.

A água vai fazer com que a tinta do desenho escorra, criando sombras e padrões fascinantes. O efeito da água é sensacional, mas vocês não devem se esquecer de deixar um pouco de tinta no papel, portanto, ele deve parar assim que achar que está bom. Agora, é só dependurar no varal para secar.

Esta é uma novidade cheia de encantamento e surpresa, que seus filhos certamente vão curtir muito.

Material necessário

- ✓ Tinta à base de água
- ✓ Papel macio
- ✓ Pote com *spray*
- ✓ Seringa

Patrulha da Primavera

Material necessário

✓ Apenas o seu tempo

No Brasil, a primavera costuma passar meio despercebida, mas, na verdade, ela é linda, porque sempre há de ser a estação das flores.

A Patrulha da Primavera examina cada árvore ou arbusto das redondezas – do jardim da casa ou do prédio, da praça no final da rua, dos parques que vocês gostam de frequentar – buscando os sinais da primavera, em forma de novos brotos ou flores.

Antes de sair, explique aos seus filhos que nós não percebemos tanto a chegada da primavera, mas que, nos países onde cai neve, ela é muito festejada e é possível acompanhar o aparecimento dos primeiros brotos e o seu rápido crescimento.

As crianças mais velhas podem levar um bloco de notas ou caderno e anotar o que encontrarem, inclusive as várias espécies diferentes de árvores e folhagens. Neste caso, um livro sobre plantas que facilite o trabalho de identificação será bem-vindo. Se, algum tempo depois, vocês puderem voltar aos locais, será muito interessante comparar as anotações anteriores com as atuais.

Outro objeto que pode tornar a patrulha mais divertida é uma lente de aumento. Com ela, as crianças poderão ver os detalhes dos novos brotinhos, quase invisíveis a olho nu.

Numa época em que a Ecologia torna-se não apenas um tema a ser repensado, mas uma preocupação internacional, ensinar nossos filhos a amar e respeitar a natureza transforma-se em uma obrigação dos educadores.

Germinação

Mesmo se vocês não estão acostumados a comer os brotos das plantas, as crianças adorarão acompanhar o crescimento das sementes. É fácil e precisa de menos paciência do que você imagina.

Providencie sementes de alfafa ou grãos de feijão, soja ou lentilha. Enxague-os em uma peneira, separe os que estiverem danificados, em seguida coloque as sementes em um pote de plástico com a boca larga. Deixe uma quantidade de água morna mais ou menos quatro vezes maior do que a altura dos grãos e cubra a parte superior do pote com uma tela ou pedaço de pano de algodão, prendendo-a com a borrachinha (atilho). Deixe ficar num local agradável por cerca de 10 horas e, então, drene a água.

Coloque o pote em uma local escuro. Não o deixe na posição normal – escore-o por baixo, de modo que ele fique com um lado mais alto, formando um ângulo (veja a ilustração da página). Regue as sementes de duas a quatro vezes por dia com água em temperatura ambiente.

Após alguns dias, quando os brotos tiverem atingido uma certa altura, vocês podem comê-los – ou apenas acompanharem o seu crescimento.

Material necessário

- ✓ Sementes de alfafa ou feijão cru
- ✓ Potes de plástico
- ✓ Pano de algodão fino
- ✓ Atilho

Múltiplos de 5

Material necessário

✓ Calculadora

Material opcional

✓ Papel
✓ Lápis ou caneta

Esta atividade realmente auxilia a criança que está começando a dominar a matemática a ficar mais confiante, principalmente na multiplicação.

Você pode ensinar o seu filho a multiplicar qualquer número de dois dígitos terminado em 5 em alguns minutos. E só precisa fazer duas coisas.

Primeiro: multiplique o primeiro dígito por este mesmo dígito mais um.

Exemplo: digamos que o número seja 75. Você multiplica 7 x 8 [7 + (7+1)]. O resultado é 56.

Segundo: acrescente o número 25 ao que você já tem.

Assim, tivemos o número 56 no primeiro resultado e vamos acrescentar 25 a ele.

Resposta: 75 x 75 = 5625.

Isso funciona sempre. Experimentem fazer com três ou quatro números e confiram o resultado com uma calculadora.

Quem disse que a matemática é difícil?

Eletricidade Estática

Eis uma atividade segura e simples, que demonstra os princípios da eletricidade estática de um jeito divertido.

Encha uma bexiga média e peça ao seu filho para, diante de um espelho, esfregá-la vigorosamente no alto ou no lado da cabeça. Em seguida, segure a bexiga um pouquinho afastada dos cabelos dele – para encantamento da criança, os cabelos dela vão ficar de pé!

Explique a ela que a eletricidade estática é formada quando se esfrega um objeto contra outro, e esta é a razão pela qual, muitas vezes, as pessoas sentem um um leve "choque" quando tocam a maçaneta de uma porta, por exemplo, depois de terem esfregado a sola do sapato no capacho. É a mesma coisa que aconteceu com os cabelos!

Atenção: esta atividade deve ser desenvolvida apenas com as crianças maiores. As crianças pequenas não devem brincar com bexigas, por causa do risco de se sufocarem.

Material necessário

✓ Bexiga
✓ Espelho

Lembrete de Segurança

Bexiga

Brincadeira de Estátua

Material necessário

✓ Apenas o seu tempo

Estas duas atividades são para pelo menos três crianças e funcionam melhor com grupos grandes.

Estátua: uma pessoa é escolhida para ser a "coisa". As outras começam a pular, andar ou engatinhar pelo quintal ou quarto. De repente, a "coisa" diz: "Estátua!" e cada uma das crianças deve parar na mesma posição que está, como se fosse uma estátua, independentemente da inconveniência da posição. A primeira que não aguentar e se mexer será a "coisa" na próxima rodada.

Escultor: esta atividade é melhor ainda se as crianças puderem estar ao ar livre (deve ser supervisionada por um adulto).

Um jogador é o "escultor" e os outros são as "estátuas". O escultor pega uma das estátuas pela mão e delicadamente passeia com ela, tentando achar uma posição em que ache interessante deixá-la (sob a supervisão de um adulto). Pode sugerir que ela seja um animal ou um objeto. Quando gosta da posição, deixa-a como ficou e vai fazer a mesma coisa com os outros participantes. Depois que tiver "esculpido" todas as estátuas, ele deve escolher a sua favorita, que passará, então, a ser o escultor da próxima rodada.

Agora, que tal experimentar ficar um tempo como estátua na posição que usa para escovar os dentes?

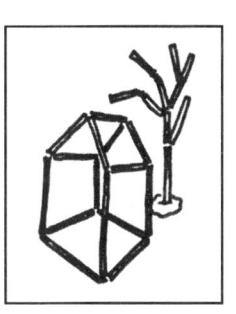

Esculturas de Canudinho

Material necessário

- ✓ Canudinhos
- ✓ Clipes de papel
- ✓ Papelão enrugado
- ✓ Cola
- ✓ Tesoura

Lembrete de Segurança

Partes Pequenas

Os canudinhos das lanchonetes que você frequenta não servem só para se tomar refrigerantes, não – são também um material excelente para fazer esculturas.

Antes de começar, corte alguns deles em pedaços de vários tamanhos diferentes. Seu estoque deve ficar bastante variado. Se você tem aquele tipo que tem uma dobra, corte as dobras de alguns para usar em outras conexões.

Você também pode fazer um pequeno estoque de tubos para conexões. Um material ótimo para isso são os clipes de prender papel. Abra-os e você terá duas formas de arame em "U" ligadas com um "S", que é a forma no sentido do comprimento. Insira os "Us" em dois canudinhos, depois, volte o arame para o ângulo desejado. (Lembre-se de não usar essas conexões se crianças pequenas estiverem com você.)

Você pode fazer conexões com pedaços de papelão enrugado, que deve ser cortado de tamanho suficiente para ser inserido dentro de dois canudinhos. Coloque o papelão no meio de dois canudinhos para fazer o ângulo e cole, se necessário, para ficarem firmes.

Uma dica: é mais fácil começar fazendo formas livres do que realistas (como objetos conhecidos e animais). Brinque com mais liberdade de criação, até você pegar o jeito.

Novos Usos para as Cestinhas

Material necessário

✓ Cestinhas (de morango e outras frutas)

✓ Cordão

✓ Argola

Lembrete de Segurança
Partes Pequenas

Hum, morangos, essa lasciva fruta de verão... Não há quem não aprecie e compre morangos, mas o que fazer com aquelas cestinhas de plástico indestrutíveis onde eles costumam ser embalados?

Transforme-as em brinquedos!

São ótimas como jaulas para os animais selvagens e até mesmo para dinossauros. Quando são presas umas às outras com cordão ou argolas, podem virar um trem. Você também pode fazer um guindaste para carregar jaulas, carros, blocos e outras mercadorias.

Pegue uma cestinha e amarre pedaços de cordão em cada um dos seus quatro lados, traga todas as pontas para o meio e amarre-as com uma boa folga, para você poder atar em outro cordão, de um ou dois metros (veja a ilustração ao lado). Passando o cordão no encosto da cadeira, você poderá levantar as mercadorias do chão e colocá-las no assento, por exemplo, ou onde quiser.

As cestinhas também são boas para transportar brinquedos quando as crianças forem brincar do lado de fora da casa – por exemplo, no jardim ou na praia. Se, por acaso, vocês resolverem fazer uma expedição e precisarem sair para buscar amostras (de pedras, por exemplo), já sabem onde vão colocá-las: nas cestinhas de morango. E elas ainda podem ser excelentes peneiras!

Como você vê, há muito o que aproveitar de uma cesta cujo destino era o lixo e a poluição!

Serpentina

Quer você esteja planejando uma festa de aniversário ou simplesmente os seus filhos estejam querendo viver um momento de especial alegria, a serpentina é a melhor receita que o seu médico de brincadeiras recomendaria. E é muito fácil de fazer!

Corte o papel crepom ou similar em tiras finas e vá colando uma na outra em diferentes cores. Cada serpentina deve ter pelo menos um metro e meio. Depois, pegue uma vareta, um lápis sem ponta ou mesmo uma colher de pau e enrole nela uma das pontas, colando com cola não tóxica ou pregando com fita adesiva. Você pode colocar uma ou várias serpentinas na mesma vareta.

Agora, é só mostrar às crianças como balançar o braço segurando a vareta na mão e fazendo movimentos (veja ilustração nesta página).

Para variar, a criança pode movimentar duas serpentinas, uma em cada mão – para ficar ainda mais bonito, as duas serpentinas podem ser de cores diferentes de papel crepom.

Estimule seus filhos a constantemente mudar o papel crepom e experimentar combinações diferentes de cores.

Para ficar ainda mais animado, você pode colocar uma música – aí, sim, vai ser um show!

Material necessário

✓ Lápis sem ponta, varetas, colheres de pau

✓ Rolos de papel crepom

✓ Cola ou fita adesiva

Estêncil de Isopor

Material necessário

- ✓ Pedaços de isopor
- ✓ Caneta esferográfica
- ✓ Lápis
- ✓ Guache ou similar

O que fazer com aquelas infernais bandejas de isopor que servem para embalar alimentos no supermercado ou nos serviços de entrega em domicílio?

Lave-as e transforme-as em estêncil!

Primeiro, peça à criança que faça no fundo da bandeja um desenho do seu gosto com uma caneta esferográfica. A criança deve apertá-la o suficiente para marcar bem, mas sem furar e deixar vazar para o outro lado. O desenho pode ser de um animal, boneca, carrinho, caminhão, pessoa, paisagem – o que ela quiser. Apenas lembrem-se de que, se o traço não for contínuo, o ideal é desenhar a lápis antes e cobrir as linhas com a caneta.

Em seguida, use um pincel para aplicar uma camada fina de tinta guache no isopor. Esta parte requer um cuidado especial, porque se você colocar muita tinta ela cobrirá as ranhuras do desenho e ainda pode acabar borrando quando você colocar o papel em cima para copiar – o que será o passo seguinte –, fazendo com que o desenho perca a clareza. O resultado deve ser um desenho com tinta fora do traço – este ficará branco.

Além de desenhos, a criança pode escrever nomes e recados – lembrem-se de que as letras devem ser escritas ao contrário. E isso pode resultar ainda em belos cartões, por exemplo.

Sombras ao Sol

Eis uma maneira fora do comum de divertir-se ao Sol!

Pegue uma folha de papel que seja três vezes maior do que o tamanho do seu filho ou junte várias folhas e cole umas às outras para que atinjam esse tamanho. Numa manhã ensolarada, leve a folha para fora e prenda as quatro pontas com uma pedra ou outro objeto pesado. Alinhe o papel na posição de leste para oeste e peça ao seu filho que fique no meio de uma das bordas. Marque o lugar onde ele colocou os pés (para um futuro posicionamento) e trace o contorno da sombra que se projeta sobre o papel. Em diferentes horas do dia, faça a mesma coisa: marque a posição dos pés da criança e trace o contorno da sombra.

Explique a seu filho o que acontece com a sombra dele, como ela se alonga ou encurta, movendo-se no papel como resultado da mudança de posição do Sol.

Esta atividade pode evoluir: faça um relógio de sol humano e marque as horas nos pontos certos do desenho. E o melhor: este relógio nunca vai precisar de vento para funcionar – nem de bateria.

Material necessário

✓ Folha de papel (grande)

✓ Lápis de cor

✓ Lápis

Banho de Espuma

Material necessário

✓ Solução para banho de espuma

✓ Banheira

Lembrete de Segurança

Supervisionar Atentamente

Desta vez, não há regras, nem muita instrução para dar! Apenas aumente (dobre ou triplique) a solução que você costuma jogar na água da banheira quando quer tomar um banho de espuma e deixe que a festa comece!

Você pode fazer isso a qualquer hora do dia. A diversão das superbolhas de sabão da banheira está diretamente ligada ao potencial para se fazer intrincadas esculturas de bolhas de sabão: fazer nuvem é o mais fácil e, assim que se enjoa, é só devolver para a água... Então, fazer outras e começar tudo outra vez!

Você pode ficar completamente envolvido pela brincadeira. De nossa parte, queremos contar que já sabemos fazer belas esculturas, inclusive o busto perfeito de Abraão Lincoln – sem chapéu – é claro, apenas com as bolhas. Só não vale espirrar...

Supermemória

Você e seus filhos podem memorizar uma lista de itens instantaneamente, inclusive salteado e de frente para trás. Em qualquer ordem.

O segredo: palavras especiais que lembram os números e, consequentemente, a sequência da lista. As palavras já quase os ensinam. Abaixo, os números e o que eles representam.

1. atum   4. pato   7. Bete
2. arroz   5. zinco   8. biscoito
3. fez   6. mês   9. prove

Suponhamos que você queira lembrar-se desta lista: livro, correio, cavalo, rádio, camiseta, flor, carro, panela, caneta.

Invente palavras para "grudá-las" na sua mente com imagens improváveis. Não adianta dar dicas, porque as suas próprias palavras e imagens sempre vão funcionar melhor do que as nossas, mas vamos tentar.

Pense em cada uma dessas imagens:

Pesquei um atum e vou colocar a foto dele no *livro*.

Como arroz todo dia, todo dia tem *correio*.

O que foi que o *cavalo* fez?

O pato fez quá-quá no *rádio* e todo mundo ouviu.

Camiseta de zinco não vai dar certo.

Todo mês eu ganho uma *flor* do meu amor.

O *carro* da Bete é azul.

Você já fez biscoito na *panela*?

Prove que você precisa de uma *caneta*.

Qual é a palavra número cinco? (Zinco. Má ideia. Camiseta!) E a número dois? (Arroz, ora, pois, pois, todo dia, na caixa do... Correio!)

As crianças adoram esses jogos. Com algum treinamento, você também vai adorar!

Material necessário

✓ Apenas o seu tempo

Hockey para Dois

Material necessário

✓ Oito a dez livros grossos e pesados

✓ Duas varetas

✓ Um maço de papel

Lembrete de Segurança

Partes Pequenas

    Muitas crianças adoram a mesa de ar de jogar hockey, mas, além de caras, elas gastam muita eletricidade. Então, aí vai uma alternativa simples e divertida, que não custa muito mais do que um centavo.

    Em uma mesa grande, ajude seu filho a colocar livros grossos e pesados nas laterais (vocês também podem usar blocos), para formar os muros externos de uma mini-pista de hockey. O ideal é que eles sejam do mesmo tamanho e forma, para que os muros tenham o nível relativamente igual. Livros pesados funcionam melhor, porque a "bola" salta melhor numa superfície dura.

    Deixe um espaço aberto nas duas pontas da pista para o gol. Pegue um par de varetas e um maço pequeno de papel; enrole o papel para fazer a "bola".

    Cada criança tenta acertar o gol de uma distância e a um tempo predeterminados e vão se revezando na brincadeira.

    Alguém aí acha que precisa de gelo?

Pandeiro Feito em Casa

Você tem um percussionista iniciante nas mãos? Aproveite para estimulá-lo ainda mais com este jeito incrível de fazer um pandeiro, usando apenas alguns itens que você certamente terá em casa.

Tudo que você precisa é de um pedaço de madeira, quatro tampinhas de garrafa (do tipo tradicional, que requer abridor; tampa de rosquear não serve), um martelo e alguns pregos.

Lembre-se de que o martelo e os pregos são para uso de um adulto, mas seu filho pode ficar olhando enquanto você prega cada uma das tampinhas na madeira. Elas não devem ser pregadas fixamente; ao contrário, deixe um espaço entre a tampinha e a madeira, de modo que elas possam deslizar no prego, bater e fazer barulho.

Quatro tampinhas é uma boa quantidade, suficiente para fazer um bom som, mas você pode colocar quantas quiser.

Consulte o seu ritmista particular sobre ideias para a decoração do pandeiro – e soltem a imaginação!

Agora, que tal começar com um tchá, tchá, tchá?

Material necessário

✓ Pequeno pedaço de madeira
✓ Quatro tampinhas de garrafa
✓ Martelo
✓ Pregos

Telefone sem Fio

Material necessário

✓ Apenas o seu tempo

Esta é uma brincadeira para quatro participantes ou mais, da qual você deve se lembrar de sua própria infância.

As crianças devem sentar-se em círculo no chão. Uma delas cochicha uma mensagem de oito ou dez palavras no ouvido da criança imediatamente a sua direita. Esta criança deverá repetir a mensagem para a próxima do círculo, ao seu lado, e assim por diante.

A graça vem no final, quando a última criança do círculo repete em voz alta a mensagem que recebeu, geralmente truncada, esquisita, cheia de palavras estranhas e ideias sem pé nem cabeça. É claro que isso se torna ainda mais fácil de acontecer se as crianças que estiverem brincando forem pequenas.

Certa vez, alguém começou com a seguinte mensagem:

"Estou mandando para sua mãe uma mala sem alça; mas não se preocupe, ela é feia, mas não está imunda".

Foi assim que ela chegou na outra ponta:

"Eu mando na sua mãe, que está sem calça, mas você não se culpe, ela é feia e está com a orelha imunda".

Ninguém garante que aquela foi a mensagem original, quando chega do outro lado. As risadas, porém, são sempre garantidas!

O Que Está Faltando?

Este jogo é adequado para grupos de todas as idades, inclusive adultos.

O princípio é muito simples: coloque um grupo de objetos domésticos comuns em cima de uma mesa e dê um tempo para seu filho estudar a coleção. Em seguida, peça para ele dar uma volta pela casa, esconda um objeto e, quando ele tiver retornado, pergunte:

"O que está faltando?".

É fácil adaptar o jogo às idades e habilidades das crianças. Para os menores, use um número limitado de objetos – três ou quatro – distintos entre si – por exemplo, animais de brinquedo. Para aumentar o desafio, aumente o número de objetos ou escolha itens que tenham uma forma ou tamanho semelhante entre si. Por exemplo: escolha blocos iguais, que apenas tenham uma cor diferente um do outro; remova um bloco e veja se a criança é capaz de saber qual deles está faltando.

Você também pode encurtar o tempo que expõe os objetos à vista da criança, ou o tempo que ela tem para apontar qual o objeto está faltando.

Outro jeito é arrumar de maneira diferente a coleção de objetos em cima da mesa, além de tirar um deles.

E, quando as crianças ficarem *realmente* boas neste jogo, deixe que joguem várias rodadas ao mesmo tempo!

Material necessário

✓ Objetos comuns da casa ou brinquedos pequenos

Lembrete de Segurança

Partes Pequenas

Dez Dicas

Material necessário

✓ Apenas o seu tempo

Este jogo é o oposto da atividade 337. A pessoa que dá as dicas – provavelmente você – lança uma série de dicas para os participantes e qualquer um pode adivinhar o que é a qualquer momento. Não existe nenhuma penalidade para as respostas erradas; aquele que acerta tem o direito de dar a próxima dica.

Como esta atividade exige alguma preparação, sugiro que você dê uma olhada no exemplo abaixo, antes de começar. Depois que pegar o jeito, você e seus filhos podem ir acrescentando mais dicas à medida que o jogo se desenvolve, até que alguém acerte.

O exemplo abaixo é mais fácil e adequado para crianças menores. No entanto, você pode ir adaptando para crianças de qualquer idade ou nível de habilidade. Lembre-se, apenas, de dar dicas bem fáceis, de vez em quando, para que as menores não se sintam frustradas por não conseguir acertar nenhuma.

1. Sou um animal famoso.
2. Tenho pelos macios.
3. Tenho bigodes.
4. Vocês ouvem falar de mim em uma data especial do ano.
5. Adoro as crianças.
6. Tenho orelhas grandes.
7. Meu pelo costuma ser branco.
8. Tenho um nariz engraçado, que fica se mexendo o tempo todo.
9. Costumo trazer ovos de chocolate para os meus amigos.
10. Sou o Coelho da Páscoa.

Boliche Maluco

Pobre do tubo de papel higiênico... Espera pacientemente para ver a luz do dia, apenas para ser jogado sem piedade em um lixo qualquer...

Eis aqui uma maneira de salvar dez deles desse destino cruel – e, ao mesmo tempo, certamente, divertir muito os seus filhos!

Coloque os tubos de papel higiênico de pé, formando um "V" no chão, e peça às crianças que lancem a bola e contem quantos conseguiram derrubar.

Você pode criar "pistas" com livros ou caixas. As crianças menores adorarão as colisões e aí estará a maior parte da diversão; as maiores podem inventar um sistema de contagem de pontos e/ou as suas próprias regras.

Você pode ainda enfeitar os tubos com tinta, lápis de cor, canetas hidrocor ou o que tiver à mão, inclusive folhas de alumínio.

O objetivo do jogo pode ser, por exemplo, derrubar os três tubos-malucos pintados de azul, ou deixar de pé o que for prateado. Introduza outros tipos de desafios – por exemplo, lançar a bola com os olhos vendados, em posições ridículas ou desconfortáveis, com a cabeça e não com a mão, etc. E o mais importante: deixe que os vencedores inventem as próprias regras malucas ou estranhas formações para os tubos, na rodada seguinte.

Material necessário

✓ Dez tubos de papel higiênico

✓ Bola

Material opcional

✓ Lápis de cor

✓ Guache ou similar

✓ Papel alumínio

Aqui É o Piloto Falando

Material necessário

- ✓ Um painel (atividade 138)
- ✓ Cadeiras
- ✓ Salgadinhos
- ✓ Bandejas
- ✓ Tubo de papel higiênico
- ✓ Cordão ou barbante

Seus filhos se divertem com a ideia de pilotar um avião? Então eles vão adorar esta brincadeira!

Você precisa de um painel (veja como fazer um na atividade 138) e uma fileira de cadeiras. Se for possível, arranje cintos ou barbantes para servir de "cintos de segurança" para o pessoal. Bandejas são fundamentais para servir os salgadinhos; você pode usar aquelas de isopor que embalam alimentos comprados no supermercado.

Seu filho pode ser o comissário de bordo; depois, piloto. Se duas ou mais crianças estiverem brincando, elas podem revezar nos papéis de membros da tripulação. O comissário de bordo anuncia a decolagem usando um microfone (faça um usando tubo de rolo de papel higiênico, papel alumínio e barbante). Então o piloto decola, e anuncia a altitude e outras informações pertinentes, como a situação do tempo no lugar de destino.

Quando vocês estiverem sobrevoando o oceano, os salgadinhos podem ser servidos e talvez até um suco.

Para terminar, que tal uma aterrissagem forçada, cheia de tombos, gritos e confusão? Não. Talvez vocês prefiram chegar normal e tranquilamente...

Três Pernas

Uma atividade divertida, que pode ser desenvolvida em festas ou a qualquer momento, sempre com muita alegria, tanto para os pais como para as crianças, seja em um grupo de crianças ou com apenas uma.

Corte panos velhos em tiras longas ou use meias velhas. Em seguida, fique de pé, ao lado do seu filho, olhando para a mesma direção que ele, e use as tiras de pano para amarrar a sua perna esquerda na perna direita dele, ou vice-versa.

Primeiro, tentem andar juntos – isso requer um pouco de prática. Depois, tentem coisas mais difíceis, progressivamente, tais como correr, saltar ou pular.

Vocês podem também brincar de adivinhar o que o outro vai fazer – por exemplo, para que lado ele vai se dirigir, esquerda, direita, para frente, para trás, ou apenas ficar parado.

Esta atividade é melhor ainda quando feita ao ar livre, mas vocês podem treinar numa sala, tendo o cuidado de colocar os móveis mais perto da parede, de modo a abrir espaço para isso. Lembre-se também de ficar longe das escadas e de manter uma supervisão constante, para evitar acidentes.

Para intensificar o desafio, promova uma corrida com obstáculos fáceis – por exemplo, um banco para passar por cima, uma mesa para passar por baixo, etc.

Um regador pode ser outro desafio interessante: você acha que é capaz de atravessar o quintal de um lado ao outro sem ficar completamente ensopado?

Material necessário

✓ Trapos limpos ou meias velhas

Lembrete de Segurança

Supervisionar Atentamente

A Luta dos Polegares

Material necessário

✓ Apenas o seu tempo

Lembra-se desta brincadeira?

Com certeza será a campeã de manter os seus filhos entretidos por longos momentos em um dia de chuva ou durante uma viagem.

Dois jogadores seguram a mão um do outro conforme mostra a ilustração. Eles devem tocar o polegar um do outro pelos lados opostos da mão da outra pessoa por três vezes e, depois, começam a lutar.

O objetivo, claro, é segurar o polegar do adversário apenas usando o seu próprio polegar.

Historicamente, irmãos menores levam sempre desvantagem neste jogo; talvez valha a pena conversar com os maiores e explicar que eles devem se limitar a proteger os próprios polegares, fazendo apenas manobras defensivas e evitando atacar, pelo menos nos dez primeiros segundos. É claro que, se for você quem estiver jogando com seu filho, vai fazer exatamente isso!

Que venham os polegares!

Fantasia de Tigre

Eis uma autêntica fantasia de tigre num modelo garantido para deixar o seu filho encantado!

Pegue um pijama com a calça comprida e mangas longas na blusa. Com a tinta para tecido você vai desenhar as manchas (esta tinta você encontra nas lojas especializadas e, muitas vezes, em papelarias). Lembre-se de colocar um jornal em cima da mesa ou no local onde vai pintar, antes de começar. Pegue uma régua ou marque com o lápis as linhas desejadas e use a esponja molhada em tinta para passar no tecido, pressionando a esponja sobre as linhas demarcadas. Seu filho vai adorar assistir a essa operação.

Enquanto a tinta estiver secando, corte as "patas" no feltro laranja. É melhor fazer dois buracos na parte de cima, para amarrar com um fio da mesma cor ou com uma tira de feltro, de modo a garantir maior segurança para a criança, ao andar.

Em seguida, faça um rabo usando um pedaço comprido de espuma recoberto com o feltro laranja; este pode ser costurado ou colado sobre a espuma, mas é melhor costurar o rabo na fantasia, para evitar que ele escape. Se quiser, dê um nó na ponta.

Use pintura de rosto (ou o lápis que você usa para pintar os olhos) para fazer os bigodes, e faça orelhas de feltro, colando-as numa touca (de natação, por exemplo).

Pronto! Agora é só encontrar a selva onde estão os outros tigres e brincar a valer!

Material necessário

- ✓ Pijama laranja ou amarelo (longo)
- ✓ Tinta para tecido e esponja
- ✓ Pedaço de feltro laranja
- ✓ Tinta para pintar o rosto
- ✓ Tira de espuma
- ✓ Touca

Horários Malucos

Material necessário

- ✓ Mapa-múndi ou globo
- ✓ Fichas de papel
- ✓ Lanterna

Para uma criança, a ideia de que algumas pessoas possam estar se levantando quando ela está indo para a cama é completamente maluca. Você pode mostrar a ela como isso acontece com esta atividade.

Primeiro, pegue um mapa-múndi, atlas ou globo grande. Em seguida, peça à criança que relacione todas as atividades de um dia normal dela, escrevendo coisas como: acordar, tomar o café da manhã, ir para a escola, almoçar, voltar para casa, brincar, tomar banho, jantar, ir para a cama, dormir.

Escreva cada uma dessas atividades em uma ficha colorida, ordenando-as por hora ao longo do dia. As cores vão servir para mostrar mais sobre a atividade; por exemplo, pinte de amarelo as atividades da manhã, de verde as da tarde e de violeta as da noite.

Mostre diferentes países no mapa-múndi ou globo e diga o que as pessoas que neles moram podem estar fazendo naquele momento; seu filho vai, então, colocar a ficha adequada para aquelas atividades no local.

Usando o horário de Brasília como referência, você pode dizer que Paris e Munique têm 4 horas a mais; Tóquio tem 12 horas a menos; Nova Iorque, 3 horas a menos; Los Angeles, 5 horas a menos e San Francisco, 6; Moscou, 5 horas a mais e Bangkok, 10.

É claro que seu filho vai querer saber como isso é possível. Em um quarto escuro, pegue uma bola ou o próprio globo e, usando uma lanterna, tente explicar que o Sol apenas ilumina um lado da Terra de cada vez. Como ela está girando, de um lado é dia e do outro será noite.

Braço Mecânico

Alguma vez você já brincou com aquela máquina na qual você deve pegar um brinquedo com um braço mecânico, dentro de um determinado tempo?

Apesar de a maioria dos jogos eletrônicos serem do tipo *video game*, com muita ação, o braço mecânico sempre agrada às crianças, e você pode criar um bem aí na sala da sua casa!

Pegue uma série de brinquedos pequenos ou objetos da casa e dê ao seu filho aquela pinça comprida de virar/pegar a carne do churrasco na grelha.

Comece pedindo apenas que ele pegue um objeto com a pinça. Depois, vá aumentando o desafio, colocando, por exemplo, na frente dos brinquedos, um pedaço de papelão com um corte retangular no meio, que ele pince os objetos através daquela "janela".

Outra variante é colocar os brinquedos ou objetos a serem pinçados dentro de uma sacola ou saco de papel e deixar que as crianças os pincem sem olhar ou com os olhos vendados. Você pode até usá-lo como um jogo de memória, como um desafio a mais, no qual você mostra os objetos para as crianças, coloca na sacola e elas devem pegar um e dizer os nomes dos que ficaram lá dentro. Outro desafio é "pescar" o objeto e ainda caminhar com ele pela sala, para colocá-lo em uma caixa do outro lado. Mais difícil vai ficar se você limitar o tempo para a atividade.

Se quiser algo realmente difícil, experimente pedir às crianças que usem duas varetas para pegar os objetos, e não uma pinça! E usando apenas uma mão!

Material necessário

✓ Pinças de churrasco

✓ Brinquedos pequenos ou objetos da casa

Material opcional

✓ Papelão

✓ Varetas

Lembrete de Segurança

Partes Pequenas

Trava-Línguas

Material necessário

✓ Apenas o seu tempo

Diga depressa: "Um tigre, dois tigres, três tigres".

Peça ao seu filho para falar, também – e certamente vocês vão dar muitas risadas antes de conseguir.

Com grupos de crianças, as risadas serão contagiantes, com toda a certeza, tornando ainda mais difícil conseguir falar um trava-língua.

Experimente esses:

O rato roeu a roupa do rei de Roma.

Pindamonhangaba não é uma piranha nem uma goiaba, muito menos uma pamonha ou uma laranjada.

Pedro pegou o paralelepípedo e pôs no pé da pata.

Tinha tanta tâmara na tina da Tonica que ela teve de tomar um trem pra trazer pra toca.

Bem bom é comer bombom de batata-doce com bala de banana e beber bebida de beterraba.

Vocês também podem inventar alguns. O segredo é simples: coloque juntas palavras parecidas, de modo que se amontoem ao serem faladas. Como desafio maior, você pode apresentar alguns trava-línguas para a família, e combinar que a primeira pessoa que conseguir dizer um corretamente vai dar o próximo para os outros tentarem falar.

Os Palitos Arquitetos

Com uma caixa de palitos de dente e um pouquinho de argila, você pode criar uma réplica perfeita da torre Eiffel, mas não precisa ser tão ambicioso! Uma casinha singela já é um bom começo!

Esta atividade só não é boa para crianças pequenas, que podem machucar-se com os palitos, de modo que você deve convidar apenas as maiores e dar a cada uma um punhado de palitos e outro de argila.

Para começar, elas devem fazer bolas bem pequenas com a argila, que serão usadas para fazer as "emendas" entre os palitos e para mantê-los firmes no lugar certo.

Para fazer casinhas com palitos, simplesmente construa uma moldura quadrada e outra em forma de "A" para ser o telhado. As crianças podem desenhar as portas e as janelas em pedaços de papel, que serão colocados nessa moldura quadrada com fita adesiva.

O que você acha de fazer uma ponte?

É fácil: faça uma moldura, deite-a sobre um pedaço de papel-cartão (ou uma caixa de embalagem, que tem um papelão mais macio) e vá acrescentando os outros palitos conforme mostra a ilustração. Mais tarde, ela poderá ser usada para que os carrinhos pequenos e outros brinquedos feitos de argila atravessem rios e precipícios.

Outras possibilidades interessantes: docas e portos para navios, estrebarias para cavalos e outros animais de brinquedo, jaulas para o zoológico ou o circo, túneis e muitos outros.

Quem sabe logo vocês não estarão prontos para fazer uma torre Eiffel?

Material necessário
- ✓ Palitos de dente
- ✓ Argila

Material opcional
- ✓ Papel
- ✓ Lápis de cor
- ✓ Fita adesiva

Lembrete de Segurança

Partes Pequenas

A Corrida

Material necessário

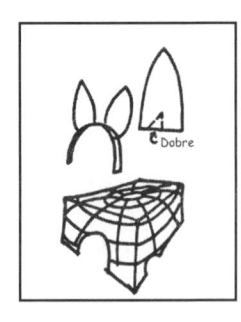

- ✓ Caixa grande
- ✓ Lápis de cor, guache ou similar
- ✓ Papel
- ✓ Fita adesiva
- ✓ Tiara
- ✓ Roupa branca

Quem corre mais depressa, a tartaruga ou a lebre?

Eis um jeito fácil de descobrir e você só precisa de duas crianças (esta atividade deve ser supervisionada por um adulto).

Faça um casco de tartaruga com uma grande caixa retangular. Corte buracos nas laterais para o pescoço, os braços e as pernas da criança. Use lápis de cor, guache, canetas hidrocor ou material similar para fazer a estampa do casco. Você vai ter um pouco de trabalho para fixá-la nas costas do seu filho, quando ele estiver no chão, sobre as quatro "patas", como deve ficar qualquer tartaruga que se preze, mas nada tão complicado assim.

Quanto à lebre, pegue dois pedaços de papel e dê-lhes o formato de orelhas de coelho. Dobre uma apara na parte de baixo de cada "orelha" e prenda-a numa tiara com fita adesiva, conforme mostra a ilustração. O papel um pouquinho rígido as manterá bem erguidas. Uma camiseta branca e uma calça comprida bem justa irão completar o visual.

Marque a linha de partida e a de chegada e instrua a tartaruga para engatinhar e a lebre para saltar.

Agora, vocês três já estão aptos a responder à pergunta:

Quem corre mais depressa – a tartaruga ou a lebre?

Folhas e Mais Folhas

Nada no mundo parece mais igual entre si do que as folhas e, no entanto, apresentam sempre sutis diferenças.

Pegue algumas folhas. Para uma criança – e mesmo para muitos adultos –, tendo visto uma folha, viu-se todas. Esta atividade vai desfazer esse mito para sempre.

Planejem uma expedição ao quintal, jardim, ou a um parque ou praça perto de sua casa; levem junto duas sacolas. Recolham do chão uma porção de folhas frescas e coloquem na sacola, de preferência as que lhes pareçam mais diferentes. Se possível, elas devem ter formatos diferentes, algumas mais lisas, outras cheias de ranhuras, umas mais longas, outras mais curtas, outras largas, e assim por diante.

Prestem atenção para recolher duas de cada tipo, colocando uma em cada sacola. No final, as duas sacolas deverão ter a mesma quantidade de folhas – uma de cada qualidade escolhida. O ideal é conseguir duas iguais e só depois de tê-las na mão colocá-las nas sacolas.

Converse com as crianças sobre as várias maneiras de distinguir as folhas entre si. Como elas diferem umas das outras? Na forma? Na textura?

Quando terminarem a atividade, você e seus filhos olharão o mundo com outros olhos e, com certeza, logo encontrarão uma folha como nunca tinham visto!

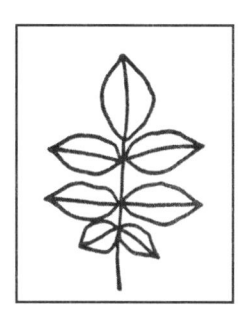

Material necessário

✓ Folhas (frescas)

✓ Duas sacolas de loja

Meu Zoo

Material necessário

- ✓ Animais de brinquedo
- ✓ Fichas de papel

Material opcional

- ✓ Material da atividade 77
- ✓ Caixas pequenas
- ✓ Atilho

Se ir ao Zoo é bom, imagine fazer o seu próprio zoo!

E tudo que você precisa é de alguns animais de brinquedo – ou, se isso não for possível, recorte algumas gravuras das revistas.

O seu zoo pode ficar espalhado pela casa e ocupar prateleiras, mesas e até o chão. Aproveite a atividade para ensinar ao seu filho sobre os animais: as diferentes categorias em que se dividem, seus costumes e hábitos, etc. Deixe que a criança use o seu sentido natural de ordem e os separe por cor, tamanho do rabo ou qualquer critério do gênero.

Você pode ainda colocá-los em casinhas como ensina a atividade 77 e, então, espalhá-los pelas prateleiras do quarto da criança. Com atilhos você cria barras de ferro muito seguras para as jaulas (sempre lembrando que crianças muito pequenas não devem brincar com atilhos).

Converse sobre os cuidados a serem dispensados a cada tipo de animal, como alimentá-los, o que eles gostam ou não e as precauções que devem ser tomadas quanto a se chegar muito perto.

Escreva tudo em fichas; as crianças maiores podem fazer isso sozinhas.

Estimule o seu filho a educá-lo sobre os animais; será que lá no fundinho você não fica também morrendo de vontade de esticar o dedo para tocar aquele maravilhoso tigre de Bengala?

A Casinha de Brinquedos

Uma caixa de papelão vazia é uma casinha esperando para ser descoberta...

Abaixo, algumas ideias de como transformar uma caixa de papelão em uma casa de bonecas ou animais.

Os primeiros passos são os cortes – um trabalho para um adulto. Pegue a caixa e inverta-a, cortando fora todo um lado – ele será a parte de trás. No lado oposto, corte a frente da casa: uma porta com movimento (abrir e fechar) e as janelas na frente e nas laterais; ficará melhor se todas tiverem movimento. Você pode criar um telhado cortando um pedaço de outra caixa de papelão e colocando-o sobre a casa em formato de A; recorte também dois triângulos do tamanho adequado e tampe as partes da frente e de trás do teto.

Depois que todos os cortes foram feitos, seu filho pode começar a decoração: venezianas ou almofadas para portas e janelas, pinturas nas paredes à moda antiga, etc. Talvez um caminho para atravessar o jardim antes de entrar caia bem: coloque um pedaço de papelão na frente da casa, pintado de verde ou até com flores no jardim das laterais e uma tira comprida que vai até a porta da casa.

Coloque dentro móveis de brinquedo ou faça alguns você mesmo. Caixinhas pequenas viram sofás, mesas e cadeiras com muita facilidade.

A mesma técnica pode ser usada para fazer um zoo, uma escola, um celeiro e outras construções que vocês queiram.

Você pode assim estimular uma brilhante carreira de arquiteto, quem sabe?

Material necessário

- ✓ Caixa de papelão (grande)
- ✓ Lápis de cor ou similar
- ✓ Várias caixas de papelão (pequenas)
- ✓ Tesoura ou estilete
- ✓ Brinquedos (animais ou pessoas)

Os Fabricantes de Brinquedos

Material necessário

- ✓ Copos de iogurte
- ✓ Botões grandes
- ✓ Gravuras de animais
- ✓ Cola ou fita dupla-face
- ✓ Papel *contact* transparente
- ✓ Varetas

Se você tem em casa uma criança em idade pré-escolar com uma irmãzinha ou irmãozinho, esta atividade é para você: mostra às crianças maiores como fazer brinquedos para as menores, e especialmente as crianças em idade pré-escolar adorarão a ideia de fazer algo para a irmã ou irmão.

Chocalho: coloque botões grandes ou outros objetos de plástico em um potinho de iogurte. Pegue um segundo potinho do mesmo tamanho e cole em cima com cola não tóxica ou fita dupla-face. Para brincar, é só chacoalhar (lembre-se de não usar objetos muito pequenos, que possam ser perigosos para as crianças).

Surpresa!: cole uma gravura de uma revista em um pedaço de papelão fino. Recorte-a (uma tarefa para um adulto; não se esqueça de usar cola não tóxica) e cole uma vareta na parte de baixo, tendo o cuidado de manter a gravura em pé. Pegue uma caixa um pouco maior do que a gravura e faça uma abertura na parte de cima. Coloque dentro a vareta com a figura e faça-as sair pela abertura de baixo, brincando de esconder e mostrar a gravura.

Um presente para o nenê: procure nas revistas algumas gravuras de nenês e crianças ou qualquer outra que seja do interesse de seu filho. Cole-as em fichas grandes ou folhas de papel e enfeite-as com desenhos e pinturas. Cubra-as com papel *contact* transparente ou folhas de plástico. Faça buracos nas laterais e coloque fios ou argolas.

Este é o tipo do presente que os irmãos e irmãs ficarão orgulhosos de oferecer uns aos outros.

Os Patrulheiros do Lixo

Material necessário

✓ Sacos de lixo

A cada dia, nós nos deparamos com toneladas de lixo nos caminhos, nos parques e em lugares próximos as nossas casas. Frequentemente, pensamos: "Alguém tinha de tirar dez minutos e cuidar disso. Não deve ser tão complicado."

Nessa atividade, você e seus filhos são essas pessoas e têm um impacto imediato e positivo no meio ambiente.

Pegue alguns sacos de lixo ou o que acharem apropriado para essa tarefa e juntem-se aos Patrulheiros do Lixo!

Primeiro, o ideal é cuidar do meio ambiente imediatamente, próximo à casa de vocês. Se ela fica em uma cidade, vocês podem recolher garrafas, latas, jornais etc; se moram no interior ou na zona rural, o ênfase pode ser dado à coleta de latas e embalagens descartáveis, principalmente se a casa de vocês fica perto de restaurantes e paradas à beira das estradas. É claro que você, como mãe/pai, vai supervisionar de perto todas essas atividades, para maior segurança das crianças, sobretudo em relação ao tráfego.

Os Patrulheiros do Lixo ficarão mais entusiasmados se houver uma recompensa, no final da atividade: todos podem ir brincar em um *playground*, nadar em algum lugar agradável — praia, lago, rio, piscina — ou mesmo "lavar-se", saboreando deliciosos biscoitos feitos em casa ou qualquer outra coisa gostosa vinda da cozinha.

Já Chegou?

Material necessário

✓ Mapas

"Já chegamos?"

Esse é provavelmente o refrão mais comum que as crianças repetem durante as viagens de carro – e os adultos também.

Esta atividade dará aos seus filhos uma noção de distância: qual o tempo necessário para ir de A a B e ainda algum entretenimento sem precisar sair do lugar.

Pegue um mapa do Brasil e escolha dois estados ou cidades com os quais seus filhos tenham alguma familiaridade, pelo menos por nome. Use a escala do mapa para determinar a distância ou mesmo calcule com uma régua.

Depois, avalie o tempo necessário para a viagem: a pé, 6 km/h; de bicicleta, 18 km/h; de carro, 80 km/h; de trem, 130 km/h; de avião, 800 km/h; de avião supersônico, 2.000 km/h; de foguete, 25.000 km/h.

Para uma criança pequena, faça referências que lhe facilite a compreensão, por exemplo, o tempo que ela precisa para ir de casa à escola, o tempo que demora entre o aniversário dela e o Natal etc.

Experimente fazer o mesmo com cidades estrangeiras. As crianças vão se divertir enormemente com os dados sobre o tempo necessário para ir de São Paulo a Belo Horizonte – a pé, de carro, de avião, etc.

De qualquer maneira, ninguém nunca disse que conheceu São Paulo em apenas um dia!

O Mapa do Tesouro

Nesta atividade, as crianças deverão encontrar as peças escondidas de um mapa.

Desenhe o mapa da sua casa ou apartamento, ou mesmo de uma sala ou quarto, enfim, de qualquer lugar que seja familiar às crianças. Detalhe-o de acordo com a idade e a habilidade dos seus filhos. Indique o local do tesouro: uma caixa ou envelope contendo um presente ou recompensa.

Corte o mapa em pedaços irregulares, sempre lembrando de levar em consideração a idade e a habilidade das crianças no número e no formato das partes recortadas e de que cortar é uma atividade para um adulto.

Para o mapa ficar mais resistente, cole-o em um pedaço de papelão, espere secar e, então, corte-o em pedaços; esses deverão ser guardados em um local escondido e você vai dar dicas até que as crianças o encontrem.

Assim que os pequenos conseguirem montar o quebra-cabeça, você deve se oferecer para lê-lo para eles; já os maiores podem se virar sozinhos.

Naturalmente, é bom premiar o esforço das crianças — coloque junto do tesouro um cupom, por exemplo, que vale um sorvete, alguma coisa que a criança esteja desejando, ou algum prêmio interessante para que ela se sinta recompensada após tão árdua busca.

Material necessário

✓ Papel

✓ Material para desenhar

✓ Tesouras

Material opcional

✓ Cola

✓ Papelão

Tradição Tribal

Material necessário

✓ Papel

✓ Caneta ou lápis

As pessoas transmitiram histórias, mitos e tradições durante séculos para guiar as gerações. Esta atividade é um jeito divertido de levar seus filhos a imaginar outras sociedades.

Para começar, as crianças devem imaginar-se como membros de uma tribo de caçadores ou um clã, onde não existam telefones, televisores, eletricidade, automóveis nem água encanada.

Faça perguntas, tais como:

Como as pessoas fazem para ficar aquecidas quando faz frio?

Quais as tarefas que cada um dos membros da tribo deve cumprir?

De onde vem a água?

De que tipo de alimentos eles gostam ou encontram e como os cozinham?

Que tipo de vida eles têm?

Como constroem suas casas usando os elementos disponíveis, ou seja, palha, gravetos, lama, neve etc?

Quais os animais que vivem naquela região e como eles fazem para viver em harmonia uns com os outros?

Como se defendem?

Como mandam e recebem mensagens importantes?

Seus filhos devem inventar uma história que responda a essas perguntas, uma a uma. Afinal, sem os livros, os povos antigos usaram os narradores para passar importantes lições de cultura.

As crianças também podem inventar uma história a partir de UMA dessas perguntas, por exemplo, ao falar sobre a importância de manter o fogo aceso, inventar uma história sobre o dia que um vento forte o apagou.

Vinte Perguntas

Esta atividade era muito popular, antes que a televisão monopolizasse o tempo da família. Ainda hoje ela é um intrigante e absorvente teste de lógica e racionalidade para pessoas de todas as idades.

Um dos participantes pensa em um objeto ou pessoa. Pode ser um animal, vegetal ou mineral. Coisas abstratas como o pós-modernismo não podem entrar. Após a escolha, cada participante faz perguntas simples, que exijam respostas do tipo "sim" ou "não", sem exceção.

Tradicionalmente, a primeira pergunta sempre é:

"É animal, vegetal ou mineral?" e deve ser respondida segundo a escolha anterior (talvez você precise explicar a diferença entre as 3 categorias para as crianças menores).

A segunda pergunta costuma ser:

"É pequeno como um coelho?" — a primeira das perguntas com resposta "sim" ou "não".

Elas podem ser restritas a 20 e a primeira pessoa que conseguir acertar o objeto ou pessoa escolhido, antes ou até 20 perguntas terá o direito de ser o próximo a escolher a palavra misteriosa.

Para criar uma variação interessante, veja a atividade 318.

Material necessário

✓ Apenas o seu tempo

O Ovo Inquebrável

Material necessário

✓ 1 ovo cru

Normalmente, pensamos em ovos como sendo frágeis. Eis aqui uma atividade que fará todo mundo mudar de ideia ao descobrir como eles podem ser resistentes!

Dê ao seu filho(a) um ovo cru e pergunte se, usando apenas uma mão e colocando pressão igual em todos os lados, ele(a) consegue quebrá-lo.

Não, ele não vão conseguir e o ovo vai ficar intacto!

Por que?

Porque os ovos foram criados de maneira a suportar uma certa pressão. Lembre-se de que a galinha senta-se sobre o seu ovo para chocá-lo!

Os ovos são um bom exemplo da fantástica "engenharia" natural e são capazes de, virtualmente, aguentar a pressão da mão de uma pessoa.

Experimente e comprove. Apenas uma ressalva: um ovo que tenha qualquer rachadura na casca, por menor que ela seja, não suportará a pressão. Examine-o antes, para avaliar as condições e descartá-lo, se for o caso, senão o bobo(a) vai ser você! Sem falar na sujeira que esse tal bobo(a) vai ter de limpar!

Mundo Submerso

Se você não está podendo viajar para o oceano, traga-o para a sua casa. Eis como:

Pegue uma panela bem grande (se você estiver realmente curtindo a atividade, procure nas lojas especializadas em atender os restaurantes uma daquelas enormes panelas profissionais) e encha-a de água.

Seu filho(a) colocará os seixos, pedras, conchas e objetos similares para criar uma ambientação de fundo do mar. Algumas plantas no meio das pedras darão o toque final – o ideal seria comprá-las nas lojas que vendem aquários, mas qualquer planta serve, principalmente se a brincadeira estiver destinada a durar apenas algumas horas.

O oceano está agora pronto para receber os habitantes das suas profundezas e as embarcações comerciais, portanto, recorte peixes, baleiras, golfinhos, lulas e outros animais adequados. Se quiser, coloque um limpador de cachimbo nos peixes, para que seu filho(a) possa pescá-los conforme descrito na atividade 182.

Você pode fazer um mergulhador, também. Pegue uma embalagem de um comprimido alongado e será um tanque perfeito! Se quiser que ele seja maior, use uma embalagem de filme de uma máquina fotográfica. Por último, é só acrescentar os barcos que você já tinha feito em atividades anteriores ou outros de plástico que as crianças já tenham.

Quando elas acabarem de brincar, jogue fora a água do panelão. Convide-as para ajudar — elas vão adorar "regar" as plantas dos vasos ou do jardim com o "oceano"!

Material necessário

✓ Panela grande

✓ Seixos, conchas

✓ Plantas

✓ Espuma (pedaços)

Bonecos Domésticos

Material necessário

- ✓ Colher ou garfo
- ✓ Algodão
- ✓ Argila
- ✓ Papel alumínio
- ✓ Fita adesiva
- ✓ Fios, cordões, fitas

Material opcional

- ✓ Peras, cerejas ou outras frutas e legumes

Para fazer um show-surpresa de bonecos, dê uma olhada na sua cozinha: colheres e garfos são itens perfeitos para ser a base dos bonecos, uma vez que já têm a forma certa para serem manipulados. Para fazer bonecos com eles, você vai precisar ainda de fita adesiva, fios, cordões, fitas, papel alumínio e algodão.

Pegue uma colher grande e coloque um pouco de algodão em cima: eis o cabelo de boneco instantâneo. Proceda da mesma forma se quiser fazer uma barba. Faça orelhas de papelão e prenda-as no lugar certo com fita adesiva.

O que você acha de uma gravata-borboleta feita com um pedacinho de fita? E de rostinhos feitos de argila?

Mais divertidos seus bonecos ficarão se forem comestíveis. Use peras, cerejas, morangos e outras formas apropriadas para a cabeça e o rosto, que deverão ser espetados em um garfo. Experimente colocar um chapéu de cenoura. E, ainda por cima, esta pode ser uma maneira deliciosa de fazer seus filhos comerem legumes!

(Veja também as atividades 106 e 296.)

Jogo com Velcro

Embora esta atividade ainda não tenha sido oficialmente incluída nas Olimpíadas, você pode oferecer uma medalha para o seu campeão ou campeã olímpico doméstico.

Primeiro, aplique feltro em uma bola de pingue-pongue (para instruções a respeito, veja atividade 273). Em seguida, faça um aparador com a flanela (ou similar), recortando um pedaço de papelão de mais ou menos 20 cm de diâmetro. Faça uma correia para a parte de trás: esta correia consiste em uma peça de papelão de uns 3 centímetros, que deve ser colada também atrás. Deixe espaço apenas para você colocar a mão e empunhar, o que quer dizer que você deve deixar um espaço menor do que a sua mão, já que será para o seu filho(a) usar. Com o feltro, cubra as pontas, colando-o com fita adesiva ou outro pedaço de papelão. Finalmente, cubra a parte da frente com a flanela ou similar, também.

O jogo já pode começar. Uma pessoa lança e as outras tentam "pegar" a bola com o seu aparador — se a bola tiver velcro suficiente, ela vai ficar presa. Os dois jogadores trocam e o que era o lançador torna-se o aparador.

Você pode tornar o jogo mais interessante aumentando a distância entre os jogadores ou fazendo os aparadores ainda menores.

Depois que seus filhos ficarem bons nesta atividade, você pode tentar inscrever todos eles nas próximas Olimpíadas!

Material necessário

- ✓ Bolas de pingue-pongue
- ✓ Velcro (autoadesivo)
- ✓ Papelão
- ✓ Flanela, lã ou feltro
- ✓ Cola ou fita adesiva

Lembrete de Segurança

Supervisionar Atentamente

Substantivos e Verbos

Material necessário

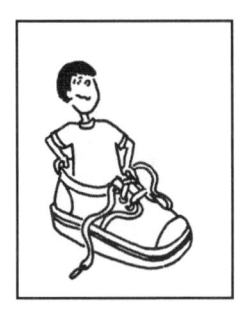

✓ Fichas de fichário

✓ Caneta ou lápis

Esta atividade ajudará seus filhos a perceber as diferenças entre as partes mais importantes de uma frase: substantivos e verbos.

Pegue uma pilha de umas 20 fichas e escreva uma palavra em cada uma delas, dez substantivos e dez verbos. Explique às crianças que o verbo é a ação, a palavra que conta o que está acontecendo. O maior teste para um verbo é acrescentar as palavras "eu quero ..." à frase.

Os substantivos são simples. São as pessoas, os lugares, as coisas.

A questão agora é verificar se as crianças podem distinguir uns dos outros, perceber as diferenças. Pegue uma ficha e pergunte se a palavra ali escrita é um verbo ou um substantivo. Por exemplo: "Eu quero calçar" (os sapatos) soa familiar e seu filho(a) vai perceber a diferença rapidamente.

Trabalhando com duas ideias simples, você pode introduzir o conceito das partes de uma frase com facilidade e ainda se divertir com isso.

Clínica Veterinária

Se você for como a maioria dos adultos, dirá que os bichos de pelúcia dos seus filhos não requerem especial atenção ou manuntenção, mas se você tiver 4 anos de idade, por exemplo, dirá que os ursos e outras companhias também precisam de quem cuide da sua saúde, do seu bem-estar físico e emocional, por isso você precisa montar uma clínica para eles na sala de visitas da sua casa.

Comece estendendo uma toalha na mesa de "exames", que pode estar na cozinha ou na sala. Se vocês tiverem remédios de brinquedo, melhor; caso contrário, é só improvisá-los: uma vareta serve para examinar a língua e a garganta do doente, uma lanterna é perfeita para o exame dos ouvidos. Você pode fazer um termômetro desenhando uma escala numa outra vareta. A balança do banheiro fica ótima para pesar os pacientes do doutor(a) e você ainda pode criar gazes a partir de tecidos ou velcro.

As crianças podem inventar os seus próprios utensílios e métodos. Nossos filhos, por exemplo, acharam que poderiam perfeitamente medir a pressão sanguínea dos ursos com uma bomba de encher pneu de bicicleta. E quem discute? Afinal, nenhum de nós era capaz de se lembrar da última vez que ele tinha adoecido ou se queixado de alguma dor...

Material necessário

✓ Animais de pelúcia
✓ Varetas
✓ Lanterna
✓ Roupas
✓ Velcro

Frascos e Copos

Material necessário

- ✓ 2 frascos transparentes de plástico (ou 2 copos idem)
- ✓ 1 tigela transparente
- ✓ Água

O pedagogo *Jean Piaget* quebrou todas as normas da sua época ao declarar que as crianças não eram simplesmente miniaturas de adultos — eles realmente pensam diferente. Uma maneira que ele usou para demonstrar isso foi o teste da "conservação". Você também pode fazê-lo e talvez até consiga ver o mundo com os olhos das crianças.

Pegue dois copos idênticos e perfeitamente transparentes. Os compridos e finos funcionam melhor. Encha-os de água no mesmo nível e pergunte à criança se eles têm a mesma quantidade de água. Em seguida, coloque a água de um dos copos em uma tigela rasa e também transparente e pergunte se ela acha que as duas têm a mesma quantidade de água. A criança dirá que um dos dois — o copo ou a tigela — tem mais água, conforme lhe parecerá à primeira vista.

Se ela disser que ambos têm a mesma quantidade (isto é, compreender a ideia de conservação da quantidade), pergunte por que eles parecem diferentes um do outro. A criança que realmente tiver entendido o conceito, explicará que tudo que você tem a fazer é colocar a água da tigela de volta no copo e ver que eles têm a mesma quantidade.

Geralmente, as crianças começam a entender isso por volta dos 5 ou 7 anos. Não se preocupe se seu filho(a) não seguir essa média corretamente, porque isso é apenas uma estimativa e não passa de uma ideia básica, que, de fato, não corresponde a ninguém.

Bonecos de Papel com Perninhas

Como dar vida a bonecos de papel?
Com os dedos, é claro!
Primeiro, seus filhos devem traçar bonecos ou animais em uma embalagem de papel cartão (fino), sem fazer as pernas. Podem ter uns 10 cm de altura. As crianças deverão enfeitá-lo com os lápis-de-cor, canetas hidrocor ou similar.
Agora, é a sua vez de entrar em cena, cortando dois buracos para os dedos na parte de baixo dos desenhos, correspondendo às pernas (lembre-se de que cortar é um trabalho para adultos). Coloque os dedos nos buracos já devidamente preparados e, fingindo que os seus dedos são as pernas dos bonecos, faça-os andar.
Para bonecos de animais conhecidos ou engraçados, você ainda pode fazer sapatos usando cascas de amendoim, dedais ou pedaços de papel recortado.
Você e seus filhos podem se revezar preparando shows um para o outro ou mesmo colocar quatro bonecos em cena e coordenar um show de habilidade!

Material necessário

✓ Papelão
✓ Lápis-de-cor ou similar
✓ Casca de amendoim, dedal ou papel

A Argola Certeira

Material necessário

✓ Pratos de plástico ou argolas
✓ Velas
✓ Castiçal

Material opcional

✓ Garrafa descartável
✓ Papéis coloridos

Lembrete de Segurança

Supervisionar Atentamente

Tudo bem, compreendo que você possa não querer ninguém fazendo lançamento de ferraduras no carpete de sua sala, mas esta atividade é uma boa substituta de brincadeiras mais violentas e seus filhos descobrirão que é igualmente divertida.

Encontre alguns pratos de papelão rígido com mais ou menos 15 cm de diâmetro. Corte o centro, deixando apenas uns 2 ou 3 cm de aro como se ele tivesse virado um grande anel. Em seguida, coloque uma vela em um castiçal (se você não tiver, faça um).

Tudo que seu filho tem a fazer é jogar o "anel" de papel para tentar colocá-lo em volta da vela: caso não tenha vela, uma garrafa de plástico vazia tem o mesmo efeito. Se ela ficar muito leve, encha-a de areia.

As crianças menores se divertirão apenas vendo a argola voar e passar perto do "pino", e você pode incrementar a brincadeira colocando vários pinos no chão. As crianças maiores certamente vão querer inventar novas regras de acordo com seu próprio gosto.

Seja ágil, rápido e coloque a argola no pino!

(Esta atividade exige a supervisão de um adulto.)

Água Colorida

Você pode deixar os seus filhos fascinados fazendo um oceano de cores.

Primeiro, pegue um pote de plástico transparente com uma tampa de rosquear. Coloque dentro água e óleo em partes iguais e, em seguida, um pouco de anilina para alimentos.

Comece com uma cor; deixe que a criança pegue o pote, sacuda-o e observe a água e o óleo se separarem, com bolhas e sombras que dançam. Depois, acrescente uma nova cor e deixe que ela veja o que acontece com o oceano dentro do pote quando as duas cores se misturarem.

Azul + amarelo = verde
Vermelho + amarelo = laranja
Vermelho + azul = roxo

Enquanto a criança brinca com as diferentes cores, experimente pegar uma lanterna e iluminar a lateral do pote (aproveite para ensinar a ela que nunca se deve colocar a luz no rosto das pessoas). Para ficar ainda mais interessante, coloque um filtro colorido na luz da lanterna.

Temos certeza de que o oceano de cores vai cativar a imaginação do seu filho.

Material necessário

✓ Pote de plástico com tampa
✓ Água
✓ Óleo de cozinha
✓ Anilina colorida

Material opcional

✓ Lanterna

Estação do Tempo

Material necessário

- ✓ Madeira (um pedaço)
- ✓ Papelão
- ✓ Tachinha
- ✓ Lata ou jarra
- ✓ Termômetro

Lembrete de Segurança

Objetos Cortantes

    Seu filho curte o tempo? Então, faça uma estação meteorológica para ele.

    Para saber de que lado o vento sopra, faça um cata-vento simples. Comece com um quadrado de papelão de mais ou menos 15 cm. Escreva as iniciais das quatro direções N, S, L, O nos lugares certos. Recorte um buraco no papelão do tamanho certo para acomodá-lo em um pedaço de madeira estreito e longo, se possível arredondado. Depois, faça uma seta de papelão e prenda com fita adesiva um pedaço de papelão vertical no rabo – ela é que vai "pegar" o vento. Faça um buraco no centro da seta do ponteiro e prenda-a no alto do pedaço de madeira com uma tachinha. Certifique-se de que ele pode girar livremente.

    Coloque a madeira no chão e oriente-a para o norte; se necessário, use a bússola. Agora, seu filho já pode acompanhar a trajetória do vento.

    Para medir a chuva, tudo de que vocês precisam é uma lata ou pote em forma de cubo, sem a parte de cima e, uma régua. Vocês também podem comprar um termômetro barato que meça a temperatura externa, do tipo que tem um mostrador em vez da coluna de mercúrio.

    Você provavelmente terá de ler os "instrumentos" para as crianças menores; as mais velhas gostarão de fazer tudo sozinhas e até mesmo de anotar em um diário as coisas que descobriram.

    Agora, é pôr mãos à obra!

Pintura da Mão

Como a maioria dos pais, você provavelmente está sempre olhando para o seu filho e, impressionado com a velocidade com que ele está crescendo, pensa ou exclama: "É incrível como esse menino está grande!".

Esta atividade não vai diminuir nem acelerar a passagem do tempo, mas vai lhe dar uma ideia clara do crescimento da mão do seu filho!

Em um dia marcado de cada semana, faça uma pintura da mãozinha dele. Você só precisa de uma tinta como guache e de folhas de papel, e ele também vai se divertir muito comparando as marcas, semana a semana – principalmente se cada uma delas for de uma cor diferente.

É claro que você não vai se esquecer de colocar a data nas pinturas e, se ele quiser, pode também assinar as criações e até acrescentar notas apropriadas sobre a semana em curso, detalhe que dará um sabor de "cápsula do tempo" a esta atividade.

Guarde-as todas juntas em um envelope ou arquive-as em uma bela pasta especialmente comprada para isso, porque elas são muito preciosas: de fato, são as verdadeiras testemunhas do crescimento do seu filho.

Lembre-se de mantê-las longe dele – nunca se sabe o que pode acontecer!

Material necessário

✓ Guache ou similar
✓ Papel

Palavras Esquisitas

Material necessário

✓ Apenas o seu tempo

    Esta divertida atividade exige apenas que as crianças já tenham adquirido as primeiras noções da linguagem, embora ela use mais o som do que a escrita.

    Comece imaginando um objeto (mesa, por exemplo), depois substitua a primeira letra por uma outra (um "D", talvez). Você então dirá o resultado, "desa", e observará se seu filho consegue advinhar o objeto que você tinha em mente. Uma resposta correta significa que seu filho já pode tentar propor a advinhação para você. Se ele não conseguir imaginar o objeto, pense em um outro objeto e use a mesma letra substituindo outra – por exemplo, "panela" por janela. Continue substituindo a letra até que seu filho entenda o padrão.

    Adapte a atividade à idade e à habilidade das crianças e, neste caso em especial, você pode combinar outros sons, por exemplo, "ch" e "qu" por "x" ou "c" para as crianças maiores.

    Por causa da sílaba tônica, que vai dar uma dica, digamos, clara demais, experimente mudá-la de lugar ou transformar uma vogal aberta em fechada, também.

    Falando nisso, o que você prefere tomar, um muco ou um caté?

Animais Muito Elegantes

Material necessário

✓ Revistas

✓ Tesouras

✓ Cola ou fita adesiva dupla face

Vestir desenhos de bonecas com roupas de papel – lembra-se dessa atividade antiga e tão querida das meninas?
    Esta é parecida, mas com uma alteração interessante. Comece pegando revistas e recortando as gravuras de pessoas e animais. Na realidade, a única coisa em que você está interessado é nas roupas e sapatos das pessoas.
    Quando tiver um bom estoque de recortes (lembre-se sempre de que usar a tesoura é uma atividade para adultos), deixe que as crianças vistam roupas nos animais. Elas podem experimentar vestidos, camisetas, calças, chapéus, sapatos, casacos, óculos, etc.
    Estimule as crianças a inventar histórias, especificando o que os animais estão fazendo ou se preparando para fazer: trabalhar, jantar, fazer compras, viajar para viver aventuras fantásticas na selva ou numa praia deserta ou numa terra desconhecida, praticar esportes e assim por diante.
    Vocês podem colocar fita adesiva dupla face nas gravuras, para que elas se ajustem perfeitamente aos animais, ou mesmo colá-las com cola não tóxica. Depois, podem colar os animais já vestidos em um caderno ou em folhas, para fazer um livro com a história.
    Nossa, ficou demais aquele gorila de terno e gravata-borboleta!
    Só que aquele par de tênis ficou meio estranho, você não acha?

O Que Estou Desenhando?

Material necessário

- ✓ Papel
- ✓ Lápis ou caneta
- ✓ Lápis de cor

Mesmo você não sendo nenhum *Rembrandt*, pode usar as suas habilidades de desenhista para entreter as crianças. Nesta atividade, você desafia seu filho a adivinhar o que está desenhando e a terminar o desenho para você.

Em uma folha de papel, comece a fazer o desenho de um objeto, digamos, um carro. Lembre-se de que este esboço deve ser simples. Primeiro, faça um componente, por exemplo, um círculo que vai ser uma roda traseira, e peça à criança que tente adivinhar. Se ela acertar, deixe que desenhe o resto do carro. Caso contrário, desenhe um pedaço da parte da frente, o capô ou outra roda, ou uma porta, que pode até ser do bagageiro, sempre perguntando – a cada pedaço completado – se ela já sabe o que é.

Para aumentar o desafio, desenhe um cenário com vários elementos – por exemplo, uma casa, árvores e flores para colocar o carro na frente. Isso permitirá que você faça traços aparentemente absurdos – parte da porta, o tronco da árvore, algumas flores soltas, etc.

Da mesma maneira, a criança vai tentar adivinhar que cenário é aquele que você desenha e, quando acertar, continua para você. Ela só deve completar as partes que identificou corretamente.

A criança poderá também inventar uma história sobre aquele desenho que vocês fizeram ou sobre cada um deles, que, juntos, darão um livro. Escreva as frases debaixo dos desenhos, se ela ainda não estiver alfabetizada; se possível, anote também a maneira como aconteceu a atividade, para vocês rirem, no futuro, quando ela tiver crescido e vocês se lembrarem daqueles dias.

Puxa, nunca foi tão fácil fazer um livro!

O Que Aconteceu Naquele Dia?

Material necessário

✓ Apenas o seu tempo

Esta atividade pede uma visita a uma biblioteca, mas há de valer o esforço.

Procure a hemeroteca e encontre o jornal do dia em que o seu filho nasceu. Dependendo da idade dele, compare os acontecimentos daquele dia/época com os atuais:

Quem era o presidente do país?

O que aconteceu de mais interessante no mundo naquele dia?

Aconteceu alguma coisa que possa ter influenciado a vida do seu filho para sempre? Alguma coisa que possa ter influenciado a personalidade dele?

As crianças maiores vão ter um trabalhão lendo o jornal inteiro em busca de algo realmente marcante, enquanto as menores precisarão de alguma ajuda para o entendimento da ideia de que outras coisas importantes podem ter acontecido no mundo naquele dia. (A filha de um casal de amigos nossos perguntou para eles porque o nascimento dela não estava noticiado com destaque na primeira página do jornal; talvez você, já sabendo de antemão, tenha tempo de preparar uma resposta plausível para a lógica infantil...)

E se...?

Material necessário

✓ Apenas o seu tempo

Esta atividade vai agitar a imaginação do seu filho, porque fala diretamente à experiência de vida e às fantasias próprias da mentalidade dele.

Apenas peça a ele que imagine o que aconteceria se...

... *as pessoas pudessem voar:* será que o motorista do ônibus da escola não precisaria apenas amarrar uma cordinha na cintura de cada criança e levá-las pelo caminho afora? Será que as casas continuariam precisando de escadas? Será que ainda haveria engarrafamentos se as pessoas fossem voando para o trabalho?

... *o mundo virasse de cabeça para baixo e tivéssemos de andar no teto das casas:* como uma pessoa faria para prender a comida no seu prato? E para não cair da cama?

... *o Sol nunca se pusesse:* como saberíamos quando seria a hora de ir para a cama? E a hora de acordar? E a lua, como faria?

Vá mais longe, imagine coisas fantásticas como *e se*:

... os dinossauros ainda vivessem na Terra?

... as pessoas fossem os animais de estimação de gatos e cachorros?

... das nuvens chovessem comida em vez de água?

Deixe que as crianças também inventem as suas perguntas *non sense*. E se...?

O Que Está Diferente em Mim?

Material necessário

✓ Apenas o seu tempo

Esta atividade, que pode ser desenvolvida em qualquer lugar e a qualquer hora, vai testar o poder de observação e a memória dos seus filhos.

Primeiro, as crianças devem olhar para você – suponhamos que você seja a mãe – e analisá-la detalhadamente por um momento. Em seguida, você deve se retirar da sala e mudar algo na sua aparência. Volte e pergunte:

"O que está diferente em mim?".

Se a criança for pequena, mude algo óbvio – por exemplo, o penteado, ou tire ou troque os sapatos, coloque um chapéu na cabeça ou a camiseta vestida ao contrário, tire a jaqueta ou algo assim. Já se a criança for mais velha, você pode desafiá-la com mudanças mais sutis.

Para um grupo de crianças, experimente dar um tempo-limite para elas ficarem analisando a sua figura, assim como para dizerem o que está diferente; vocês podem chamar de o "antes" e o "depois".

Você ainda pode trocar com as crianças: uma delas vai se modificar para vocês todos dizerem o que está diferente. Vai ser divertido: quem sabe o que você pode encontrar no seu filho ao reparar nele de cima a baixo, com um novo olhar?!

Uma variação é vendar os olhos das crianças e rearrumar os objetos da sala onde vocês estiverem brincando.

Que Barulho É Esse?

Material necessário

✓ Apenas o seu tempo

Esta atividade consiste em fazer vários sons e pedir às crianças que os identifiquem.

Comece anunciando a categoria à qual o objeto pertence – coisas da casa, tais como despertador, rádio; coisas que se movem, tais como bombeiros, carro de polícia, avião; animais como cachorro, gato, tigre.

Troquem os papéis e veja como as crianças se saem fazendo os sons adequados de cada um.

Uma divertida variação deste jogo é criar uma criatura ou animal totalmente maluco ou imaginário – por exemplo, um animal metade vaca e metade galinha, que faça "cocadudlemu".

Sugira que as crianças misturem animais conhecidos e inventem uma "voz" para ele ou então você inventa a "voz" e elas têm de identificar a criatura, dizendo a quem aquela "voz" pertence.

As crianças podem brincar em grupo, também. Faça a "voz" do animal ou criatura; quem conseguir adivinhar qual o dono dela vai ser o próximo a inventar uma "voz", e vai inventar outras e mais outras, até que todos consigam descobrir.

Minha Rua

Mesmo crianças muito pequenas podem aprender de cor o endereço da casa ou apartamento onde moram. O segredo é fazer versos com o endereço, criar rimas e cadências para facilitar a memorização.

Abaixo, alguns exemplos. Na verdade, você pode fazer isso com qualquer endereço.

Ei, tudo que tenho de fazer já sei:
Dois passos para lá, um pra cá
E o número vinte e seis encontrar
Da avenida principal da cidade
Chamada Rua da Liberdade.

O número da casa é três-dois
O do apartamento é dois-três
A rua é a Luiz Góis
E o bairro é o Milanês.

Avenida Paulista é o nome
Da rua da minha morada
O trinta e dois é logo ali
Perto daquela virada.

Gosto da minha casa xadrez
Com a árvore grande na frente
O número é cinco-sete-um-três
Eis um endereço quente!

(Veja também a atividade 235, que ensina como memorizar o número do telefone.)

Material necessário

✓ Apenas o seu tempo

Qual Fileira Tem Mais?

Material necessário

✓ Dezesseis bolinhas

Eis um interessante jogo que medirá a habilidade de seu filho para lidar com o conceito de quantidade (veja também a atividade 344).

Pegue dezesseis bolinhas ou qualquer outro item pequeno, do mesmo tamanho e com a mesma forma. Arrume-os em duas fileiras, colocando oito em cada uma delas. As duas fileiras devem ficar paralelas uma à outra, conforme mostra o desenho desta página.

Vamos checar se seu filho tem ideia de quantidade. Primeiro, pergunte se as duas fileiras têm o mesmo número de itens. Quando ele disser que "sim" – e sem que ele veja –, alargue a fileira de cima, separando mais as bolinhas umas das outras, e pergunte se ainda acha que as duas fileiras são iguais – ou se uma tem mais do que a outra.

Uma criança menor tenderá a pensar que a fileira alongada tem mais, porque é mais comprida. Já aquela que tem ideia de quantidade será capaz de reconhecer que a quantidade dos itens permaneceu a mesma apesar da mudança na relação espacial entre elas.

Para conferir se a criança realmente sabe o que está dizendo, pergunte:

"Mas essa fileira de cima não é maior?".

Provavelmente, ela lhe mostrará que tem razão, contando as bolinhas uma por uma para você.

Vida Selvagem

A maior parte das pessoas está rodeada por muito mais animais do que imagina, mesmo quando mora na cidade. Por que não estimular seu filho a reparar e tomar nota dos *hamsters*, passarinhos e outros menbros do reino animal próximo do lugar onde vocês moram?

As informações abaixo foram colhidas de um bloco de anotações dos filhos de um casal amigo nosso, demonstrando que, quando se trata de vida selvagem, existe muito mais coisas do que os nossos pobres olhos são capazes de perceber.

VIDA SELVAGEM
(Observações de Tomás e Regina)
Tartarugas (uma grande e uma pequena)
Sapo
Alguns pernilongos (à noite)
Uma porção de mosquitos
Muitos pardais
Bem-te-vis (dois na árvore)
Peixe vermelho
Vários peixes (que ficaram no mar, mas foram vistos na última vez que fomos à praia)
Grilos (ouvimos)
Lagartixas (na parede de fora da casa)
Leão (presença ainda não confirmada, foi ouvido debaixo da cama)
Baratas (no verão)

Material necessário

✓ Bloco de notas

✓ Caneta ou lápis

Carrilhão de Vento

Material necessário

- ✓ Tubo de papel-toalha ou pedaço redondo de madeira
- ✓ Cordão
- ✓ Latas (lavadas)

Lembrete de Segurança

Supervisionar Atentamente

Se você tem uma sacada em casa ou no apartamento, ou mesmo uma árvore ou talvez um simples galho, rejubile-se: a música está a poucos passos de você!

Pegue um tubo de papel-toalha e faça quatro furos de mais ou menos 1 cm, separados por aproximadamente 7 cm um do outro, de um lado. Do lado oposto, faça dois furos. Pegue, em seguida, quatro latas de refrigerante com o fundo intacto, vire-as e faça um buraquinho no fundo (trabalho para um adulto).

Com a ajuda da criança, passe um pedaço de cordão pelo furo da lata e amarre-o com um nó firme para evitar que se desmanche e a lata caia. A outra ponta do cordão você vai passar no primeiro dos quatro furos do tubo de papel-toalha, fazendo com que o cordão percorra todo o tubo, da abertura até o final. Novamente, dê um nó para manter o cordão atado com firmeza. Faça a mesma coisa com as outras garrafas.

Quando cada lata estiver pronta, pegue um pedaço de cordão de uns 30 cm de comprimento e passe-o pelos dois furos da parte de cima do tubo, amarrando-os juntos; novamente amarre outro pedaço de cordão no meio deste e você terá um carrilhão de vento.

Convide seu filho para lhe ajudar a dependurá-lo na sacada ou no galho de uma árvore, e cada vez que ele soar, vocês se lembrarão de como foi divertido fazê-lo!

Curtam bastante a música deste carrilhão!

Palavras Cruzadas

Esta atividade é muito gostosa de fazer, mas requer crianças já alfabetizadas.

Dê ao seu filho uma folha de papel quadriculada conforme mostra a ilustração, em quadradinhos com pelo menos 10 x 10 cm, e diga-lhe para fazer um jogo de palavras cruzadas. Elas devem ser colocadas de maneira a se cruzarem em todos os sentidos: na horizontal e na vertical, para frente e para trás, do lado, de cima para baixo e de baixo para cima, em diagonal. O "cruzamento" é feito através das letras comuns a duas ou mais palavras e o melhor é que estas não se "dobrem" nos cantos, pelo menos no começo (o ideal é começar com as palavras nas posições horizontal e vertical e, depois, ir ampliando).

A criança pode trabalhar com um só tema – por exemplo, coisas que têm rodas; se quiser simplificar ainda mais, ela pode relacionar as palavras escondidas no final ou na parte de trás da folha.

Se vocês quiserem que o jogo de palavras cruzadas vire um jogo de "caça-palavras", basta encher os quadradinhos vazios com letras ao acaso e, então, fazer um círculo em volta de cada palavra encontrada.

Experimente você também, teste a sua sorte! E, ainda por cima, você vai ter noções muito intrigantes sobre a maneira como a cabeça de uma criança funciona.

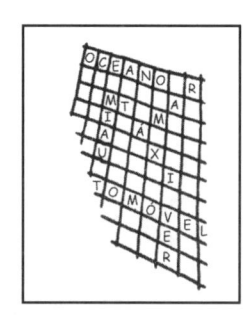

Material necessário

✓ Papel

✓ Caneta ou lápis

Mapa dos Animais Selvagens

Material necessário

✓ Mapa-múndi
✓ Atlas
✓ Gravuras de animais
✓ Fita adesiva

Embora as crianças pequenas não compreendam os mapas, elas sabem que animais estranhos vivem em lugares longínquos, em ambientes completamente diferentes dos que ela conhece. Esta é uma maneira de ajudá-las a começar a pensar em termos de comunidade global.

Compre um mapa-múndi bem grande ou desenhe você mesmo um em uma folha de papel grande. Recorte gravuras de animais das revistas, catálogos, jornais e outras fontes com essas imagens e cole-as sobre a cidade ou região onde o referido animal vive.

Esta atividade é excelente para dar aos seus filhos uma imagem mental das savanas da África, das geleiras dos polos, das montanhas da América do Sul, da chuva ácida, dos desertos, etc., assim como para ensinar-lhes sobre os animais que vivem em cada uma dessas (e outras) regiões do globo.

Assim que eles forem aprendendo as diferenças mais nítidas, você pode introduzir detalhes mais delicados – por exemplo, a diferença entre os elefantes da Ásia e da África. (Como não temos certeza se você sabe, explicamos: os elefantes africanos têm orelhas grandes e tanto o macho quanto a fêmea têm presas. Já os asiáticos têm orelhas menores e apenas os machos têm presas.)

Carta ao Presidente

Será que o seu filho tem algo a dizer ao Presidente da República? Pode ser um elogio, uma crítica, uma sugestão, uma pergunta... O que for estará bem, já que o objetivo desta atividade é levar seu filho a participar do governo, mesmo que ainda não possa votar. Além do mais, já pensou que legal receber uma carta do Presidente em resposta à que ele enviou?

Simplifique as coisas para o Palácio do Planalto e estimule seu filho a fazer apenas uma pergunta/crítica/comentário, agradecer e assinar. Temos consciência de que as cartas muito grandes acabam demorando mais para ser lidas e respondidas. Caso necessário, atue como secretário, escrevendo para ele, mas é sempre melhor que a criança assine a carta.

O divertimento de escrever (e a antecipação da alegria de receber uma resposta) certamente valem o selo. Experimentem – e vamos ver o que acontece.

Escreva no envelope:
Ilmo. Sr.
Presidente da República
Palácio do Planalto
Brasília — DF

Material necessário

✓ Papel
✓ Lápis ou caneta
✓ Envelope
✓ Selo

Meu Marciano Favorito

Material necessário

✓ Apenas o seu tempo

Inúmeras histórias já foram escritas sobre alienígenas em visita ao nosso planeta que deixaram ou tiveram uma péssima impressão. A brincadeira agora é você e seu filho começarem a simular que eles acabaram de aterrissar vindos do planeta vermelho e estão totalmente confusos com as coisas que estão acontecendo.

Comece imaginando que vocês viram um homem levando um cachorro para passear e pergunte à criança quem está levando quem para passear. Depois, deixem que os olhos da mente percorram por um pátio de recreio e vejam as crianças brincando. Quem toma conta de quem? Será que os adultos não estarão apenas sentados ali porque são velhos demais para brincar? E esse povo esquisito correndo? Estão fugindo de quem?

Continue nessa linha de perguntas sobre outras experiências e aspectos da vida normal. Em seguida, faça com ele uma lista de perguntas que visem a clarear esse mundo confuso: O que os humanos comem? Como se divertem? E assim por diante.

Neste ponto da brincadeira, você pode recrutar a ajuda de um humano – talvez o marido, a mulher, o irmão ou irmã. Ou, se apenas vocês dois estiverem disponíveis, um pode ser o marciano e o outro o terráqueo.

Honestamente, qual dos dois é mais divertido ser?

Televisão Particular

Eis uma maneira de você vingar-se de todos os canais de televisão em uma só sentada!

Pegue uma caixa de papelão grande e corte um retângulo na parte da frente e uma porta atrás, de tamanho suficiente para você passar por ela e entrar. Cada pessoa da família pode fazer um show para os outros.

Algumas sugestões para crianças pequenas: concerto com instrumentos musicais (conforme descrição nas atividades 267 e 315); história dramática com brinquedos; shows sobre a natureza, no qual as crianças descrevem o estilo de vida e os hábitos dos seus animais de pelúcia prediletos. Você pode usar gravuras e papel fantasia para criar os cenários.

As estrelas da sua televisão podem entrevistar você ou os irmãos e irmãs (você pode ajudar a desenvolver os roteiros e/ou fazer perguntas interessantes – o que poderá se transformar numa excelente oportunidade para vocês treinarem como sair de situações difíceis). Elas também poderão cantar ou dublar (use um tubo de papel-toalha como microfone) e dar as notícias da escola, da casa ou do universo.

Não importa o que você faça, mantenha sempre toda a família envolvida e essa será a verdadeira televisão das crianças!

Material necessário

✓ Uma caixa de papelão

✓ Tesoura

Material opcional

✓ Papel

✓ Material para decoração

Leitura Recomendada

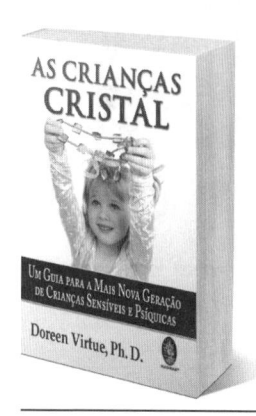

As Crianças Cristal
Um Guia para a Mais Nova Geração de Crianças Sensíveis e Psíquicas

Doreen Virtue, Ph. D.

As Crianças Cristal são a nova geração que chegou ao plano terrestre após as Crianças Índigo. Suas idades vão, aproximadamente, de recém-nascidos até 5 anos, embora alguns membros da primeira onda de Crianças Cristal tenham até 7 anos. Essas crianças são como as Índigo – altamente psíquicas e sensitivas –, mas sem o lado considerado hiperativo e a energia de guerreiros.

Crianças Índigo e Cristal
A Ponte Arco-íris de Novas Dimensões e Vibrações
A Educação do Novo Tempo

Tereza Guerra

O livro *Crianças Índigo* está sendo agora lançado sob o título *Crianças Índigo e Cristal*, com mais informações sobre as crianças da Nova Era, incluindo, entre estas, as crianças Cristal. Trata-se, portanto, de uma edição ampliada pela autora, que é especialista no assunto e discorre sobre a educação do novo tempo, a já chamada Nova Educação.

Poder Índigo e Evolução Cristal
Autoconsciência Índigo para Jovens e Adultos

Tereza Guerra

Depois do sucesso de vendas de *Crianças Índigo – Uma Geração de Ponte com Outras Dimensões... no Planeta Índigo da Nova Era* (Madras, 2006), Tereza Guerra, a maior especialista portuguesa em Educação dos tempos modernos, debruça-se sobre a autoconsciência índigo para jovens e adultos.

www.madras.com.br

Leitura Recomendada

Maximize o Poder do Seu Cérebro
1000 Maneiras de Deixar Sua Mente em Forma

Ken Russell & Philip Carter

Especialistas afirmam que utilizamos somente uma pequena porcentagem do nosso potencial cerebral, enquanto a maior parte fica "presa" no subconsciente. Este livro lhe dará a oportunidade de testar sua mente e de maximizar o poder do seu cérebro.

Saiba que, assim como um atleta pode melhorar a performance com treinamento rigoroso, você também pode aperfeiçoar sua forma mental usando os exercícios contidos nesta obra.

Aumente o Poder do seu Cérebro
Melhore sua criatividade, memória, agilidade mental e inteligência

Ken Russel & Philip Carter

Ken Russell e Philip Carter escreveram quase 100 livros sobre todos os aspectos de testes, quebra-cabeças e palavras-cruzadas. Eles são os autores de *Maximize o Poder do Seu Cérebro*, também lançado em língua portuguesa pela Madras Editora. Russell e Carter explicam que a maioria das pessoas subestima o poder do próprio cérebro, acreditando que pouco se pode fazer para melhorá-lo.

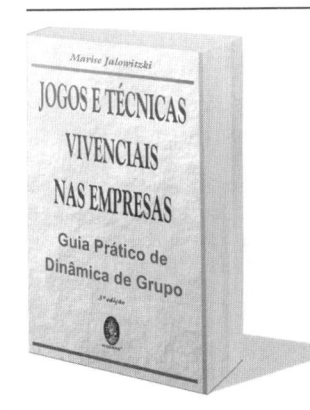

Jogos e Técnicas Vivenvias nas Empresas
Guia Prático de Dinâmica de Grupo

Marise Jalowitzki

Este livro vem dividir com o público a vasta experiência da autora em consultoria organizacional, que abrange dinâmicas de grupo, jogos e técnicas vivenciais nas empresas. O que ela propõe é um método bastante simples que envolve a prática de jogos e a utilização do trabalho vivencial de uma forma despojada, eficiente e efetiva, em que os participantes, após se lançarem na proposta de um jogo, têm a possibilidade de "se reverem" nos papéis assumidos anteriormente e, a partir daí, extrair ações estratégicas para o aprimoramento e/ou mudanças de seus comportamentos, atitudes, visões, crenças e valores com objetividade e de forma eficaz

www.madras.com.br

Leitura Recomendada

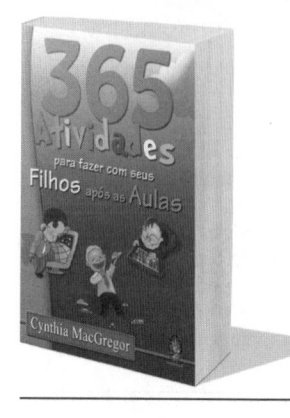

365 Atividades para Fazer com seus Filhos após as Aulas
Cynthia MacGregor

Depois do sucesso de vendas de 150 Jogos Não Competitivos para Crianças — Todo Mundo Ganha, trazemos este trabalho de Cynthia MacGregor que vai oferecer muita descontração para a garotada de 5 a 10 anos e aguçar sua criatividade.
Com as brincadeiras aqui apresentadas, seu filho deixará a televisão para segundo plano, pois terá uma variedade de recreações interessantes para ocupar seu tempo livre depois que chegar da escola, ou mesmo nos feriados, nos fins de semana ou nas férias.

Crianças Índigo
Uma Nova Consciência Planetária

Sylvie Simon

Chegamos a uma época em que devemos escolher entre a sobrevivência da Terra e a pilhagem cotidiana de suas riquezas, e esta obra faz o balanço disso.
Ao mesmo tempo, observamos o surgimento de crianças que pensam e agem fora das normas, contestam nossas instituições e são apaixonadas pelas tecnologias modernas. O olhar que elas trazem sobre o mundo é bem diferente do nosso e se assemelha ao dos físicos quânticos que nos falam da solidariedade do homem com o Universo e do pertencimento de tudo ao Todo.

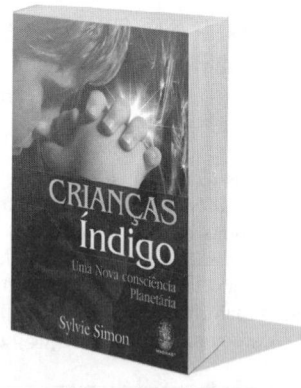

Comida Vegetariana para Crianças
Mais de Cem Receitas Fáceis de Preparar

Sara Lewis

A alimentação tem sido cada vez mais tema de acaloradas discussões e debates. Todos os dias surgem artigos e publicações sob os mais diversos níveis de abordagem a respeito do consumo de alimentos de origem animal.
É cada vez maior o número de pessoas em todo o mundo que tem substituído a dieta onívora pela vegetariana, seja por preservação ambiental, respeito aos animais, filosofia de vida, ou mesmo cuidados com a saúde.

www.madras.com.br

MADRAS® Editora — CADASTRO/MALA DIRETA

Envie este cadastro preenchido e passará a receber informações dos nossos lançamentos, nas áreas que determinar.

Nome _____
RG _____ CPF _____
Endereço Residencial _____
Bairro _____ Cidade _____ Estado ____
CEP _____ Fone _____
E-mail _____
Sexo ❏ Fem. ❏ Masc.   Nascimento _____
Profissão _____ Escolaridade (Nível/Curso) _____

Você compra livros:
❏ livrarias   ❏ feiras   ❏ telefone   ❏ Sedex livro (reembolso postal mais rápido)
❏ outros: _____

Quais os tipos de literatura que você lê:
❏ Jurídicos   ❏ Pedagogia   ❏ Business   ❏ Romances/espíritas
❏ Esoterismo ❏ Psicologia ❏ Saúde   ❏ Espíritas/doutrinas
❏ Bruxaria   ❏ Autoajuda   ❏ Maçonaria   ❏ Outros:

Qual a sua opinião a respeito desta obra? _____
_____

Indique amigos que gostariam de receber MALA DIRETA:
Nome _____
Endereço Residencial _____
Bairro _____ Cidade _____ CEP _____

Nome do livro adquirido: ***365 Atividades Infantis***

Para receber catálogos, lista de preços e outras informações, escreva para:

MADRAS EDITORA LTDA.
Rua Paulo Gonçalves, 88 – Santana – 02403-020 – São Paulo/SP
Caixa Postal 12183 – CEP 02013-970 – SP
Tel.: (11) 2281-5555 – Fax.:(11) 2959-3090
www.madras.com.br

MADRAS® Editora

Para mais informações sobre a Madras Editora, sua história no mercado editorial e seu catálogo de títulos publicados:

Entre e cadastre-se no site:

www.madras.com.br

Para mensagens, parcerias, sugestões e dúvidas, mande-nos um e-mail:

marketing@madras.com.br

SAIBA MAIS

Saiba mais sobre nossos lançamentos, autores e eventos seguindo-nos no facebook e twitter:

@madrased

/madraseditora